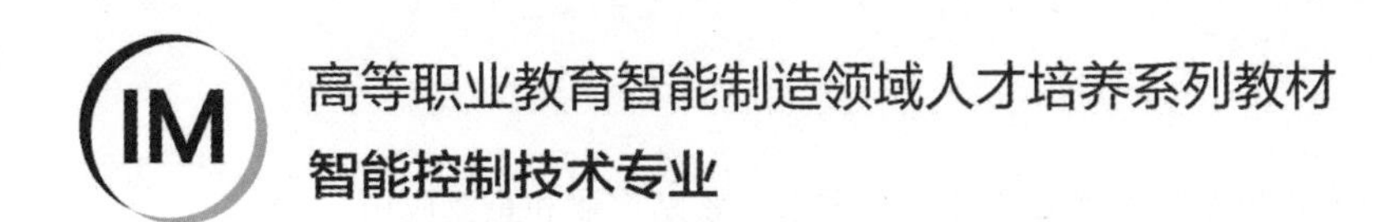

工业大数据采集、处理与应用

主　编　彭振云　唐昭琳
参　编　顾　林　魏　磊　吉燕燕　赵　辉　高　毅

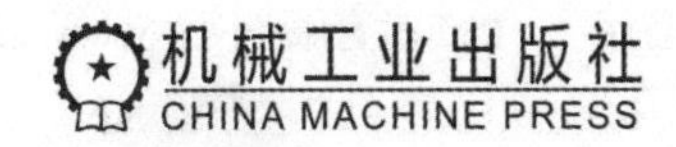

本书面向智能控制技术专业人才培养需求，紧贴产业和企业应用实际，遵循工业互联网产业联盟制定的《工业互联网体系架构（版本2.0）》《工业大数据技术架构白皮书》《工业大数据分析指南》等技术框架，从工业大数据采集、预处理、存储、查询、对象建模、分析、预测、可视化以及应用等方面介绍了工业大数据的采集、处理与应用方法。通过学习，学生应掌握工业大数据采集系统的构建与维护、预处理与存取、分析与可视化工具的使用方法，理解工业大数据在设备状态评估、设备故障预警和产品质量分析等方面的应用场景和方法。本书在内容编排形式上采用项目牵引、任务驱动方式，逻辑上分成理论教学和实践教学两条主线。根据不同的需求，理论与实践部分可以合并使用，也可以单独使用。

本书可作为高等职业院校自动化类和计算机类相关专业的教材，也可以作为职工大学、成人教育和中等职业院校相关专业的试用教材以及工程技术人员的参考用书。

本书配有微课视频，读者可扫描书中的二维码观看。本书配有电子课件，凡使用本书作为教材的教师可登录机械工业出版社教育服务网www.cmpedu.com注册后下载。咨询电话：010-88379375。

图书在版编目（CIP）数据

工业大数据采集、处理与应用 / 彭振云，唐昭琳主编．— 北京：机械工业出版社，2022.11（2024.2 重印）
（智能控制技术专业）
高等职业教育智能制造领域人才培养系列教材
ISBN 978-7-111-71911-3

Ⅰ．①工…　Ⅱ．①彭…②唐…　Ⅲ．①制造工业－数据管理－高等职业教育－教材　Ⅳ．① F407.4

中国版本图书馆 CIP 数据核字（2022）第 201243 号

机械工业出版社（北京市百万庄大街 22 号　邮政编码 100037）
策划编辑：薛　礼　　　责任编辑：薛　礼　侯　颖
责任校对：梁　静　刘雅娜　封面设计：鞠　杨
责任印制：李　昂
唐山三艺印务有限公司印刷
2024 年 2 月第 1 版第 2 次印刷
184mm × 260mm · 14.5 印张 · 353 千字
标准书号：ISBN 978-7-111-71911-3
定价：47.00 元

电话服务　　　　　　　　　网络服务
客服电话：010-88361066　机　工　官　网：www.cmpbook.com
　　　　　010-88379833　机　工　官　博：weibo.com/cmp1952
　　　　　010-68326294　金　　书　　网：www.golden-book.com
封底无防伪标均为盗版　　机工教育服务网：www.cmpedu.com

前言

本书是为了响应国家职业教育改革号召，适应工业互联网和大数据产业的迅猛发展，配合高等职业院校的课程建设和人才培养工作编写而成的。本书将大数据、数据库、软件、自动化和物联网等技术进行交叉融合，遵循我国工业互联网产业联盟制定的相关技术框架，讲解、示范和带领学生实践工业大数据采集、处理与应用的方法。本书内容新颖，结构合理，针对职业学校教学现状，试图突出如下两个要点：

第一，技能完整性和知识碎片化。除了项目1是帮助学生从无到有建立对工业大数据的认知外，其他每个项目都力求让学生完整地掌握或熟悉一项以上的技能，例如搭建数据采集系统、安装调试工业互联网平台等。考虑到不同专业学生的基础不同，本书不单独介绍工业大数据的理论知识，而是针对每个任务的需求讲解相关知识点，即理论知识够用即可。对于喜欢进一步探究的学生，可以每个项目最后的“拓展知识”为线索，自行学习相关知识，探索相关问题。

第二，以项目为线索，以动手为主。针对职业学校学生喜欢动手的特点，本书将相关技能设计成若干个项目。教师可以为学生在项目中分配不同的角色（如项目经理、实施工程师和测试工程师等），将学生分成小组，按照工程项目实施流程完成项目实施，根据项目实施效果进行成绩评定，甚至可以邀请企业技术或管理人员参加学生的课程答辩。

本书由彭振云和唐昭琳任主编，顾林、魏磊、吉燕燕、赵辉和高毅参加了编写。其中，彭振云负责全书构思、设计和统稿，唐昭琳编写项目1和项目5，顾林编写项目3、项目4和项目7，吉燕燕编写项目2，赵辉编写项目6，魏磊对项目1、3、4、5和7进行了修改完善，高毅对项目2和项目6进行了修改完善。本书在编写过程中得到了宜科（天津）电子有限公司董事长张鑫高级工程师、工业互联网产业联盟副理事长杨宝刚教授和宜科公司工业互联网团队的大力支持，在此一并表示衷心的感谢！

由于编者水平有限，书中错误和不妥之处在所难免，欢迎读者批评指正、不吝赐教。联系邮箱：pengzhenyun@tsinghua.org.cn。

编 者

二维码索引

（续）

名称	二维码	页码	名称	二维码	页码
weka 建立回归模型		155	grafana 的安装		187
weka 回归模型应用		160	SQLServer 数据库的安装		187
weka 建立 决策树分类模型		163	数据库准备 与数据源导入		191
weka 建立随机 森林分类模型		167	数据看板属性 设置及参数保存		193
weka 聚类分析		168	数据看板 控件属性编辑		197
weka 关联规则		169	数据看板 分享的三种方式		198

目录

绪 论

2017 年，国务院发布《关于深化“互联网 + 先进制造业”发展工业互联网的指导意见》，正式拉开我国工业互联网发展的序幕。在随后三年的工业互联网创新发展行动计划中，我国工业互联网取得了巨大成就。2020 年，工业互联网被列入“新基建”，发展工业互联网被确立为重要的国家战略，职业教育成为实施这一战略的重要力量。

工业互联网以数据功能体系为核心，通过网络、平台和安全三大功能体系进行构建。其中，数据功能体系主要包含感知控制、数字模型和决策优化三个层次，以及一个由自下而上的信息流和自上而下的决策流构成的数据优化闭环，如图 0-1 所示。其中，感知控制层以智能控制系统为主体，智能控制系统既是工业大数据的来源，也是工业大数据应用的执行者。智能控制技术专业培养从事智能控制系统集成应用和装调维护的技术人才，因此应该开设工业大数据相关课程，甚至可以尝试按照工业大数据的功能体系构建课程体系。

本书按照工业互联网的数据功能体系，通过 7 个项目共 22 项任务，从应用角度介绍和示范工业大数据的采集、处理和应用方法，目的是让学生理解工业互联网的数据功能，掌握数据功能的使用方法，胜任相关岗位的工作。

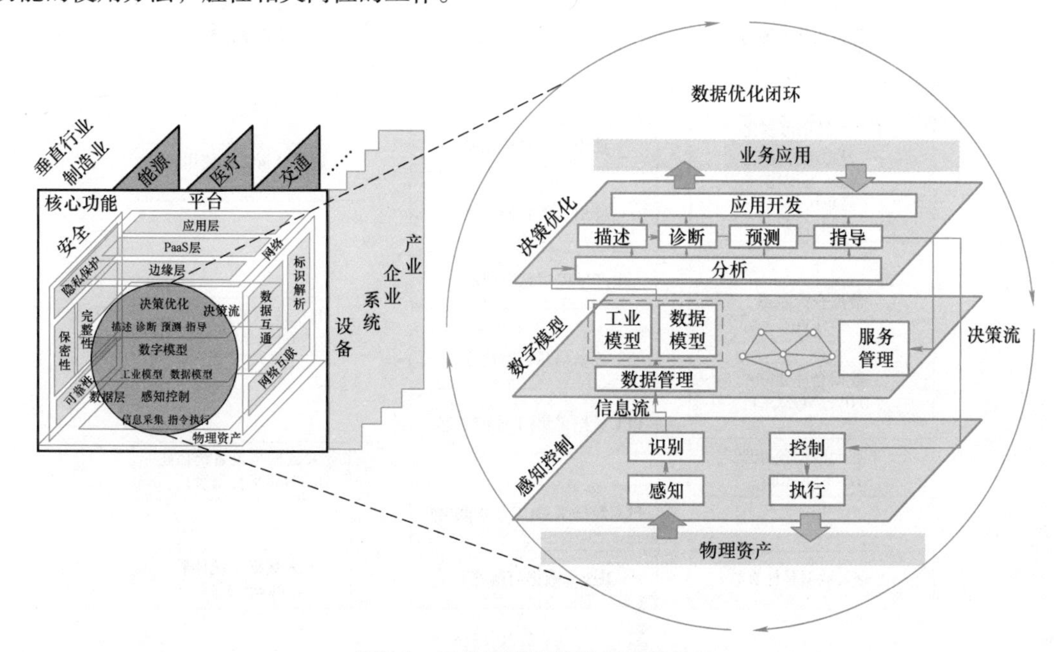

图0-1 工业互联网的数据功能体系

在感知控制层，主要介绍和示范工业大数据的两种获取方法，即通过 PLC 采集和通过标签感知；在数字模型层，主要介绍和示范数据管理技术、UML 建模工具的应用、工业模型（设备信息模型和生成过程信息模型）与数据模型的构建方法；在决策优化层，主要介绍几种相对成熟的工业大数据应用，包括制造大数据可视化、设备状态评估、设备故障检测和产品质量分析。本书的知识结构如图 0-2 所示。

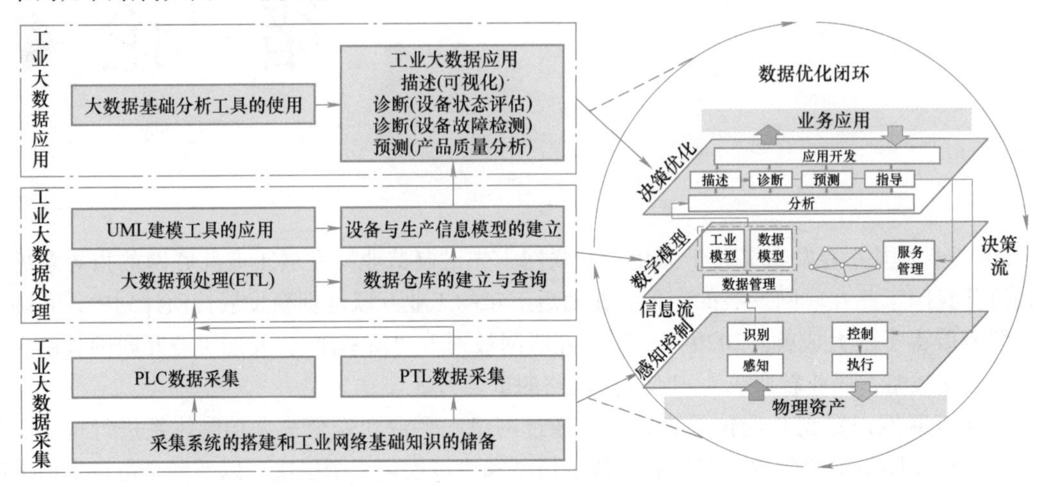

图 0-2　本书的知识结构

本书采用项目牵引、任务驱动的方式编写。从工业大数据的认知到工业大数据的应用共设计了 7 个项目，每个项目包括 3~4 个任务，每个任务对应一项或几项基本技能。建议每个项目的教学活动采用教师带领学生完成的形式，根据需要讲解理论知识。通过完成这些任务和项目，学生可以熟悉并掌握工业大数据的采集、预处理、对象建模、基本分析、可视化、设备状态评估以及设备故障诊断等操作技能。任务执行流程如图 0-3 所示。

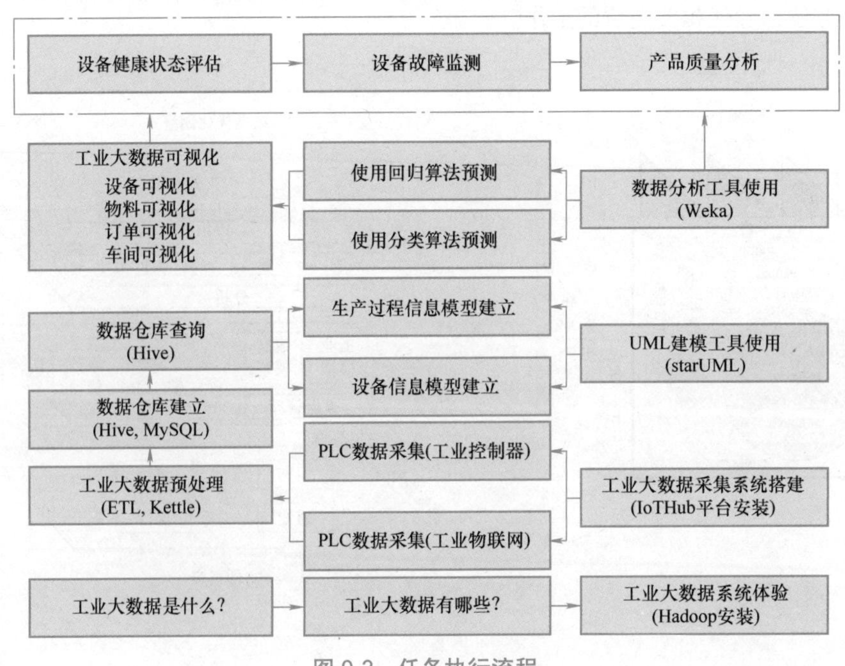

图 0-3　任务执行流程

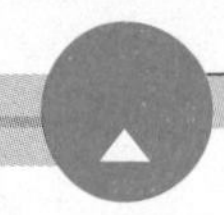

本书中的工业大数据采集和可视化两个项目采用宜科（天津）电子有限公司开发的 IoTHub 工业互联网平台作为实训工具；其他项目采用开源软件作为实训工具，包括 Hadoop、Hive、Kettle 和 Weka 等。

项目1

了解工业大数据

【知识目标】

1. 了解大数据的概念，认识大数据的特征。
2. 了解工业大数据的主要来源、特点、分类以及数据的应用场景。
3. 了解工业大数据平台架构和主要技术。

【技能目标】

1. 能够分析生产企业的数据来源、数据类型和数据规模。
2. 能够阐述工业大数据的主要应用场景。
3. 能够阐述工业大数据平台的基本组成。
4. 掌握安装部署大数据平台 Hadoop 的方法。

【项目背景】

工业大数据是工业领域相关数据集合的总称。工业大数据来源多样、类型丰富，既有大数据的特征，还有工业领域自身的特点，是工业互联网的核心，是工业智能化发展的基础“原料”，是我国制造业转型升级的重要战略资源。本项目共安排了三个任务：任务 1-1，通过图片、文字和实例，认识工业大数据的主要来源、数据类型和数据规模；任务 1-2，通过实例，认识工业大数据的典型应用并对其进行分类；任务 1-3，通过图片和文字，认识工业大数据体系架构，了解其关键技术。

任务 1-1　认识工业大数据

【任务描述】

通过图片、文字和实例，认识工业大数据的来源、特征及类型。

本任务完成后，应达到以下目标：

1. 了解制造业工业大数据的来源、特征和类型。
2. 能够根据生产企业的数据产生情况，分析数据规模。

【相关知识】

一、大数据的概念和特征

关于大数据，研究机构Gartner认为，大数据是需要新处理模式才能发挥更强的决策力、洞察力和流程优化能力的海量、高增长率和多样化的信息资产。从技术角度看，信息技术发展引起数据规模质变以后，数据从静态变为动态，从简单的多维度变成巨量维度，而且其种类日益丰富，超出当前分析方法与技术能够处理的范畴，因而产生了大数据这个概念和相应技术。也就是说，对于海量数据的查询、分析和挖掘，已经无法再用传统的技术手段和工具，需要采用新的计算模式和技术，这种海量数据集合即称为大数据。

通常所说的大数据4V特征是在维克托·迈尔-舍恩伯格和肯尼斯·库克耶编写的《大数据时代》一书中提出的，即大数据的规模性（Volume）、高速性（Velocity）、多样性（Variety）和价值性（Value）。

1. 规模性

规模性是指数据规模大、增长速度快。随着信息化技术的高速发展，数据呈爆发性增长态势。数据不再以几GB或几TB为单位来衡量，而是以PB、EB或ZB为计量单位。以半导体制造为例，对单片晶圆进行质量检测时，每个检测点能生成几MB的数据，一台快速自动检测设备每年就可以收集将近2TB的数据。

2. 高速性

高速性是指数据采集速度快，处理速度要求快。数据要求被实时分析，数据的输入、处理与丢弃立刻见效，几乎无延迟。例如，针对传感器产生的海量时间序列数据，数据的写入速度达到了每秒百万数据点甚至千万数据点。数据处理的速度既体现在设备自动控制的实时性，也体现在企业业务决策的实时性。

3. 多样性

多样性是指数据来源多、数据类型多、数据关联性强。数据来源于不同的应用系统、不同的设备。不同的应用系统往往具有完全不同的数据结构。例如，社交网站或手机App产生的大量的网络日志、视频、图片和地理位置信息，电子商务网站产生的交易数据，企业产生的经营管理信息、产品设计资料、工艺文档、数控程序和三维模型等，农业物联网各种传感器产生的温度、湿度和风向等，这些数据既有结构化数据，也有大量半结构化和非结构化数据，数据之间关联性强，交互频繁。例如，游客在旅游途中上传的照片和日志与游客的位置、行程等信息有很强的关联性。

4. 价值性

价值性是指数据背后隐藏着巨大价值，可以通过数据挖掘、机器学习等方法进行深度分析，从各种各样看似不相关的数据中挖掘出有价值的信息，并运用于工业、农业、金融和医疗等各个领域，从而创造更大的价值。价值性比数量规模更为重要。对于很多行业而言，如何利用这些大规模数据是赢得竞争的关键。

二、大数据的分类

大数据来源广、类型多样。从数据的结构来看，大数据分为结构化数据、非结构化数据和半结构化数据三种。

1. 结构化数据

结构化数据严格地遵循一定的数据格式与长度规范，一般可用二维结构表来表示，主要通过关系型数据库存储和管理，也称作行数据，数据以行为单位。一行数据表示一个实体的信息，每一行数据的属性是相同的。表 1-1 是一个二维表示例，该二维表记录了企业设备的采购计划信息，数据排列规范，属于结构化数据。

表1-1　结构化数据示例

序号	设备名称	计划采购数	备注
1	电脑裁线机	5	切线设备
2	静音端子机	2	压线设备
3	拉脱力测试仪	4	检验设备

2. 非结构化数据

相对于结构化数据而言，非结构化数据的数据结构不规则，没有预定义的数据模型，不能用数据库二维结构表来表示。非结构化数据的文件格式一般为文本、图形、图像、音频或视频等，如各类设计模型、仿真模型、电子邮件、演示文稿、电子表格及监控视频等。

3. 半结构化数据

半结构化数据是介于结构化数据和非结构化数据之间的数据，格式较为规范，有一定的格式，一般是纯文本数据，常用于数据交换。这种数据包含了相关标记，可用来分隔语义元素以及对记录和字段进行分层，因此也被称为自描述结构数据。常见的半结构化数据有可扩展标记语言（Extensible Markup Language, XML）和 JavaScript 对象表示（JavaScript Object Notation，JSON）文件。

XML 使用一系列简单的、可自定义的标记来描述数据，是自描述性语言。XML 文件里既有结构又有数据。例如，下面一段 XML 格式的文本描述了一条个人信息，其中，姓名、年龄和性别分别用标记 <name>、<age> 和 <gender> 来分隔。第一行表示数据格式采用的是 XML。

```
<?xml version="1.0" encoding="UTF-8"?>
<person>
        <name>张三</name>
        <age>13</age>
        <gender>男</gender>
</person>
```

JSON 是一种轻量级的数据交换格式。采用完全独立于编程语言的文本格式来存储和表示数据，层次清晰、简洁，易于阅读和解析。对象由花括号括起来，用逗号分隔成员构成，成员由字符串键和值的键值对形式组成。例如，描述张三的个人信息可以写为

```
{"name":"张三","age":18,"address":{"country":"china","zip-code":"10000"}}
```

非结构化数据的文件格式非常多，标准也是多样性的，其存储、检索、发布以及应用需要更加智能化的IT技术，如海量存储、智能检索、知识挖掘、内容保护以及信息的增值开发利用等。

三、数据规模的度量

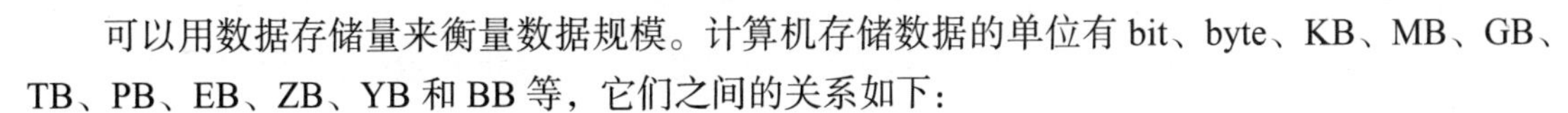

可以用数据存储量来衡量数据规模。计算机存储数据的单位有bit、byte、KB、MB、GB、TB、PB、EB、ZB、YB和BB等，它们之间的关系如下：

1）bit——位，一个二进制位为1bit。

2）byte——字节，简写为B，1B=8bit。

3）KB（Kilo byte）——千字节，1KB=1024B。

4）MB（Mega byte）——兆字节，简写兆，1MB=1024KB。

5）GB（Giga byte）——吉字节，又称千兆字节，1GB=1024MB。

6）TB（Tera byte）——万亿字节，又称太字节，1TB=1024GB。

7）PB（Peta byte）——千万亿字节，又称拍字节，1PB=1024TB。

8）EB（Exa byte）——百亿亿字节，又称艾字节，1EB=1024PB。

9）ZB（Zetta byte）——十万亿亿字节，又称泽字节，1ZB=1024EB。

10）YB（Yotta byte）——一亿亿亿字节，又称尧字节，1YB=1024ZB。

11）BB（Bronto byte）——一千亿亿亿字节，1BB=1024YB。

【任务实施】

一、认识工业大数据的来源

在工业生产中，无时无刻不在产生数据。例如，工厂零件的设计图样、机床主轴的转速、锅炉的能耗、食品加工的温/湿度、火力发电机组的燃煤消耗、汽车的装备数据、物流车队的位置和速度、设备维修记录等。可以说，产品生命周期的每个环节都会产生数据，这些数据汇聚起来，就构成了工业大数据。工业大数据来自工业生产过程中产品全生命周期，涵盖产品设计、生产、供应链、运维与服务全过程，是工业数据的总和。

（一）工业大数据的三类来源

按照数据来源的不同，工业大数据分为三类，即企业内部信息化数据、工业物联网数据和

企业外部数据。其中，企业内部信息化和工业物联网产生的海量时序数据是工业大数据的主要来源。

1. 企业内部信息化数据

企业信息化形成了各种信息管理系统，如企业产品数据管理（PDM）、企业资源计划（ERP）、制造执行系统（MES）、产品生命周期管理（PLM）、供应链管理（SCM）、客户关系管理（CRM）以及质量控制（QC）等。在这些信息管理系统中日积月累了大量的产品研发数据、生产制造数据、供应链数据以及客户服务数据等。这些数据存在于企业或产业链内部，是企业生产过程中积累的数据，是工业领域的传统数据资产。

2. 工业物联网数据

近年来，物联网技术快速发展，工业物联网成为工业大数据新的、增长最快的来源之一。利用射频识别（RFID）、激光扫描器和智能仪器仪表等先进感知设备，工业物联网能实时自动采集设备和装备运行状态数据，并对它们进行远程实时监控。除了来自设备和装备的监控数据，还有来自环境监测的数据，如库房、车间的温 / 湿度数据，以及能耗数据、废水 / 废气的排放数据等。这些数据在工业生产过程起约束作用。

某轨道交通企业智能工厂制造物联系统架构如图 1-1 所示。数据的采集过程是通过感知层里的工业传感器、激光扫码、RFID 等，对物料、工装、辅具、仓储、设备运行和工位等实时感知，获取其状态和数据。

3. 企业外部数据

在互联网环境下，工业与经济社会各个领域深度融合，行业信息、合作伙伴、竞争对手、气候变化、生态约束、政治事件、自然灾害和市场变化等因素对企业经营产生越来越大的影响。这些来自外部环境的数据也是工业大数据不可忽视的来源。

（二）几种常见的工业数据源

来自企业内部、外部的各种各样的数据，既有结构化的，也有半结构化的和非结构化的；既有相对静态的，也有动态实时性很强的。常见的工业数据源及其特点见表 1-2。

1. 企业管理信息系统数据

（1）产品设计资料　产品设计资料来自产品的设计、仿真、工艺、加工、试验及维护等过程产生的数据，包括产品结构 BOM（物料清单）数据、产品设计 CAD 文件、三维模型文件、零部件配置关系文件、工艺过程定义、产品工艺参数、产品试验记录和产品维护记录等。

（2）生产流程管理数据　生产流程管理数据是企业的制造执行系统（MES）等进行产品生产过程管理时产生的数据，如订单信息、排程信息、工单信息、质检数据、出入库记录和出货记录等。

（3）价值链管理数据　价值链管理数据来自供应链管理（SCM）和客户关系管理（CRM）等供应链数据以及客户服务数据，包括供应商信息、客户信息、合作伙伴信息、联系人信息、联络记录、合同信息、首付款记录、客户服务记录、客户满意度调查结果、市场推广计划、媒体宣传资料以及电子商务数据等。

（4）资源管理数据　资源管理数据来自企业资源计划（ERP）、仓库管理系统、能源管理系统等的计划、资源和库存数据。

（5）企业办公管理数据　企业办公管理数据是企业管理过程产生的信息，包括企业的办公文档、工作计划、管理制度、组织结构、人力资源、薪酬、福利、设备、财务、质检、采购、库存、标准、行业规范和知识产权等。

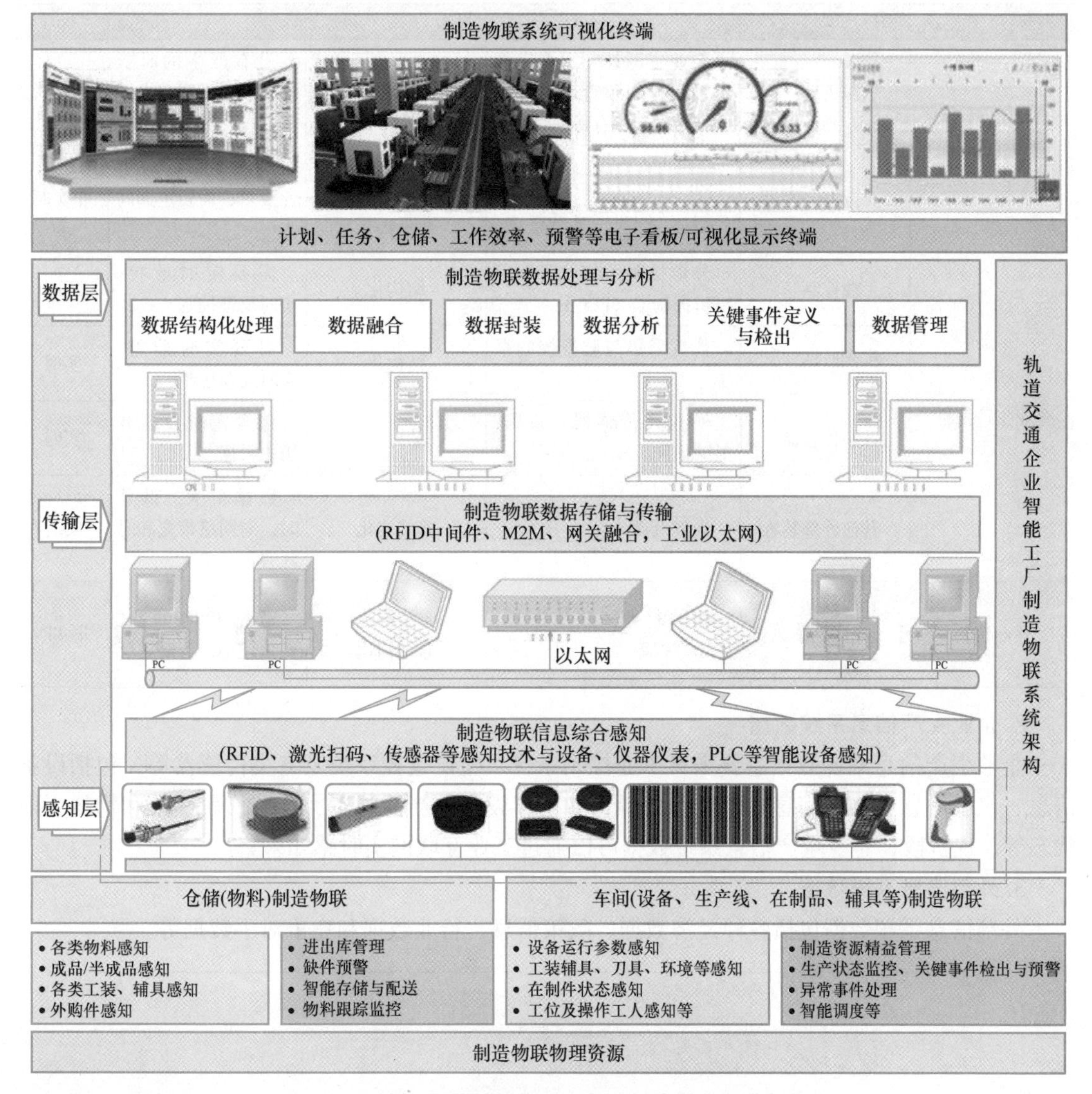

图 1-1 某轨道交通企业智能工厂制造物联系统架构

表1-2 常见的工业数据源及其特点

分类	系统类型	典型数据文件 / 系统	数据结构	数据特点	实时性
企业管理信息	产品设计	产品模型、图样文档	半结构化 非结构化	类型各异，更新不频繁	非实时
	生产流程管理	制造执行系统的排程、工单、质检资料	结构化 半结构化	没有严格的时效性要求，需要定期同步	非实时
	价值链管理	供应链管理与客户关系管理的供应商、客户、合作伙伴、客服等资料	半结构化 非结构化	没有严格的时效性要求，需要定期同步	非实时

（续）

分类	系统类型	典型数据文件 / 系统	数据结构	数据特点	实时性
企业管理信息	资源管理	企业资源计划、仓库管理系统、能源管理系统的生产计划、库存等	结构化	没有严格的时效性要求，需要定期同步	非实时
	企业办公管理	自动化办公系统的办公文档、人力资源等资料	结构化 半结构化 非结构化	没有严格的时效性要求，需要定期同步	非实时
企业生产信息	工业控制	分散控制系统、可编程逻辑控制器（PLC）	结构化	需要实时监控、实时反馈控制	实时
	生产监控	数据采集与监视控制系统	结构化	需要实时监控、实时反馈控制	实时
	各类传感器	外挂式传感器、条码、射频识别	结构化	包含实时数据和历史数据	实时
	其他外部装置	视频摄像头	非结构化	数据量大，低延时，对网络带宽和时延有较高要求	实时
外部信息	外部数据（互联网、外部系统等）	相关行业、法律法规、市场数据等	半结构化 非结构化	数据相对静止，变化较小，定期更新	非实时

2. 企业生产信息系统数据

企业生产信息系统数据主要来自工业控制系统、生产监控系统及各类传感器等，包括设备信息、仪表信息、物料信息和工装信息等，如生产设备的当前状态、监控仪表读数和物料当前状态等。现阶段，企业生产信息系统数据可以通过工业互联网实时感知采集。

3. 外部信息系统数据

外部信息系统数据包括各种经济数据、政策信息、行业数据和竞争对手数据等。

二、认识工业大数据的特征

随着产业的发展，工业企业收集的数据不断增多，主要体现在以下三个方面：

1）时间维度不断延长。生产企业经过多年的生产经营，积累下来历年的产品数据、工业数据、原材料数据和生产设备数据等。时间越长，积累的数据量越大。

2）数据范围不断扩大。生产企业的信息化建设范围不断扩大，信息管理系统增多，数据范围不断扩大。例如，企业在财务管理系统中积累了财务数据，在客户关系管理系统中积累了客户数据，在计算机辅助设计系统中积累了产品设计研发数据，在生产控制系统中积累了控制数据，在监控系统中积累了生产安全数据等。此外，企业还能收集越来越多的外部数据，如市场数据、社交网络数据和企业舆情数据等。

3）数据粒度不断细化。生产企业从一款产品到多款、多系列产品，产品数据不断细化；从单机机床到联网机床，数据交互频率大大增强；加工精度从微米提升到纳米，从5min每次的统计到5s每次的全程监测；等等。这些都使采集到的数据精细度不断提升。

由于以上原因，工业大数据除了具有大数据的4V特征之外，还有工业领域的特征，即时序性、实时性、高维度、高通量、高噪性、高准确率和多尺度。

1. 时序性

时序性是指生产企业的大量数据来自控制器、传感器和其他智能感知设备，生产过程不断采样得到的这些数据通常都是有时间顺序的，是一组时间序列数据。

2. 实时性

实时性是指数据的实时性强。工业大数据重要的应用场景是实时监测、实时预警、实时控制，采集的数据都具有实时性的要求。一旦数据的采集、传输和应用等全处理流程耗时过长，就难以在生产过程中体现价值。

3. 高维度

高维度是指一个事项有多个不同的描述角度。以零件加工为例，采用智能感知设备后，加工过程中涉及的进给量、切削速率、加工区域温度、加工时间和装备健康状态等数据都能被实时采集，那么，加工过程可以通过工艺、环境、时间和装备等更精确地加以描述。

4. 高通量

高通量是指数据产生的频度高。由于智能感知设备能够实时地感知，数据采集速度快、采集频率高，数据总吞吐量大、7×24小时持续不断，呈现出“高通量”的特征。以风机装备为例，单台风机每秒产生225KB传感器数据，按2万台风机计算，如果全量采集，写入速率为4.5GB/s。

5. 高噪性

高噪性是指数据中的错漏多。在生产过程中，电器干扰和恶劣的生产环境会使检测得到的数据不可避免地带有噪声，即数据有误。例如，RFID阅读器在对贴于液体和金属物体表面的标签进行读取时，会出现漏读和误读的现象。

6. 高准确率

在工业领域的很多应用场景中，对准确率的要求达99.9%甚至更高。例如，轨道交通自动控制；再如定制生产，如果把甲乙客户的订单参数搞混了，就会造成经济损失。

7. 多尺度

同一对象有多种不同的描述尺度，制造过程往往需要不同尺度数据的相互配合描述。例如，在晶圆刻蚀过程中，温度传感器通常几秒采样一次，而刻蚀深度则只有在一批晶圆加工完成后才能通过检测获取到，一批晶圆加工完成所需的时间通常为几小时。那么，这里就会产生秒、小时两个不同尺度的记录数据。

三、工业大数据实例

这里通过一些实例来介绍不同行业中生产企业的数据规模和增长速度。

1. 某机床制造企业

生产制造环节的数据主要有应力、表面温度、传输压力和传输流量等。以单车间 1000 个采集传感器来计算，平均每 20s 上报一次数据，数据包大小以 200KB 为平均量，那么单个车间每天将有 824GB 的数据量产生，具体计算公式如下：

数据量 / 天 =1000 个传感器 ×200KB/ 个传感器 ×24h×60min×3 次 /min

2. 某炼铁企业

该企业数据主要从物联网、内部核心业务和外部应用平台三方面进行统计。

（1）物联网数据　物联网数据主要包括 PLC 生产操作数据、工业传感器产生的检测数据及现场各类就地仪表的数据等。整个炼铁大数据平台接入约 200 座高炉的数据，以单座高炉为例，每个高炉约有 2000 个数据点，数据采集频率为 1 次 /min，每座高炉产生的数据采集点约为 288 万点 / 天、数据大小约为 200MB/ 天，即行业大数据平台接入的数据量约为 5.76 亿点 / 天，数据大小约为 39GB/ 天。具体计算公式如下：

采集的数据点量 / 天・座 =24h×60min×2000 点 / 座・min≈288 万点 / 天

数据量 / 天 =200 座 ×200MB/ 座・天 ≈39GB/ 天

（2）内部核心业务数据　内部核心业务数据主要包括检 / 化验数据、MES 生产计划数据、DCS（集散控制系统）过程控制数据、ERP 系统的成本设备数据、用户的交互需求数据、模型计算及分析结果形成知识库的数据，以及现场实际生产过程中的经验数据等。200 座高炉的相关数据整合到炼铁大数据平台后形成 TB 级的数据信息。

（3）外部应用平台数据　外部应用平台数据主要包括国家和行业标准、电子期刊、专家知识库、数据案例和相关政策信息等，通过购买、互联网收集以及用户提供等，形成 TB 级的数据量，并且需实时更新。

3. 某发电企业

该企业数据主要从物联网、内部业务系统和企业外部三方面进行统计。

（1）物联网数据　发电行业是设备中密集型企业，发电设备中各种各样的传感器每时每刻都会产生海量的实时数据。以典型的 2×600MW 燃煤火电机组为例，它拥有 6000 个设备和 65000 个部件，DCS 测点数平均达 28000 个（不含脱硝等新上的环保设施）。仅考虑生产实时数据（不包括图像等非结构化数据），扫描频率为 2 次 /s，2×600MW 机组的年数据容量的实时数据库数据容量约为 114GB。再加上水电、风电机组产生的数据，保守估计一年的生产实时数据将超过 200TB。

（2）内部业务系统数据　业务系统数据主要包含 ERP 系统数据、综合统计系统数据、电量系统数据、燃料竞价采购平台相关的设备台账数据、发电量数据以及燃料竞价采购数据等，每年大约为 500GB。

（3）企业外部数据　外部数据主要包含地理信息数据、天气预报数据等，每年在 500MB 左右。

4. 某能源企业

该能源企业的数据来源主要有计量仪表数据、环保数采仪数据、检 / 化验数据、产量数据，以及各种环保指标数据。

（1）计量仪表、环保数采仪数据　能源计量仪表共约 1500 块，数据更新频率为 1 次 /s。其中，天然气、煤气、氧氮氩、压缩空气、蒸汽和水等非电介质计量仪表约 900 块，主要采

集压力、瞬时流量和累积流量；电表约 600 块，主要采集有功功率、峰平谷总有功电量。环保数采仪约 25 套，数据更新频率为 1 次 /min，其中烟尘数采仪主要采集 SO_2、NO_x、O_2、烟尘、温度、压力和流量，废水数采仪主要采集 PH、COD、TOC、氨氮、总磷、流量和累积流量。

（2）检 / 化验数据、产量数据　检 / 化验数据包括煤气化验成分、热值、氧氮氩纯度和水质等，数据更新频率为 1 次 / 班；产量数据包括所有车间每日产品及副产品的产量，数据更新频率为 1 次 / 天。

（3）环保指标数据　在原始数据的基础上，系统需要计算各种能源环保指标数据，包括峰平谷用电比、介质平衡率、介质单耗、单位能耗、总能耗、综合能耗、设备峰平谷总运行率、排放达标率和计划命中率等。这些数据归口粒度分为分厂、车间、重点设备三级，计算频度分为每班、每日、每月，计算数据量约为采集数据量的 3 倍。

实时监控、日常管理及财务核算对数据的频度要求不同，数据在存档时有不同时间粒度（秒、分、时、班、日、月等）、不同类型（原始值、差值、修正值、平衡值等）的多个存档点。存档点数约为 35000 个，秒级数据压缩后保存 1 年，环保数据保存 3 年，其他数据保存 10 年以上，系统的总数据量在 200 亿条以上，按平均每条 10KB 计算，数据可达 200TB。

5. 某动力设备制造厂商

该动力设备企业主要包含三大类数据：设备状态数据、业务数据与知识型数据。

（1）设备状态数据　针对动力设备的快变量数据，利用企业自主研发的系统进行高通量数据的采集，采集信号主要为振动传感器电压变化值，采集速率每振动测点达到 10KB/s。慢变量数据主要指设备与装置的工艺量与过程量，利用 TCS（牵引力控制系统）及数据采集系统，通过机组的 DCS 获取，每隔 1s 刷新 1 次。一套空分装置，测量数据点共计 36 个，实时原始数据量达到 10MB/s，设备起 / 停机或故障时，最高数据通量峰值约为 35MB/s。

（2）业务数据　业务数据主要包括用户档案、机组档案、现场服务记录、用户合同管理和备件生产管理等设备管理过程中产生的数据，主要来自企业服务支持中心的客户管理与服务管理系统。

（3）知识型数据　知识型数据主要包括设备设计图样、加工工艺文件、装备工艺文件、制造质量数据、测试数据、核心部件试车数据、整机试车数据及各类标准工时文件等。

业务数据与知识型数据总量约为 1TB，且随业务流程状态更新，每日平均增量在 5MB 以内。

6. 某高新技术装备制造企业

该企业数据主要从物联网、内部核心业务系统以及外部应用平台三方面统计。

（1）物联网数据　物联网数据主要包含设备实时回传的工况、位置信息。当前已累积了近 10 年数据，监控设备数为 12 余万台套，存量数据量约 40TB，每月新增数据约 300GB。数据通过移动网络以加密报文方式回传，通过平台解析后实时保存至大数据平台。目前，数据采集频率为每 5min 1 次，根据数据分析需要可进行调整，设备传感数据采集点将近 500 个。

（2）内部核心业务系统数据　内部核心业务系统数据包含在营运过程中产生的业务信息，如 ERP、CRM、PLM、MES 及金融服务系统等数据，涵盖研发、生产、销售和服务全过程。当前，业务系统已累积近 10 年数据，存量数据约 10TB，数据每天进行更新。

（3）外部应用平台数据　外部应用平台数据包含了相关应用平台（官方网站、微信公众

号 / 企业号、商城、App 和塔式起重机全生命周期管理平台）积累的数据、从第三方购买和交换的数据，以及通过爬虫程序在网络上搜集的舆情和相关企业公开数据。除结构化数据外，平台还以日志方式保存了大量的用户行为数据。存量数据约为 1TB。

任务 1-2 对工业大数据及其应用进行分类

【任务描述】

工业大数据主要是指在工业领域数字化和信息化过程中所产生的大数据。工业大数据的应用将给工业企业带来创新和变革。从工业大数据中可以发掘出有价值的信息，助力企业以智能制造为核心，从产品设计研发、生产制造、经营管理到售后服务的整个流程全面提升智能化水平，创新企业研发、生产、运营、营销和管理方式，最终达到提质增效的目的。

本任务结合工业企业的运行流程，介绍工业大数据的主要类型以及工业大数据的应用场景。

【相关知识】

一、工业企业的运行流程

工业企业的活动可以分为三大类，即设计活动、生产活动和经营管理活动。其运行流程一般包括产品设计、生产计划、物料供应、生产管控和产品交付等多个阶段。

以按订单生产的电子器件制造企业为例，各个阶段的主要工作内容如下：

1）制造企业承接客户订单后，首先根据用户的产品需求完成产品的总体设计，包括结构设计、电路设计等，工艺人员完成产品的工艺设计，设计资料提交产品管理部门审核确认。

2）生产计划部制订生产计划，并下发至制造部和品控部。制造部制订物料计划，下达至采购部。采购部根据物料计划开始原材料和零配件的采购。品控部根据生产计划制订质量计划，准备各项检验工作。

3）生产准备确认无误后，即可按生产计划进行生产派工与调度，进入加工、组装流程。

4）制造完成后，对产品进行测试和检验。对于不合格产品进行统计分析，反馈给设计部改进。

5）对于合格产品，进行入库检验、入库以及发运等后续业务流程。

按订单生产的电子器件制造企业运行流程如图 1-2 所示。

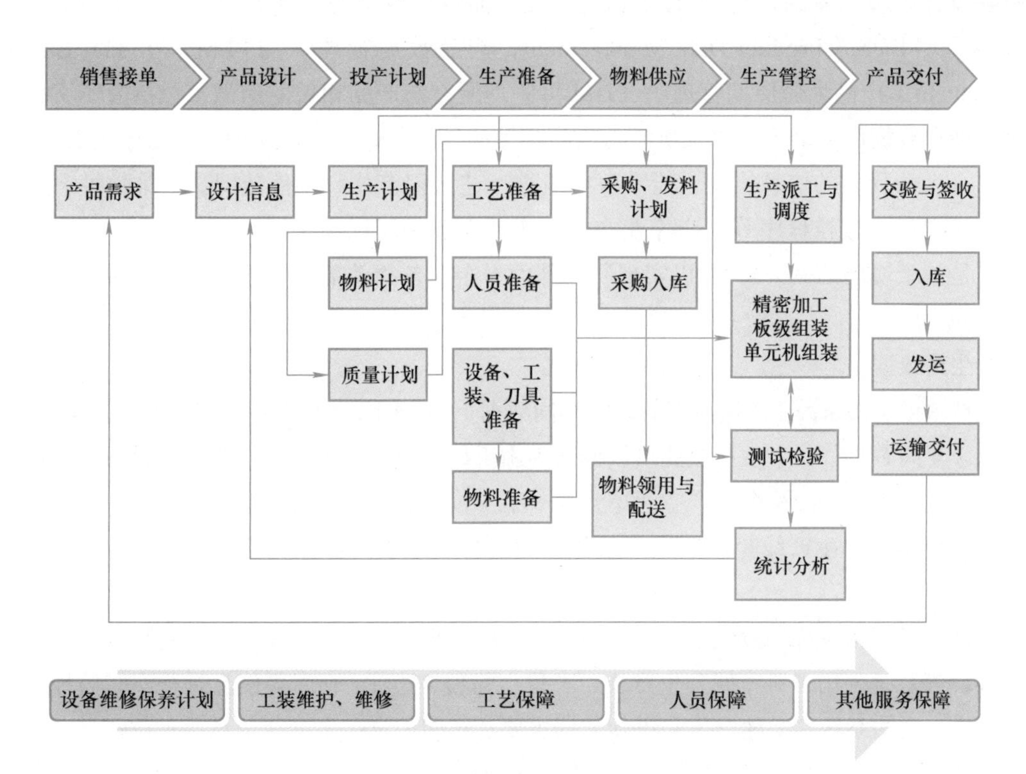

图 1-2　电子器件制造企业运行流程

二、工业大数据的分类

工业大数据主要是工业企业在设计活动、生产活动和经营管理活动中产生的。按照活动的不同，可以将工业大数据分为以下三大类。

1. 产品设计数据

产品设计可分为产品需求分析、概念设计、详细设计、工艺设计和样机试制等过程。产品设计阶段的设计、工艺、测试、使用和维护工作积累了大量的数据，这些数据包括 CAD 文件（Computer Aided Design，计算机辅助设计）、产品仿真模型、产品工艺数据、产品加工数据、NC（Numerical Control，数字控制）程序、物料清单 BOM（Bill of Material，一种以数据格式来描述产品结构的文件）、零部件配置数据、产品测试数据、维护数据以及使用记录等。产品设计数据是企业的核心数字资源，可以通过产品和工艺数据分析，发现问题，改进产品和服务。

复杂产品的设计数据涉及的领域广、数据类型繁多、数据量巨大。例如，大型电站汽轮机在设计阶段的零部件达30万个以上。在产品设计数据的管理方面，一般使用软件工具来管理，如PDM（Product Data Management，产品数据管理）和PLM（Product Lifecycle Management，产品生命周期管理）。PDM可管理所有与产品相关的信息（包括电子文档、数字化文件和数据库记录等）以及所有与产品相关的过程（包括工作流程和更改流程），它可提供产品全生命周期的信息管理，能有效地组织工艺过程卡片、零件蓝图、三维数模、刀具清单、质量文件和数控程序等生产作业文档，实现企业车间现场无纸化生产。PLM是PDM的延伸，是基于协同的PDM，可以实现研发部门、企业各相关部门，甚至企业间对产品设计数据的协同应用。

2. 生产数据

生产数据主要来源于车间生产管理（车间数据）和车间设备的监控（设备数据）。

（1）车间数据　一个生产企业可以概括为由工厂、车间、生产线、工位和设备等组成。工位是位于生产车间内的一个生产空间单元。一个工位上通常要配备一些生产设备，并且这种配置是相对固定的。生产线是用于生产某种产品的物理产线，包含了参与一个产品生产的所有工位。

车间层的管控系统一般包括车间管理、生产线管理、上下料控制、边仓管理、质检管理和工单管理等系统，用于对车间、生产线、工位、物料、边库/仓库等信息进行实时监控。在生产过程中，这些系统实时地产生和更新数据主要有车间信息、生产线信息、工位信息、仓库信息、自动导引运输车（AGV）信息、工单信息和质检信息等。

（2）设备数据　设备数据是指通过在线监控系统采集到的设备运行状态数据。工业企业的生产数据大多是自动化系统采集的温度、湿度、电压、电流、流量和转速等高速变化的数据。生产设备会产生大量的数据，例如，一台百万千瓦级的燃煤发电机大约就有3万个以上的监测点，这些监测点的数据可通过监测系统实时采集、自动获取。

通过收集、分析设备数据，可以了解设备的健康状态、故障风险及安全风险，分析设备的故障原因，预测设备需要维护的时间，利用大数据分析对设备关键零配件的使用寿命进行预测等。

3. 经营管理数据

企业经营管理数据包括市场信息、销售数据、财务数据、供应链数据和计划数据等。

市场信息可来源于CRM（客户关系管理）系统和BI（商业智能）系统中的顾客信息、市场促销活动、展览、广告，也可以来源于电商网站、社交网站，可用于客户需求分析等。销售数据一般包括销售数量、销售额、单价、销售时间和销售地区等，这些可以用于销售分析预测。财务数据涉及收入、成本、利润、费用和预算等。供应链数据一般包括原材料、成品、产品、残次品和供应商信息，可用于库存分析、信用评估。计划数据包括生产计划、物料采购计划及质检计划等，用于生产派工与调度、物料和产品检验准备等。

例如，某电子器件制造智能工厂的设计活动、生产活动和管理活动都配备了各种信息系统，产生的数据包括设计数据、制造数据和经营管理数据，如图1-3所示。

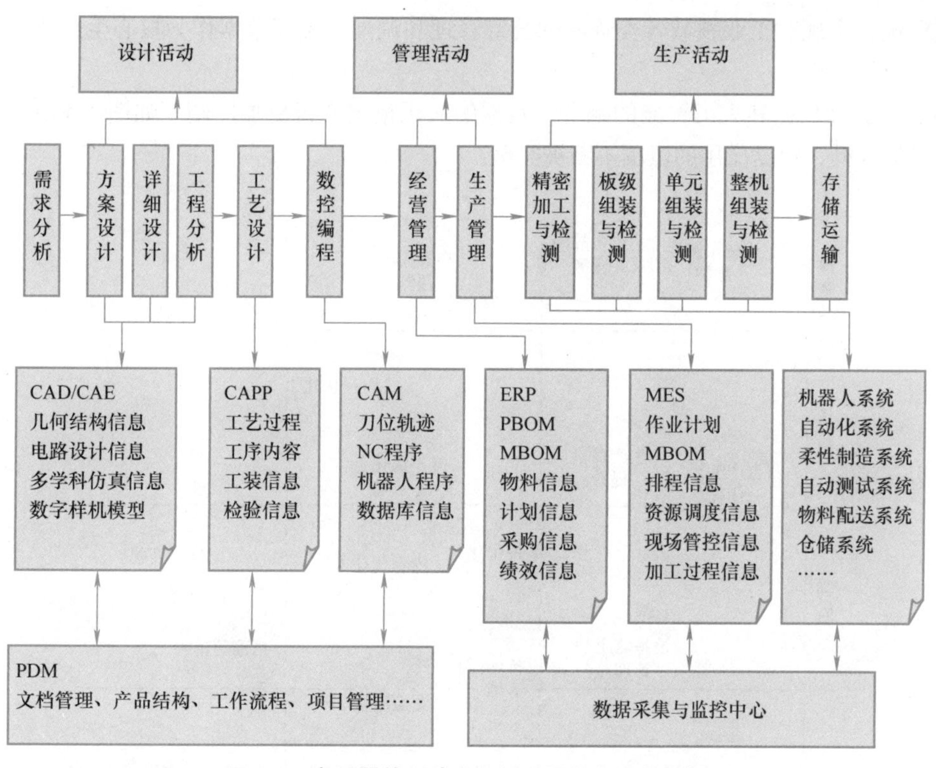

图 1-3　电子器件制造企业活动及其产生的数据

三、工业大数据的应用场景

工业数据的采集和使用范围逐步扩大。科学管理学创立于 19 世纪末，主要围绕如何提高劳动生产率，开展生产数据的采集，制订更科学的工作方法。例如，“科学管理之父”泰勒拿着秒表计算工人用铁锹送煤到锅炉的时间，探讨如何提高生产效率。20 世纪初，美国福特汽车公司创立了世界上首条汽车生产线，将生产流程拆分成一个个标准化的环节，由生产线自动组织运转，汽车产量得到大幅度提高。20 世纪中叶，日本丰田汽车公司提出了精益生产模式，追求准时化生产和零库存，根据订单、物料、人员和工序数据，优化生产排程，降低成本，将数据的采集和使用扩大到了生产上下游供应链。20 世纪末，互联网飞速发展，基于互联网数据进行分析、追踪消费者的偏好，以及通过互联网进行下单和生产开始在国外一些先进制造企业出现，这种以需求为导向，采用小批量、多品种、零库存的柔性生产方式可以更好地迎合消费者的心理，同时节约资源、节省成本。21 世纪，物联网技术的发展催生了工业互联网。工业互联网是新一代网络信息技术与制造业深度融合的产物，是实现产业数字化、网络化和智能化发展的重要基础设施，通过人、机、物的全面互联，全要素、全产业链和全价值链的全面链接，推动形成全新的工业生产制造和服务体系，成为工业经济转型升级的关键依托、重要途径和全新生态。

工业互联网数据是工业领域各类信息的核心载体，通过汇聚、处理、分析、共享和应用各类数据资源，实现对工业领域各类资源的统筹管理和调配，发挥数据作为核心生产要素参与价值创造和分配的能力。

随着工业大数据和人工智能的融合，数据的应用范围变得更加广阔。如图 1-4 所示，随着智能技术的提升，数据应用的范围不断被突破。

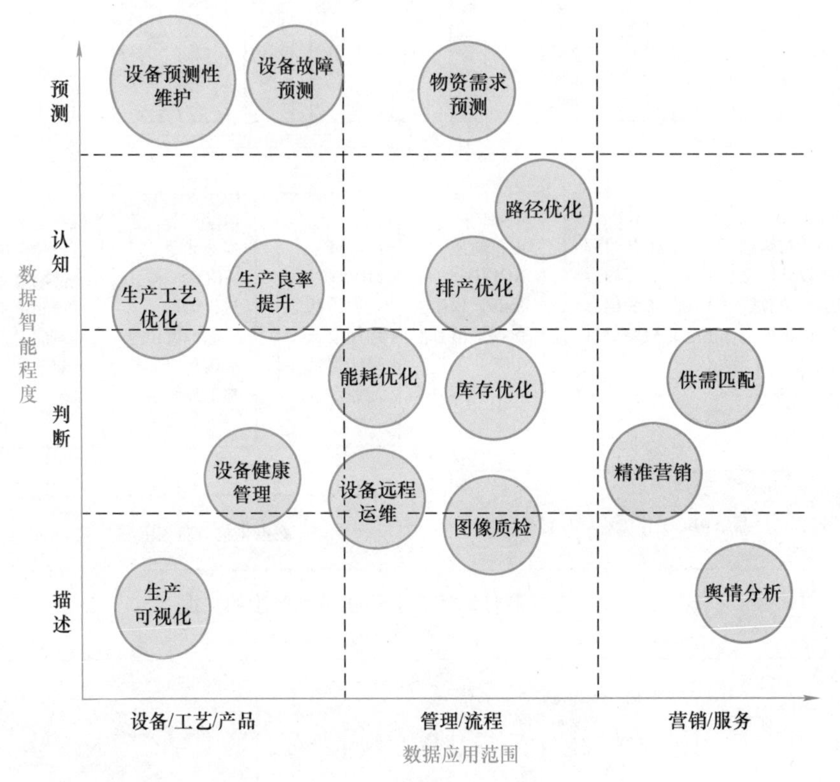

图 1-4　工业大数据的应用范围

在工业互联网产业联盟发布的《中国工业大数据技术与应用白皮书》中，大数据的应用场景被归纳为四类，分别是智能化生产、个性化定制、网络化协同和服务化延伸。

1. 智能化生产

实时采集生产数据、产线进度数据，通过生产大数据分析，合理应对客户需求变更、生产插单等，并基于生产大数据优化企业生产制造管理模式，强化过程管理和控制，达到精细化管理的目的。

2. 个性化定制

个性化定制带来小批量、多品种的生产要求。如果生产线上频繁地进行产品切换，会产生产能损失。为此，将生产资源模块化、数字化和参数化，将产品相关的零部件与原材料、订单与生产工艺信息通过生产管理系统与供应链和物流系统衔接，驱动相应物料按照生产计划流动，满足混料生产情况下物料流动的即时性与准确性要求，从而满足产品切换生产需要。这种基于大数据驱动的生产，生产过程高度柔性化才能够混料 \ 混线生产，实现小批量生产、个性化单件定制。

3. 网络化协同

工业互联网引发制造业产业链分工细化，企业能够立足自身研发需求协同制造，提升企业利用社会化创新和资金、资源的能力。利用统一的网络化制造资源信息平台，产业链上下游企业可以实现多站点协同、多任务并行，如研发协同、设计协同、采购协同、供应链协同和计划协同等。通过协同和对供应链大数据进行分析，可加速新产品协同研发过程，还可带来仓储、配送、销售效率的大幅提升和成本的大幅下降。

4. 服务化延伸

在工业互联网背景下，企业通过监控实时工况数据与环境数据，基于历史数据进行整合分析，可实时提供设备健康状况评估、故障预警和诊断以及维修决策等服务。例如，远程运维服务即是典型的制造企业智能化服务模式，企业利用物联网、云计算和大数据等技术对生产并已投入使用的智能产品的设备状态、作业操作和环境情况等维度的数据进行采集、筛选、分析、存储和管理，基于对上述数据的分析结果为用户提供智能产品的日常运行维护、预测性维护、故障预警、诊断与修复、运行优化和远程升级等商业服务，从而创造新的商业价值。

【任务实施】

一、认识工业大数据的应用类型

工业大数据应用的最终目的是根据数据分析的结果产生决策，从而指导工业系统采取行动。《工业大数据技术架构白皮书 1.0》将工业大数据应用归纳为以下五大类。

1. 描述类应用

主要利用报表、可视化等技术汇总展现工业互联网各个子系统的状态，使操作管理人员可以在一个仪表盘（Dashboard）上总览全局。此类应用一般不给出明确的决策建议，完全依靠人来做出决策。

2. 诊断类应用

通过采集工业生产过程相关的设备物理参数、工作状态数据、性能数据及其环境数据等，评估工业系统生产设备等运行状态，并预测其未来健康状况。主要利用规则引擎、归因分析等，对工业系统中的故障给出告警，并提示故障可能的原因，辅助人工决策。

3. 预测类应用

通过对系统历史数据的分析与挖掘，预测系统的未来行为。主要利用逻辑回归、决策树等预测未来系统状态，并给出建议。

4. 决策类应用

通过对影响决策的数据进行分析与挖掘，发现决策相关的结构与规律。主要利用随机森林、决策树等方法，提出生产调度、经营管理与优化方面的决策建议。

5. 控制类应用

根据高度确定的规则，直接通过数据分析产生行动指令，控制生产系统并采取行动。

二、工业大数据应用实例

工业大数据分布在产品的整个生命周期中，涵盖产品设计、供应链、生产制造、销售、运维和服务过程的全部数据。利用大数据可分析产品质量、成本、能耗、效率及成材率等关键指标与工艺参数之间的关系，优化产品设计和工艺；可以实际生产数据为基础，建立生产过程的仿真模型，优化生产流程；可根据客户订单、生产线、库存和设备等数据预测市场和订单，优化库存和生产计划。

下面从产品创新、精益管理、供应链优化、排程优化、设备预测性维护、故障诊断、智能质检和精准营销八个方面，举例说明工业大数据是如何应用到实际生产中的。

1. 产品创新

利用大数据优化产品、工艺的设计，加速产品创新。客户与工业企业之间的交互和交易行为将产生大量数据，挖掘和分析这些客户的动态数据，能够帮助客户参与产品的需求分析和产品设计等创新活动中，为产品创新做出贡献。

如图 1-5 所示，福特公司在电动汽车产品创新活动中，利用大数据改进电动汽车设计。福特福克斯电动汽车在驾驶和停车时会产生大量的数据，如驾驶时车辆的加速信息、刹车信息，停车时的充电信息、位置信息等。福特公司的工程师利用这些数据，分析客户的驾驶习惯，了解客户的需求，结合来自电动汽车的轮胎、电池系统等数据，不断地改进和优化，设计出下一代电动汽车产品。而电力公司和其他第三方供应商也可以通过分析这些数据，决定在哪些位置建立充电站，并预防电网超负荷运转等。大数据的应用为下一代电动汽车产品的功能优化提供了更为明确的改善点，也使汽车制造企业对客户需求更加明确，能够更好地提升客户体验。

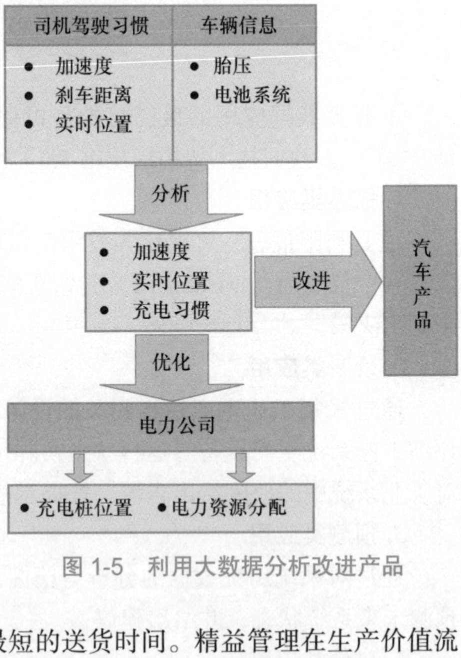

图 1-5　利用大数据分析改进产品

2. 精益管理

企业精益管理的目的是缩短从原物料到生产最终成品的消耗时间，有助于促成最佳质量、最低成本及最短的送货时间。精益管理在生产价值流中识别的七大浪费包括生产过剩、现场等候时间、不必要的运输、过度处理、存货过剩、不必要的移动搬运以及瑕疵，均可通过大数据分析做到减小的、渐进的、连续的改善。

如图 1-6 所示，某石化企业利用大数据提升燃煤效率。通过对工艺流程中相关参数的数据采集和筛选，利用筛选出的关键参数建立模型，从而优化实际生产的燃煤消耗，达到了能耗优化的目的。不仅仅是化工行业的锅炉，其他行业同样可以通过对大数据的采集与分析，做到能耗优化，以获得更高的效益。

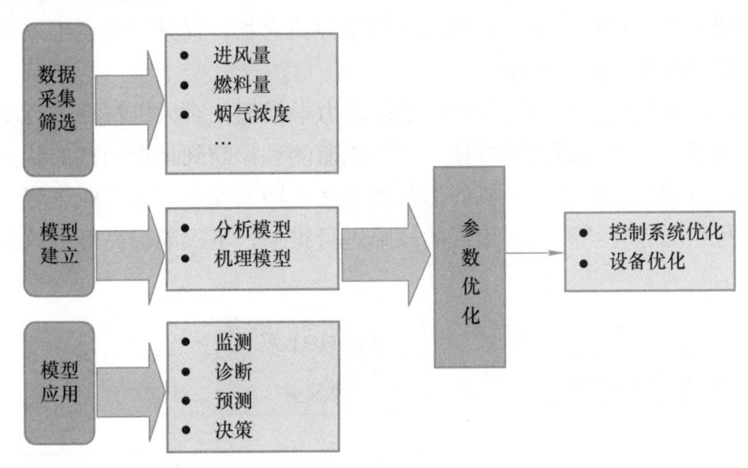

图 1-6 利用大数据分析优化能耗

3. 供应链优化

供应链优化能够使原材料、辅助物料、在制品和制成品等物理对象在各个生产工序间顺畅流转，并通过提升仓库货位利用效率、提高仓储作业的灵活性与准确性、合理控制库存总量以及降低物流仓储人员需求数量等方式大幅压缩物流仓储成本。

如图 1-7 所示，某家电制造企业利用大数据技术对供应链进行优化。基于历史物料数据，对生产所需物料进行准确分析与预估，降低仓储周期，提升效率，缩短供应周期，使企业获得更大的利润，彻底改变了传统供应链系统对于固定提前期概念的严重依赖，创建了更具有弹性的供应链。

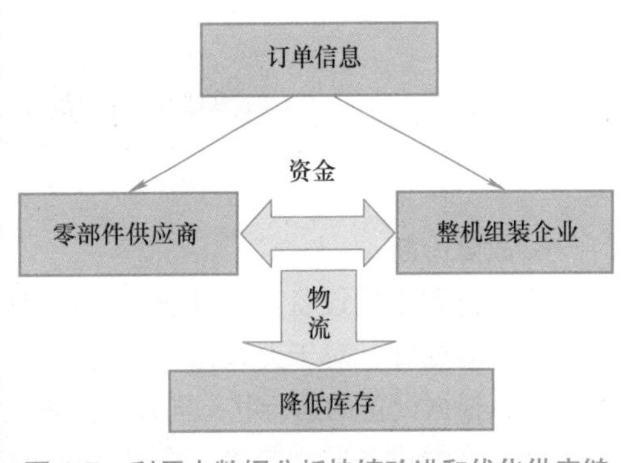

图 1-7 利用大数据分析持续改进和优化供应链

4. 排程优化

企业面对多品种、小批量的生产模式，多变性导致数据剧烈增大，对于需要快速响应的企业来说是一个巨大的挑战。大数据可以呈现更详细的信息，发现历史预测与实际的偏差概率，考虑产能约束、人员技能约束、物料可用约束和工装模具约束，通过智能的优化算法，制订预计划排产，并监控计划与现场实际的偏差，动态地调整计划排产。根据设备产能、订单数、交期、工时、原材料、人员、工艺路线等生产因素和以往排程数据，通过算法高效排产，得到最优的生产计划，提高企业的产能利用率和柔性生产能力。

例如，某企业利用大数据分析技术对生产节拍数据进行监察，对各种影响生产节拍的因素进行特征提取，建立相关因素的关联规则，结合订货信息，形成精益排程，进而对潜在的问题进行分析与预警。

5. 设备预测性维护

根据系统过去和现在的状态，归纳故障发生的规律，及时发现潜在的故障及风险，发出预警。采用时间序列预测、神经网络预测和回归分析等预测推理方法，预测系统将来是否会发生故障、何时发生故障以及发生故障的类型，在设备故障发生前或运行性能降低到最低的可承受程度前进行维修或更换，可有效减少停机的次数及停机时长，提升服务运维效率，降低设备非计划停机时间，节约现场服务人力成本。

如图 1-8 所示，某风电装备利用大数据结冰动力学模型，对风机特征进行动态观测，重点观测和分析风机利用率、环境温度等特征，尽可能监测和诊断到早期结冰的状况，并进行及时处理，防止出现严重结冰，提高了风机的运行效率和电网的安全。在工业领域，利用大数据技术对各种设备运行状况进行预测，对出现的故障进行维护，不仅能提高经济效益，更能保证生产的安全性。

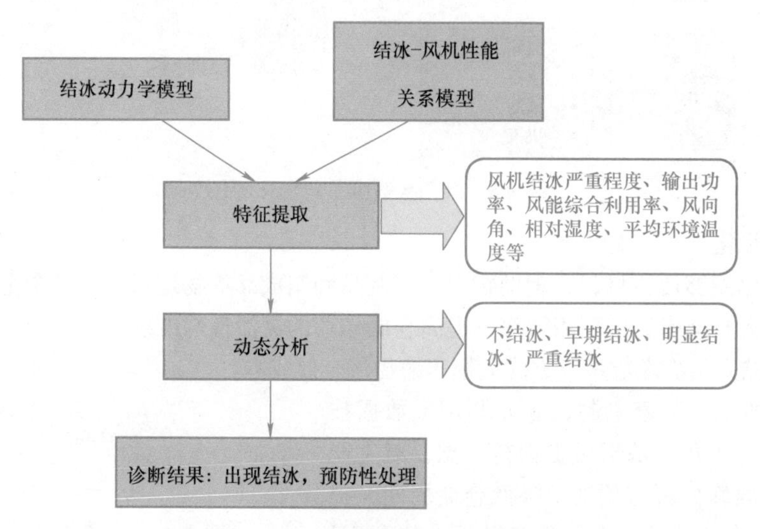

图 1-8　利用大数据分析进行预测性维护

6. 故障诊断

生产过程中的设备信息可通过物联网精准获取。一旦发现设备问题，便可以通过人或者系统进行及时处理。对于无人化、少人化车间，还可以通过网络化的智能系统做到远程监控或移动监控，根据设备的运行状态向设备维保人员提示维修和保养任务。

通过在线设备监测装置，采集设备运行时回传的工况数据，结合设备历史数据形成的海量数据及设备故障诊断模型，可及时、准确定位运行故障并给出大致原因，为维护部门维修设备提供技术帮助，降低故障定位的时间、范围和工作量，缩短停机时长，以减少生产损失。

如图 1-9 所示，某企业利用物联网和大数据建立了远程运维系统。通过设备振动、温度、流量和压力等传感器与控制系统，将数据接入现场数据管理系统。数据被实时处理后，送入现场健康监控一体化系统，可直接向用户呈现设备运行状态分析结果。同时，利用网络将数据实时传至运维中心，运维中心的专家可结合设备大数据挖掘分析系统、备件库存系统等其他数据，向用户提供中长周期的设备运行指导意见。

7. 智能质检

零件分拣、零件质检是工业生产过程中的一个常见工作。由于零件样式多、数量大，完全靠人工检测和识别，工作效率低下。利用机器学习、图像识别技术，能在工厂中实现自动化检测，并借助机械臂等装置协助人工完成自动分拣。

例如，某电池片生产企业以往在生产电池片过程中通过肉眼做产品质检，耗时长，且不产生直接价值，但又无法忽视该环节，成本高、效率低。如今，企业使用AI（人工智能）图像技术，将带有产品缺陷的5万多张图片上传到云计算平台，通过深度学习与图像处理技术进行算法训练。优化的AI算法识别准确度可达到95%以上，碎片率（瑕疵品）下降50%。不仅如此，从图像拍摄到数据接收、处理，再到数据上传MES系统做缺陷判定，最后到MES系统下达指令给机械手臂抓取缺陷产品，整个流程耗时不到1s，仅为原先的一半，且检测过程无须人工参与。

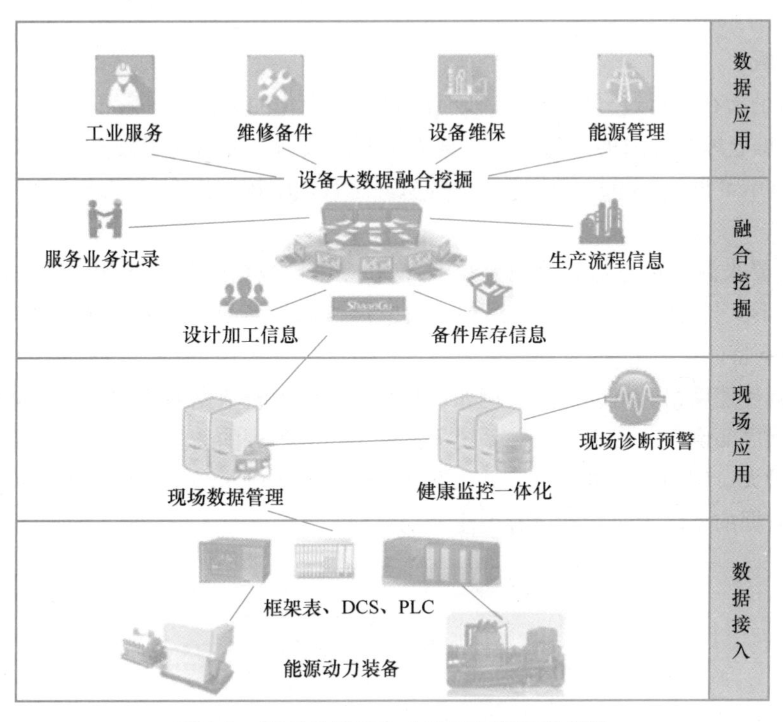

图1-9 利用物联网和大数据实现远程运维

8. 精准营销

对产品的销售情况、客户的行为信息进行统计分析，挖掘其中的重复购买、交叉购买等特定行为的规律、特点及变化趋势，可指导业务部门进行产品的个性化设计及精准营销策略的制定。

随着制造强国和数字新基建等国家战略的稳步推进，工业大数据逐渐成为助力制造业转型升级和商业模式变革的重要技术，在中国工业从“中国制造”到“中国智造”，再到“中国创造”转变的过程中扮演着越来越重要的角色。

任务1-3 了解工业大数据系统架构

【任务描述】

使用大数据技术的目的是快速地采集、发现和分析数据，从大量、多类别的数据中提取有价值的信息。本任务以当前主流的开源分布式计算框架Hadoop为例，通过图片和文字介绍工业互联网大数据系统架构和技术体系，以及安装部署Hadoop的方法。

【相关知识】

一、静态数据和流数据

1. 静态数据

静态数据是指在运行过程中很长一段时间内不会变化的数据，一般不随运行而改变。在决策分析用的数据仓库中存放的大量历史数据就是静态数据。可以利用数据挖掘和联机分析处理（On-Line Analytical Processing，OLAP）系统从静态数据中挖掘出有价值的信息。

2. 流数据

流数据主要来源于传感器、网络监控及 Web 应用等数据密集型应用，即数据以大量、快速、时变的流形式持续到达，如炼铁锅炉、发电风机等设备上的工业传感器产生的监测数据。流数据具有如下特征：

1）数据回传速度快、持续到达。例如，某企业发电风机数据回传频率高达每秒 50 组 /s。

2）数据顺序颠倒，或者不完整，系统无法控制将要处理的新到达的数据的顺序。

3）数据量大。例如，发电风机峰值状态下，两万台风机每秒会产生逾千万条数据。

4）注重数据的整体价值，不过分关注个别数据。

二、批量计算和流式计算

对静态数据和流数据的处理对应有两种完全不同的计算模式，即批量计算（Batch Processing）和流式计算（Stream Processing）。批量计算针对静态数据，流式计算针对流数据。

1. 批量计算

批量计算是一种批量、高时延、主动发起的计算。传统数据计算和数据分析通常基于批量计算模式。一般先构建数据仓库，预加载数据，再通过 SQL（结构化查询语言）查询分析数据，得到分析结果。这种数据处理方法被广泛应用于关系型数据库。

批量计算的处理顺序如下：

1）预先加载数据。首先构造原始的数据仓库，将数据加载到数据仓库中。系统对加载的数据构建索引、优化查询等。因此，对于批量计算，数据一定需要预先加载到计算系统，在数据加载完成后才能进行计算。

2）提交计算作业。提交批量计算作业，向计算系统发出计算请求。此时，计算系统开始调度计算节点进行大量数据计算。该过程的计算量可能巨大，耗时可能长达数分钟甚至数小时。同时，由于数据统计的不及时性，上述计算过程的数据一定是历史数据，无法保证数据的“新鲜”。

3）返回计算结果。计算作业完成后将数据以结果集的形式返回给用户。当结果数据集巨大时，整体的数据集成过程漫长，耗时可能长达数分钟甚至数小时。

图 1-10 所示为批量计算的过程。

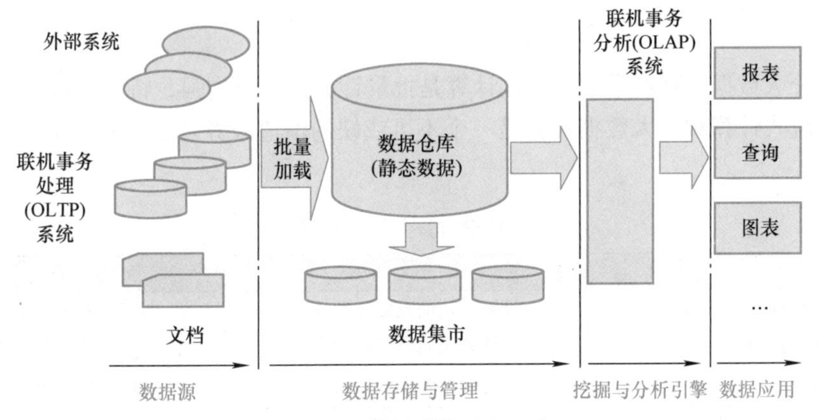

图 1-10　批量计算过程示意

2. 流式计算

流式计算是一种持续、低时延、事件触发式的计算作业。流式计算实时地获取来自不同数据源的海量数据，经过实时分析处理，获得有价值的信息。大数据处理要求实时化、流式化。不同于批量计算模型，流式计算更加强调计算数据流和低时延。

流式计算的处理顺序如下：

1）提交流式计算作业。使用实时数据集成工具，将数据实时变化传输到流数据存储区（即消息队列，如 DataHub）；此时，数据的传输变成实时化，将长时间累积的大量数据平摊到每个时间点不停地小批量实时传输，因此数据集成的时延得以保证。

数据将源源不断地写入流数据存储区，不需要预先加载。同时，流式计算不保存流数据，数据持续流动，计算完成后就立刻被丢弃。

2）等待流式数据触发流式计算作业。在数据计算环节，不同于批量计算等待数据集成全部就绪后才启动计算作业，流式计算作业是一种常驻计算服务，一旦启动将一直处于等待事件触发的状态。一旦有小批量数据进入流数据存储区，流计算立刻计算并迅速得到结果。同时，流计算还使用了增量计算模型，将大批量数据分批进行增量计算，进一步减少单次运算规模，并有效降低整体运算时延。

从用户角度来说，对于流式作业，必须预先定义计算逻辑，并提交到流式计算系统中。在整个运行期间，流计算作业逻辑不可更改。用户停止当前作业运行后再次提交作业时，之前已经计算完成的数据无法重新再次计算。

3）计算结果持续不断地对外写出。批量计算需等待数据计算结果完成后，批量地将数据传输到在线系统，而流式计算作业在每次小批量数据计算后立刻将数据写入在线 / 批量系统，无须等待整体数据的计算结果，可以立刻将数据结果投递到在线系统，进一步做到计算结果的实时化展现。

以流式计算引擎 Spark Streaming 为例，将接收到的实时流数据按照一定的时间间隔进行切片拆分，交给 Spark Engine 引擎，最终得到一批批的计算结果，如图 1-11 所示。

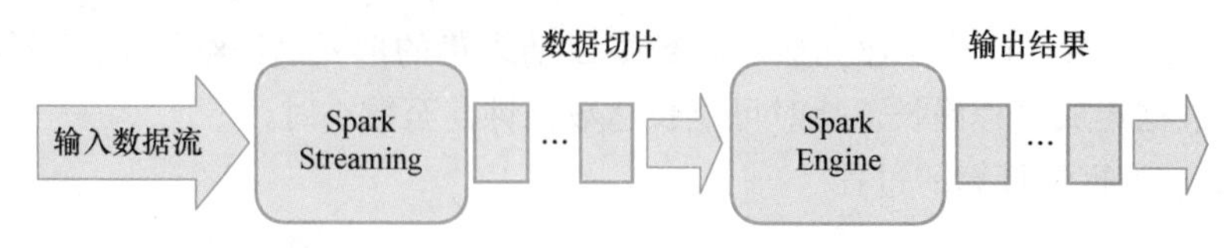

图 1-11　流式计算过程

在大部分大数据处理场景下，流式计算是批量计算的有效增强，特别是对于事件流处理的时效性上，流式计算对于大数据计算是一个不可或缺的增值服务。表 1-3 是批量计算和流式计算的对比。

表1-3　批量计算与流式计算的对比

计算模式	批量计算	流式计算
数据到达	计算开始前数据已准备好	计算进行中数据持续到来
计算周期	计算完后会结束计算	一般会作为服务持续运行
应用场景	时效性要求低的场景	时效性要求高的场景

【任务实施】

一、认识工业大数据的架构

架构一词起源于建筑，其核心是通过一系列的构件组合来承载上层传递的压力。系统架构是“一个系统的基本组成方式和遵循的设计原则，以及系统与组件、组件之间及系统与外部环境的相互关系”。

工业互联网产业联盟在《工业大数据技术架构白皮书 1.0》中对工业互联网数据体系架构做了描述。参考该体系架构，工业大数据架构按数据处理的层次和相互关系，从下到上划分为数据采集与交换、数据预处理与存储、数据建模与分析、数据驱动下的决策与控制应用四个层次，下层支撑上层，如图 1-12 所示。

1. 数据采集与交换

数据采集指从传感器、生产控制系统（SCADA）、制造执行系统（MES）、企业资源计划（ERP）等内部系统，以及企业外部数据源获取数据。工业系统中采集的数据可以细到每一个零部件信息，大到整个生产流水线信息。数据采集的方式有批量采集和实时采集两种。

数据交换，指工业大数据应用所需的数据在不同应用系统之间的传输与共享。通过建立数据交换规范，开发通用的数据交换接口，实现数据在不同系统与应用之间的交换与共享，消除数据孤岛，并确保数据交换的一致性。

2. 数据预处理与存储

数据预处理前需进行数据集成。数据集成是将许多分散的、不同类型的工业数据源中的数据，逻辑地或物理地集成到统一的工业数据集合中，使用户能够以透明的方式访问这些工业数据源，达到保持工业数据源整体上的数据一致性，提高信息共享与利用效率的目的。将工业互联网中各组件、各层级的数据汇聚在一起，是大数据应用的前提。

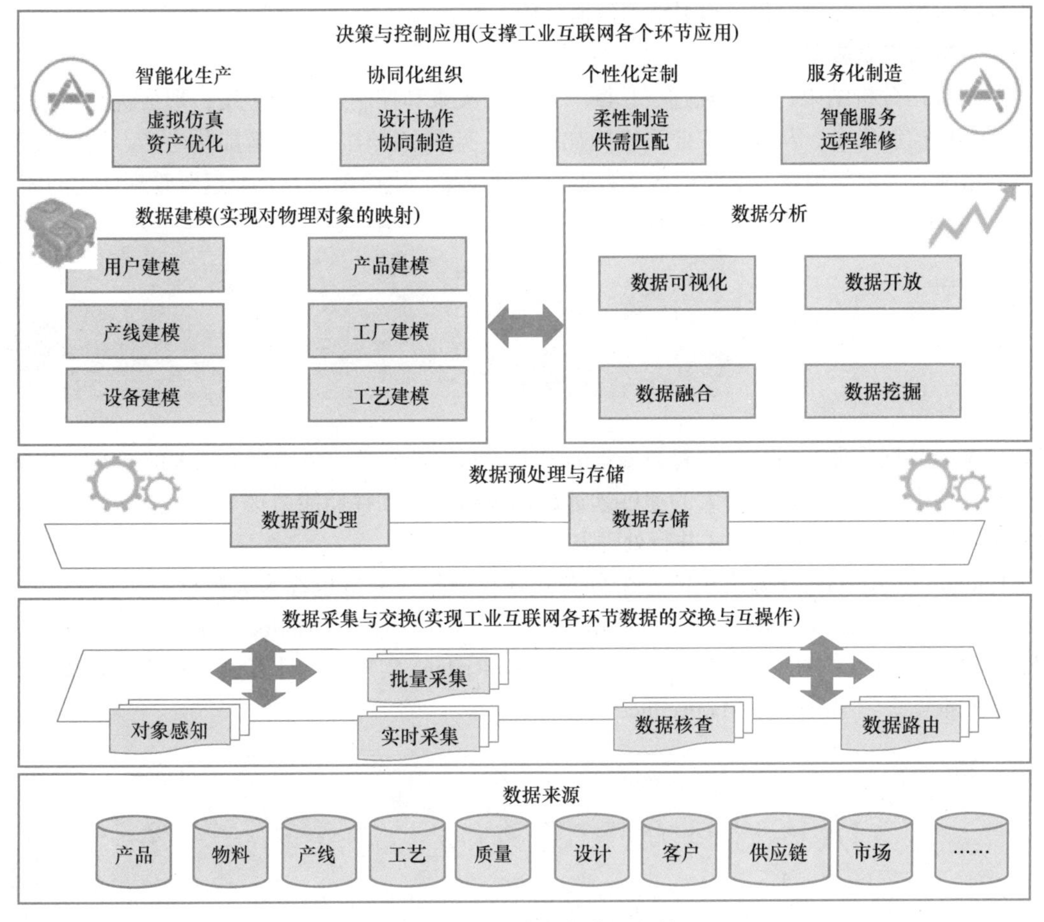

图 1-12　工业大数据体系架构

数据预处理，是利用数据库技术，以及数据清洗、转换、加载等多种工业大数据处理技术，将集成的工业数据集合中大量的、杂乱无章的、难以理解的数据进行加工和分析，形成有价值、有意义的数据。

数据存储是指利用大容量和分布式的存储系统，存储工业大数据系统接入的各种数据，存储规模可达到 PB 级以上的多种类型数据，包括数据库表、网页、文本、JSON、XML 和图像等数据。

在技术上，建立产品、产线和供应链等各种主题数据库，将清洗、转换后的数据与制造中的产品、设备、产线等实体相互关联起来，实现原始数据的清洗、转换和存储管理。

3. 数据建模与分析

数据建模是指根据工业实际元素与业务流程，在设备物联数据、生产经营过程数据和外部互联网等相关数据的基础上，构建供应商、用户、设备、产品、产线、工厂和工艺等数字模型，并结合数据分析提供诸如数据报表、可视化、知识库、数据分析工具及数据开放功能，为各类决策提供支持。

数据分析，是构建仿真测试、流程分析、运营分析等分析模型，用于在原始数据中提取特定的模式和知识，为各类决策的产生提供支持。在技术上，主要提供数据报表、可视化、知识库、机器学习、统计分析和规则引擎等数据分析工具。

4. 决策与控制应用

基于数据分析结果，生成描述、诊断、预测、决策和控制等不同应用，形成优化决策建议或产生直接控制指令，从而对工业系统施加影响，实现个性化定制、智能化生产、协同化组织和服务化制造等创新模式，最终构成从数据采集到设备、生产现场及企业运营管理优化的闭环。

二、认识Hadoop

传统的数据处理方法是，随着数据量的增大不断更新硬件，采用更加强大的CPU、更大容量的磁盘等措施，但数据量增大的速度远远超出单机计算和存储能力提升的速度。大数据处理是采用多机器、多节点的分布式并行处理方式。

Hadoop是Apache开源组织的一个分布式计算框架，通常也称为大数据平台。Hadoop可通过由大量计算机组成的集群对海量数据进行分布式并行计算。Hadoop的核心部件是HDFS、MapReduce和Yarn。HDFS实现分布式存储，MapReduce实现并行计算，Yarn实现资源管理调度。下面重点介绍HDFS和MapReduce的工作原理。

三、认识Hadoop分布式文件系统

Hadoop分布式文件系统（HDFS）是一个分布式文件系统，可以把其看成一个容量巨大、具有高容错性的磁盘。HDFS可为海量数据提供高可靠性存储和数据归档功能，并可以部署在普通的计算机上，能提供高吞吐量的数据访问，适合有超大数据集（如TB级、PB级别以上）的应用。

HDFS的架构如图1-13所示。它的基本原理是将文件切分成大小相等的数据块（Block），存储到多台计算机上。一个Block通常是64MB或128MB。

HDFS系统由NameNode和DataNode组成。

NameNode相当于大管家，负责管理数据，它保存了整个文件系统的目录信息、文件信息及分块信息，这些信息称为元信息（Metadata）。为确保系统可靠，通常还有一个备份，即Secondary NameNode。

DataNode负责存储数据块文件Block，分布在多台计算机上，通常一台计算机部署一个DataNode。每个Block还可以复制数份存储于不同的DataNode上，达到容错容灾的目的。

读数据时，客户端会首先访问NameNode，通过获取文件的元信息，查找数据所有文件块Block的位置（即在哪些DataNode中），再读取DataNode中的文件内容。

写数据时，客户端首先要跟NameNode通信以确认可以写文件并获得接收Block的

DataNode，然后，客户端按顺序将文件逐个 Block 地传递给相应 DataNode，并由接收到 Block 的 DataNode 负责向其他 DataNode 复制 Block 的副本。

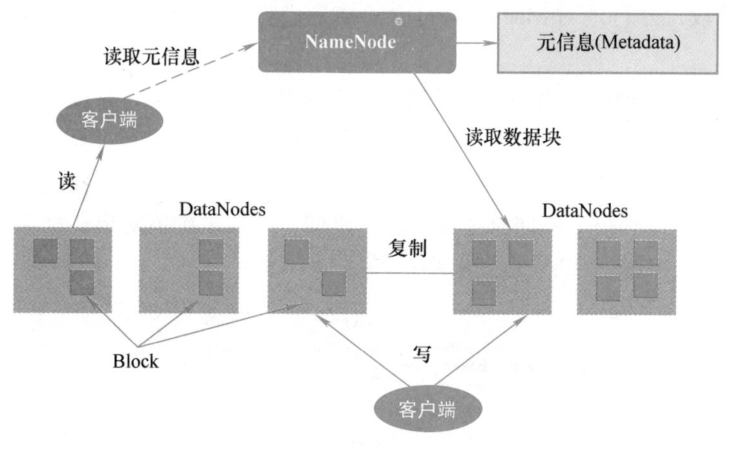

图 1-13 HDFS 的架构

四、认识并行计算框架 MapReduce

MapReduce 是一个由谷歌公司提出的并行计算框架，用于大规模海量数据的分布式并行运算。它最核心的思想是“分而治之”，就是将一个大任务分割成小任务，交给不同的计算机同时执行，然后再合并结果。数据处理过程分为两个阶段：Map（映射）和 Reduce（规约）。MapReduce 并行计算模式如图 1-14 所示。

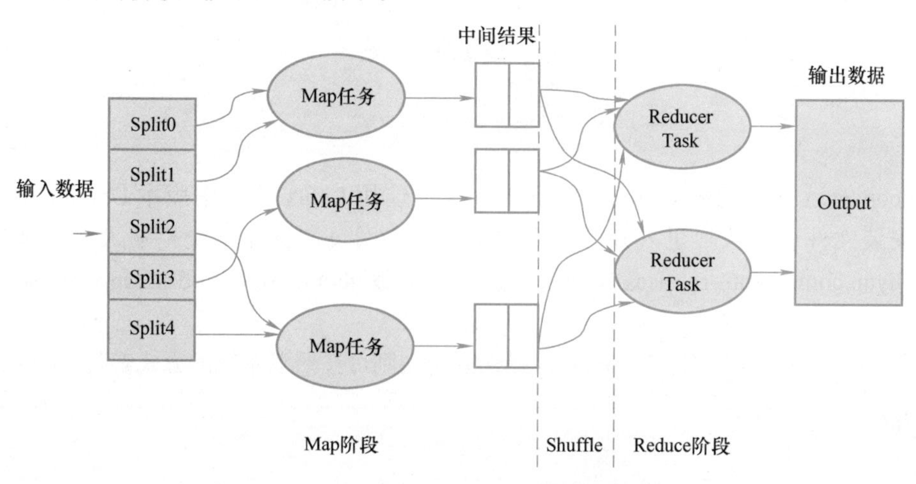

图 1-14 MapReduce 并行计算模式

在 Map 阶段，首先把计算作业切分（Split）成若干个 Map 任务，然后分配到不同的节点上去执行，每一个 Map 任务处理输入数据中的一部分，多个节点并行地对数据的不同部分进行计算操作。当节点任务完成后会生成一些中间结果。

数据进入 Reduce 阶段之前先经过 Shuffle。Shuffle 的处理任务是将中间结果数据分发给 Reducer Task，在分发的过程中对数据按 Key 进行分区和排序。

在 Reduce 阶段，并行地对 Map 产生的中间结果进行合并操作，最终结果经合并中间结果得到。

MapReduce 数据处理模型简洁，易于使用，在大数据领域得到了广泛应用。

以统计文本中各单词出现的次数为例，举例说明 MapReduce 的并行计算过程，如图 1-15 所示。

首先，将文本数据按行读入，切分为 3 行，分别提交给 3 个 Map 任务。一个 Map 任务对一行进行映射运算，得到每个单词及计数，以（单词，计数）键值对形式保存。按字母排序后，交给 Reduce 任务，合并统计结果得到最终结果。

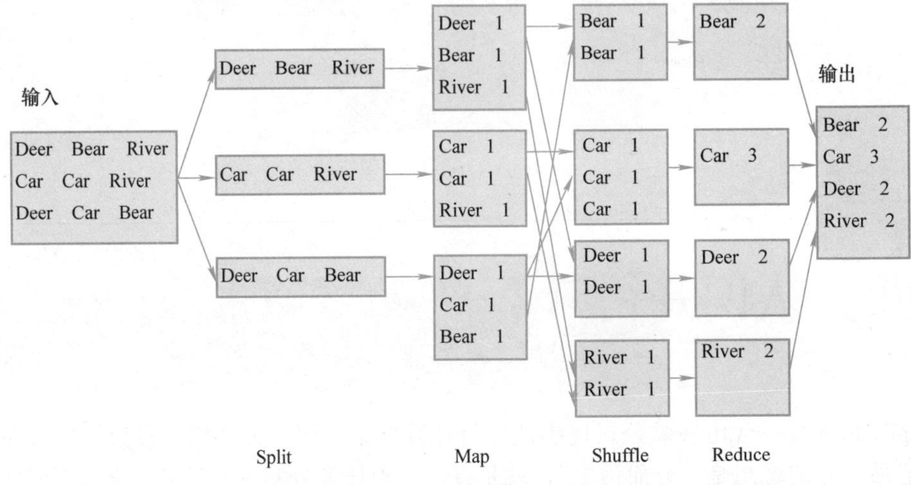

图 1-15 MapReduce 并行计算过程

五、安装 Linux 操作系统

Hadoop 的运行环境为 Linux 操作系统。这里选用 Linux 的常用版本 Ubuntu 16.04 LTS。Ubuntu 安装文件可以从阿里云开源镜像站下载。在网页浏览器地址栏输入下载地址 http://mirrors.aliyun.com/ubuntu-releases/16.04/，选择桌面版 ubuntu-16.04.6-desktop-i386.iso，下载，保存。

注意：若计算机已经安装了 Windows 操作系统，则可按照双系统的方式安装 Ubuntu。

六、安装 Hadoop

Hadoop 可以安装为伪分布式模式。伪分布式模式是指在一个节点（一台机）上模拟多个节点（多台机）运行。下面介绍伪分布式模式的安装方法。

1）创建 Hadoop 用户。

```
$ sudo useradd-m hadoop-s /bin/bash      # 创建 Hadoop 用户
$ sudo passwd hadoop                     # 修改密码
$ sudo adduser hadoop sudo               # 给 Hadoop 用户增加管理员权限
```

2）注销并使用 Hadoop 用户登录，接着更新 apt 并且安装 vim。

```
$ sudo apt-get update                    # 更新 apt
$ sudo apt-get install vim               # 安装 vim
```

3）安装 SSH，配置无密码登录。

```
$ sudo apt-get install openssh-server
$ cd ~
$ mkdir.ssh                              # 创建 .ssh 文件夹
$ cd ~/.ssh/
$ ssh-keygen -t rsa                      # 生成 key。会有提示，按 <Enter> 键即可
$ cat id_rsa.pub >> authorized_keys      # 加入授权
```

4）安装 Java 环境。

```
$ sudo apt-get install openjdk-7-jre  openjdk-7-jdk
$ vim ~/.bashrc                          # 设置 JAVA_HOME
```

在文件最前面添加如下单独一行代码：

```
export JAVA_HOME=/usr/lib/jvm/java-7-openjdk-amd64
```

输入如下代码，使 JAVA_HOME 变量生效：

```
$ source ~/.bashrc                       # 使变量设置生效
```

5）安装 Hadoop 2.10.1。先下载 Hadoop。下载地址为 http://mirrors.tuna.tsinghua.edu.cn/apache/hadoop/common/hadoop-2.10.1/。

```
$ cd ~/ 下载                              # 进入 hadoop 安装包所在的文件夹
$ sudo tar-zxvf./hadoop-2.10.1.tar.gz-C /usr/local
                                         # 解压到 /usr/local
$ cd /usr/local/
$ sudo mv./hadoop-2.10.1/./hadoop        # 将文件夹名改为 hadoop
$ sudo chown-R hadoop./hadoop            # 修改文件权限
```

6）配置伪分布式。

① 修改配置文件 core-site.xml。使用下面的代码修改配置文件 core-site.xml

```
$ vim /usr/local/hadoop/etc/hadoop/core-site.xml
```

修改后的文件内容如下：

```
<configuration>
    <property>
        <name>hadoop.tmp.dir</name>
        <value>file:/usr/local/hadoop/tmp</value>
        <description>Abase for other temporary directories.</description>
    </property>
    <property>
        <name>fs.defaultFS</name>
```

```
        <value>hdfs://localhost:9000</value>
    </property>
</configuration>
```

② 修改配置文件 hdfs-site.xml。使用下面的代码修改配置文件 hdfs-site.xml。

```
$ vim /usr/local/hadoop/etc/hadoop/hdfs-site.xml
```

修改后的文件内容如下：

```
<configuration>
    <property>
        <name>dfs.replication</name>
        <value>1</value>
    </property>
    <property>
        <name>dfs.namenode.name.dir</name>
        <value>file:/usr/local/hadoop/tmp/dfs/name</value>
    </property>
    <property>
        <name>dfs.datanode.data.dir</name>
        <value>file:/usr/local/hadoop/tmp/dfs/data</value>
    </property>
</configuration>
```

7）启动 Hadoop。

```
$ cd/usr/local/hadoop
$ bin/hdfs namenode -format       # namenode 格式化
$ sbin/start-dfs.sh               # 开启守护进程
$ jps                             # 判断是否启动成功
```

若启动成功，则会列出如下进程：NameNode、DataNode 和 SecondaryNameNode。

【拓展知识】

大数据技术框架

大数据技术框架是指在大数据的采集、预处理、储存、建模和分析方面涉及的技术体系。根据工业和信息化部电信研究院 2014 年发布的《大数据白皮书（2014）》，大数据技术框架如图 1-16 所示。它按照数据体系架构，从功能层次上划分出了各个层次中的技术种类。

大数据涉及的技术主要包括大数据准备、大数据存储管理、大数据计算处理、大数据分析和大数据可视化。当前，在 Hadoop 技术框架基础上形成了一系列开源技术组件 / 工具，称为 Hadoop 生态链。把当前各种主流的开源组件按照其功能归到各个层，如图 1-17 所示。

1. 大数据准备技术

大数据准备技术主要实现数据采集和预处理，预处理包括 ETL 提取、转换和加载等。

1）大数据的导入，是指将各种数据源的数据采集到大数据处理平台。导入的数据包括结构化数据、半结构化数据和非结构化数据。目前，主流工具有 Flume、Kafka、Sqoop 和 Scribe 等。

Flume 是一个高可用的、高可靠的、分布式的海量日志采集、聚合和传输系统。可采用简单的方式导入不同数据源的数据，例如，将系统日志数据实时导入数据中心的存储系统。

Kafka 是一种高吞吐量的分布式发布订阅消息系统，它可以处理用户在网站中的所有动作流数据，例如用户的网页浏览、搜索等动作数据。

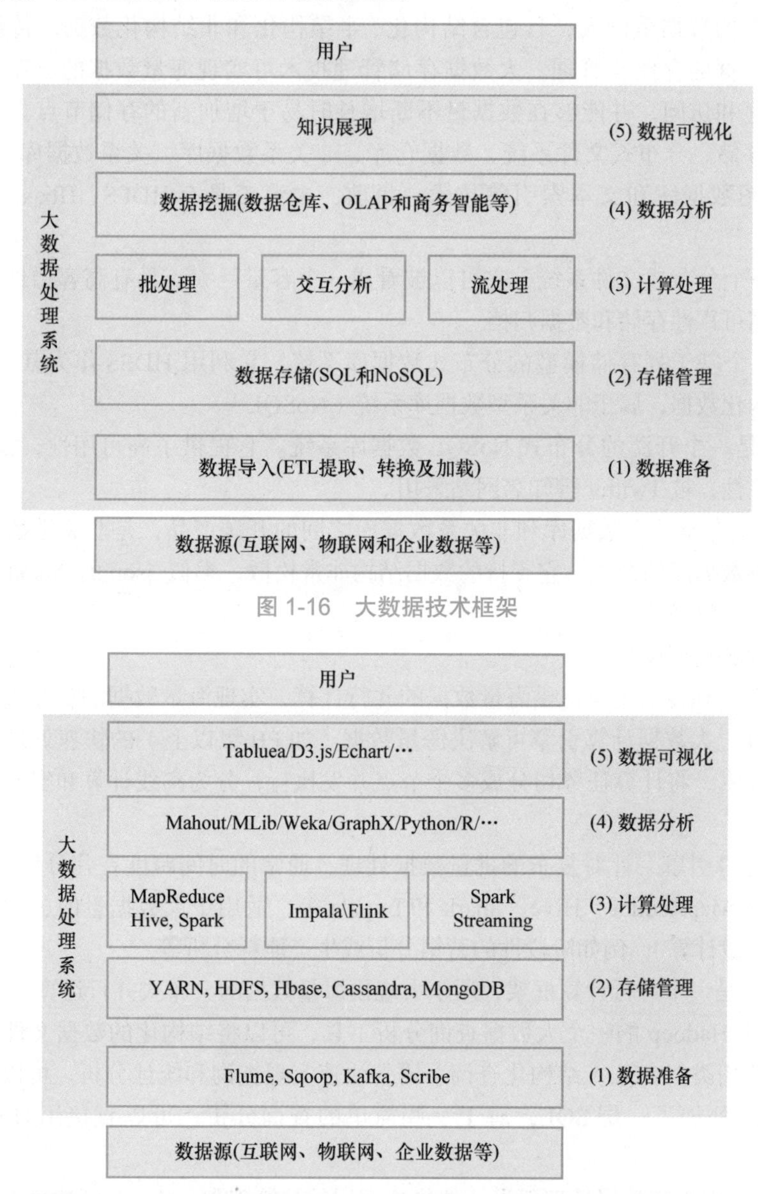

图 1-16　大数据技术框架

图 1-17　基于 Hadoop 的大数据技术

Sqoop 是一款开源的工具，主要用于在 Hadoop 与传统的数据库（如 MySQL）间进行数据的传递，可以将一个关系型数据库中的数据导入到 Hadoop 的 HDFS 中，也可以将 HDFS 中的数据导入到关系型数据库中。

Scribe 是 Facebook 的一个开源的分布式日志收集系统，它能从各种日志源上收集日志，以便进行集中统计分析处理。

2）提取、转换和加载。常用的开源数据预处理工具有 Kettle。它是一个 ETL 工具，能够对数据进行提取、清洗转换和加载。此外，还有一些免费的工具，如 DataWrangler、Google

Refine 等。

2. 大数据存储管理技术

工业大数据的数据量巨大，且包含结构化、半结构化和非结构化数据，传统的关系数据库难以满足大数据的存储与管理。大数据存储管理技术可实现海量数据的分布式、可靠、高效、安全的储存和访问，并能够在数据量不断增长时易于增加新的存储节点。大数据存储管理技术涉及云存储、分布式文件系统、数据仓库、非关系数据库、关系数据库、时序数据库、内存数据库、图数据库和文本索引等技术。目前，主流工具有 HDFS、Hbase、Cassandra 和 MongoDB 等。

HDFS 是一个分布式文件系统，它可以被看成一个容量巨大、具有高容错性的磁盘，可为海量数据提供高可靠性存储和数据归档。

Hbase 是一个基于列存储模型的分布式数据库系统。它利用 HDFS 作为其文件存储系统，适合存储非结构化数据，属于非关系型数据库系统（NoSQL）。

Cassandra 是一个开源的分布式 NoSQL 数据库系统。它提供了高可用性，没有单点故障，具有高度可扩展性，被 Twitter 等知名网站采用。

MongoDB 是介于关系数据库和非关系数据库之间的开源产品，是非关系数据库中功能最丰富、最像关系数据库的系统。它支持的数据结构非常松散，类似 .json 的 .bjson 格式，因此可以存储比较复杂的数据类型。

3. 大数据计算处理技术

大数据计算处理技术主要提供海量数据的并行计算，实现海量数据的交互查询分析、批量计算和流式计算。大数据计算引擎可解决海量数据（如 PB 级以上）的快速处理，主要采用分布式并行计算技术，将计算任务切分成多个节点并发执行，分为离线计算和实时计算两种不同的计算引擎。

（1）离线计算引擎　针对复杂的批量数据处理，通常的时间跨度在几分钟到数小时之间。目前主流工具有 MapReduce、Hive、Spark 和 Impala 等，适用于大数据量的、批量的、周期性的数据分析（批量计算），例如阶段性的营销分析或生产能耗分析等。

MapReduce 是一个并行计算框架，用于大规模海量数据的分布式并行运算。

Hive 是基于 Hadoop 的一个大数据查询分析工具，可以将结构化的数据文件映射为一张数据库表，可以使用类似 SQL（结构化查询）语句快速实现查询和统计分析。可以理解为，Hive 是在 MapReduce 外加了一层 SQL，对于一些简单的查询分析，可以直接用 Hive，而不需要编程。

Spark 是专为大规模数据处理而设计的快速通用的计算引擎。Spark 可被看作是基于内存的 MapReduce 实现。它由加州大学伯克利分校 AMP 实验室开发，可用来构建大型的、低延迟的数据分析应用程序。Spark SQL 可用于海量批量查询。

Impala 是 Cloudera 开发的实时交互 SQL 大数据查询工具。Impala 没有再使用缓慢的 Hive+MapReduce 批处理，而是通过使用与商用并行关系数据库中类似的分布式查询引擎，可以直接从 HDFS 或 HBase 中用 SELECT、JOIN 和统计函数查询数据，从而大大降低了延迟。

（2）实时计算引擎　基于实时数据流的处理，通常的时间跨度在数百毫秒到数秒之间。目前主流工具有 Storm、Spark Streaming 和 Flink 等业界通用架构，适用于实时数据处理、设备监控及实时诊断等对时效性要求较高的场景（流式计算），结果响应的时延要求在毫秒级。

Storm 是一个开源的分布式实时计算系统，可以简单、可靠地处理大量的数据流，被称作“实时的 Hadoop”。Storm 有很多应用场景，如实时分析、在线机器学习、持续计算、分布式 ETL 等。Storm 支持水平扩展，具有高容错性，保证每个消息都会得到处理，而且处理速度很快，在一个小集群中，每个结点每秒可以处理数以百万计的消息。Storm 的部署和运维都很便捷，而且更为重要的是，它可以使用任意编程语言来开发应用。

Spark Streaming 是一种构建在 Spark 上的实时计算框架，它扩展了 Spark 处理大规模流式数据的能力。Spark Streaming 的基本原理是将输入数据流以时间片（秒级）为单位进行拆分，然后以类似批处理的方式处理每个时间片数据。

Flink 是开源的流式处理框架，其核心是用 Java 和 Scala 编写的分布式流式计算引擎。Flink 以数据并行和流水线方式执行任意流数据程序。

4. 大数据分析技术

大数据分析包括数据可视化方法、基于知识驱动的方法、基于数据驱动的方法三个大类（图 1-18），主要涉及数据挖掘、机器学习和多维分析等。机器学习、数据挖掘都属于基于数据驱动的方法。数据分析领域已经形成了大量成熟的算法模型，例如神经网络、分类树、随机森林、支持向量机以及逻辑回归等。

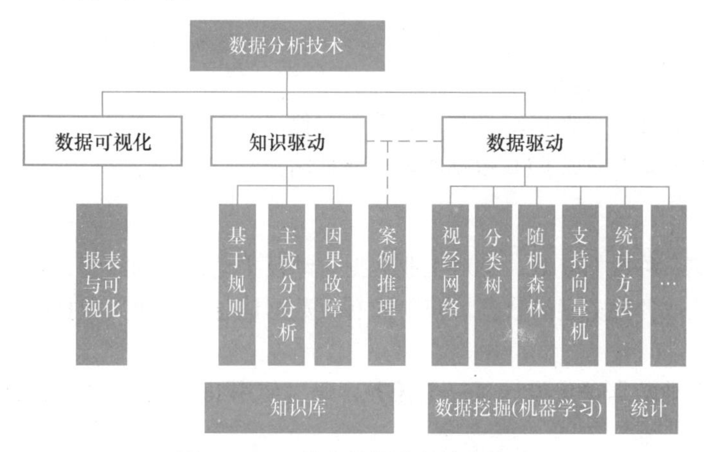

图 1-18 工业大数据分析技术体系

大数据分析技术涵盖统计分析、数据挖掘和机器学习等多个方面，主要技术有 Mahout、MLib、Weka、GraphX、Python 和 R 等。

Mahout 是基于 Hadoop 的机器学习和数据挖掘的一个分布式框架，可用于并行化的数据挖掘。MLib 是 Spark 推出的一个基于海量数据的机器学习算法库，它实现了常用机器学习算法的分布式实现。只需要有 Spark 基础，并且了解机器学习算法的原理，以及方法相关参数的含义，就可以通过调用相应的 API 来实现基于海量数据的机器学习。

Weka 是基于 Java 环境下开源的机器学习和数据挖掘工具，具有分类、回归、聚类、关联分析、数据预处理及评估等功能。

其他技术还有如 Python 和 R 等，它们提供了丰富的算法库，可通过编程实现。

5. 大数据可视化技术

大数据可视化技术可提供数据的可视化展示，如折线图、柱状图、散点图、K 线图和雷达图等。目前主要有 D3.js、Echart、Tabluea 等可视化组件，以及一些开源工具。

项目2

工业大数据采集

【知识目标】

1. 认识工业现场网络，了解工业数据的采集方式。

2. 掌握工业数据采集系统的部署方法。

【技能目标】

1. 能够阐述工业数据的采集方式。

2. 能够根据业务要求完成 PLC 数据的采集与存储。

3. 能够根据业务要求完成 PTL 数据的采集与存储。

【项目背景】

工业数据采集又称数据获取，是对工业数据自动及主动采集的过程，其目标是从企业内部和外部数据源中获取各种类型的数据，获取的有效数据信息是工业大数据处理、分析和应用的基础。

本项目围绕工业数据采集设计了三个任务，通过使用 IoTHub 套件工具完成数据的采集和保存任务。

通过任务 2-1，学生应掌握 IoTHub 的安装与部署，为下一步数据的采集和存储做好准备。

通过任务 2-2，学生应学会采集 PLC 中的模拟量和数字量过程数据，并对模拟量数据进行保存。

通过任务 2-3，学生应学会采集 PTL 中的设备过程数据并保存。

任务 2-1　了解工业数据采集

【任务描述】

通过学习工业大数据采集的基本知识，认识两种典型的工业现场网络模型，了解常见的通信协议。

完成本任务后，应达到以下目标：

1. 能够列举工业数据采集工具的类型，并掌握其数据采集方式。

2. 能够完成 IoTHub 的安装与部署。

【相关知识】

工业大数据囊括了整个产品全生命周期各个环节所产生的各类数据，包括产品设计资料、产品生产流程管理数据、资源管理数据和生产过程数据等，其产生的主体是人和工业设备。相比于其他大数据，工业大数据结构化数据更多，相关性和实时性也更强，因此这类数据更易于分析。

从物理域的角度来说，工业大数据架构将企业自下而上划分为5层：设备层、控制层、车间层、企业层和协同层。纵向集成方式将数据从设备层到协同层层层打通，使得企业生产更加高效，并能有效提高产品质量。生产制造过程中产生的主要数据如下：

1）设备层数据，如现场传感器、仪表和工业机器人等产生的数据。

2）控制层数据，如PLC（Programable Logic Controller，可编程逻辑控制器）、CNC（Computer Numerical Control，计算机数字控制）和DCS（Distributed Control System，分布式控制系统）等产生的数据。

3）车间层数据，如MES（Manufacturing Execution System，制造执行系统）产生的数据。

4）企业层数据，如产品设计数据、企业管理数据等。

5）协同层数据，如企业与企业间、企业与用户间的协同信息。

一、工业现场网络

1. 现场总线网络模型

现场总线是一种工业数据总线，属于自动化领域中的底层数据通信网络，能够将现场传感器、控制器等的模拟量或数字量信号转换成双向数字通信的现场总线信号，具有简单、可靠、经济实用等优点。

如果将现场总线看作一种局域网，工业现场设备或高级控制系统即为网络节点，通过双绞线或光纤等传输介质建立连接后，可实现工业现场设备（智能化仪器仪表、控制器、执行装置等）间的数字通信，以及现场控制设备与高级控制系统之间的通信，为实现企业信息集成和企业综合自动化打下了基础。

现场总线符合IEC61158标准。与计算机网络普遍采用的ISO/OSI参考模型相比较，现场总线网络模型只规定了应用层、数据链路层和物理层，如图2-1所示。

1）物理层：用于规定传输数据信号的设备与通信设备之间使用什么物理接口进行连接，例如规定使用的通信介质是屏蔽的双绞线还是光纤。

2）数据链路层：负责传递物理层和上一层之间的数据信息，执行流量控制和差错控制，确保数据的完整性。

3）应用层：定义了每一包数据的具体含义，并为用户提供服务，例如某些字节是控制信息，某些字节是状态信息。

2. 工业以太网网络模型

现场总线具有高度智能化、数字化、灵活性、可靠性以及开放性等特点，在其发展过程中涌现出了许多著名的现场总线技术，这些现场总线各具特点，且采用的通信协议完全不同，不同协议的产品之间无法实现透明的信息交互。随着网络技术的快速发展，以太网因其技术简单、开放性好、价格低廉等特点，逐渐成为应用最为广泛的计算机网络技术。一些厂商尝试将以太网技术引入工厂设备底层，并将特殊工业协议封装在以太网协议中，即产生了工业以太网。

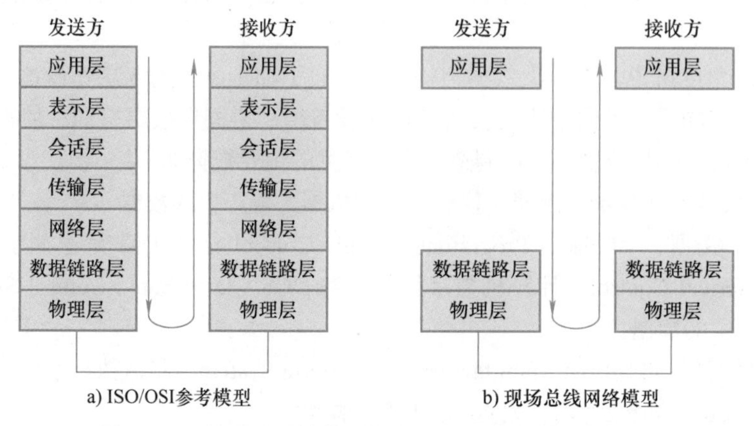

图 2-1　现场总线网络模型与 ISO/OSI 参考模型对比图

与现场总线或工业通信网络相比，工业以太网具有以下优点：

1）兼容性好。以太网是一种标准的开放式网络，方便不同厂商的设备互联互通，实现控制系统中不同厂商设备的兼容和互操作的问题，也能实现办公自动化网络与工业控制网络的信息无缝集成。

2）成本低廉。以太网应用广泛，人们对以太网的设计、应用等方面有很多的经验，可显著降低系统的开发和培训费用。在技术升级方面，无须单独地研究投入，从而可以显著降低系统的整体成本。

3）易于共享资源。随着 Internet/Intranet 的快速发展，以太网已渗透到各个角落，网络上的用户能够在任何地方实现对企业控制现场数据的监控，便捷地访问远程系统。

4）通信速率高。目前，以太网的通信速率为 10Mbit/s 或 100Mbit/s，1000Mbit/s、10Gbit/s 的快速以太网也逐步开始应用，其速率比目前的现场总线快得多，可有效满足对带宽的更高要求。

对照 ISO/OSI 参考模型，工业以太网协议在物理层和数据链路层均采用有线以太网标准 IEEE 802.3，在网络层和传输层采用了标准的 TCP/IP 协议簇（包括 UDP、TCP、IP、ARP、ICMP 和 IGMP 等），在高层协议中，有的工业以太网协议只定义了应用层，有的工业以太网协议还定义了用户层，其通信协议模型如图 2-2 所示。

工业以太网是应用于工业自动化领域的以太网技术，因以太网技术难以满足控制系统准确定时通信的实时性要求，一直被视为非确定性的网络，这也使得工业以太网一度被打上“难以胜任高速实时性数据通信”的标签。为此，国内外多家公司纷纷研究基于以太网的通信确定性和实时性问题，目前比较有影响力的实时工业以太网有西门子和 PROFIBUS 联合开发的 PROFINET、倍福的 EtherCAT、贝加莱的 POWERLINK、横河的 VNET/IP、东芝的 TCnet、施耐德的 Modbus 以及浙大中控的 EPA 等。

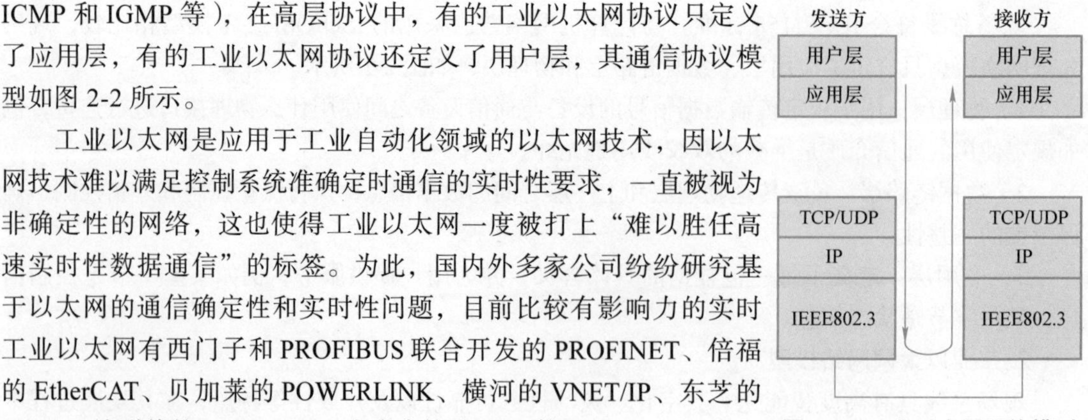

图 2-2　工业以太网网络模型

二、工业数据采集常见的网络协议

目前，工业生产设备的互联还存在“没有标准通信协议”的问题。截至目前，已有40多种现场总线运用到现场工业网络中，用于保障从现场数据层到生产管理层之间的高质量数据传输。例如，开源的工业通信协议MTConnect已经越来越多地被工具机制造商所兼容，也就是说，协议的标准化已经逐渐成为业界共识。

多种工业网络协议支持不同层次的设备应用。

1）传感器级总线用于处理传感器、行程开关、继电器和接触器等设备的数据传输，一般有快速、高精确度的通信要求，如EtherCAT。

2）设备级总线用于建立PLC、DCS等控制系统之间或与分散的I/O设备之间的通信，如Modbus、Fieldbus等。

3）车间生产管理级总线用于大范围、多系统的复杂通信，建立工业数据向上层传输的通道，将现场设备和生产管理系统连接起来，如OPC UA、MTConnect和MQTT等。

OPC UA和MQTT是工业数据采集网络中非常流行的网络协议，下面分别来详细介绍它们的数据通信架构。

1.OPC UA

OPC的全称是Object Linking Embedding for Process Control，主要通过微软的OLE（现在的Active X）、COM（部件对象模型）和DCOM（分布式部件对象模型）技术达成自动化控制的协议。OPC是自动化应用中使用的一整套接口、属性和方法的标准集，采用的是客户端/服务器（C/S）模式，实现了工业自动化系统中独立单元之间标准化的互联互通。

OPC采用标准方式配置硬件和软件接口，将不同供应厂商的设备和应用程序之间的接口标准化，使其间的数据交换更加简单化。OPC规范主要包括如下三个方面：

1）OPC DA（OPC Data Access）用于定义数据交换，包括值、时间和质量信息。

2）OPC AE（OPC Alarms & Events）用于定义报警和事件类型消息的交换，以及变量状态和状态管理。

3）OPC HDA（OPC Historical Data Access）用于定义可应用于历史数据、时间数据的查询和分析的方法。

OPC UA即OPC统一架构（Unified Architecture），是一个独立于平台的、面向服务的架构，它集成了现有OPC规范的所有功能。OPC UA不依赖Windows平台，可以在任何平台部署使用（如传统个人计算机、云服务器、PLC和微控制器），同时支持多种操作系统（如Microsoft Windows、Apple OSX和Android、Linux），可实现从传感器和现场层读取原始数据并将预处理后的信息传输给控制系统和生产规划系统的功能，如图2-3所示。

OPC UA系统架构（见图2-4）包括OPC服务器和客户端两部分，其中OPC UA服务器负责采集数据并处理逻辑，然后通过OPC UA通信协议对OPC UA客户端程序提供相应的数据与服务。每个系统可以包含多个服务器和客户端。每个客户端可以同时与一个或多个服务器相连接，每个服务器也可以同时与一个或多个客户端相连接。另外，一个应用程序可以同时包含服务器和客户端，达到与其他服务器和客户端同时连接的要求。

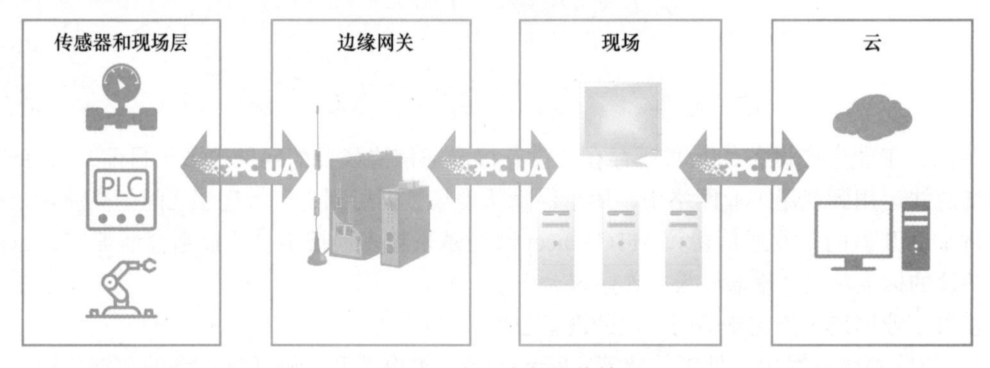

图 2-3 多平台数据传输

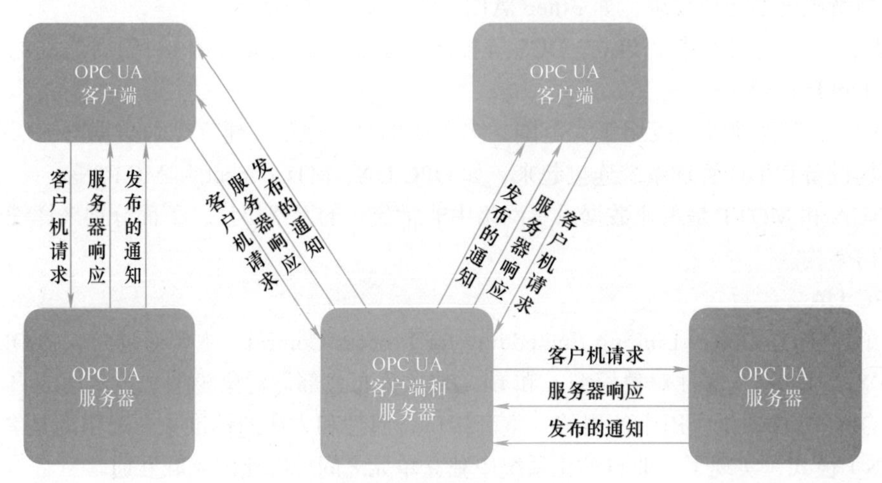

图 2-4 OPC UA 系统架构

OPC UA 服务器与客户端之间有两种交互方式。

1）请求方式。OPC UA 客户端向 OPC UA 服务器发送请求，OPC UA 服务器执行指定任务后，立即向 OPC UA 客户端返回一个响应。该方式可完成 OPC UA 客户端与服务器的读和写操作。

2）订阅方式。当 OPC UA 服务器的数据发生变化时，OPC UA 客户端可自动获取到 OPC UA 服务器发送的数据；同时，OPC UA 服务器周期性地更新 Cache（高速缓冲存储器）。该方式只能读取 OPC UA 服务器的数据。

OPC UA 客户端和服务器架构如图 2-5 和图 2-6 所示。

2. MQTT

MQTT（Message Queuing Telemetry Transport，消息队列遥测传输）是 IBM 开发的一种轻量级的 machine-to-machine 通信协议，运行在 TCP/IP 协议栈之上，是基于客户端向服务器发布 / 订阅的消息传输协议，因其开放、简单、功耗低、易实现，现已发展成为物联网的重要组成部分。

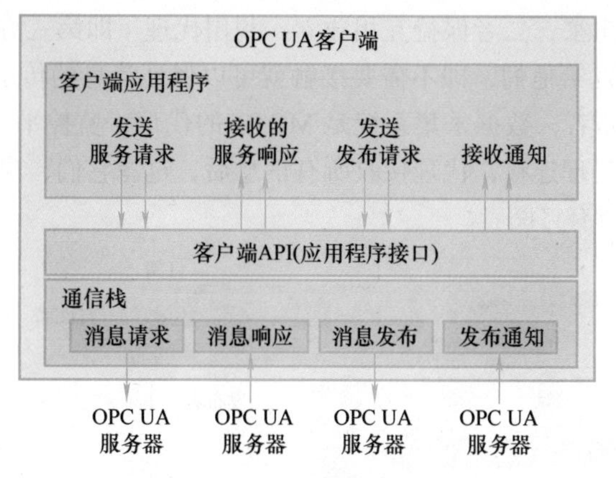

图 2-5 OPC UA 客户端架构

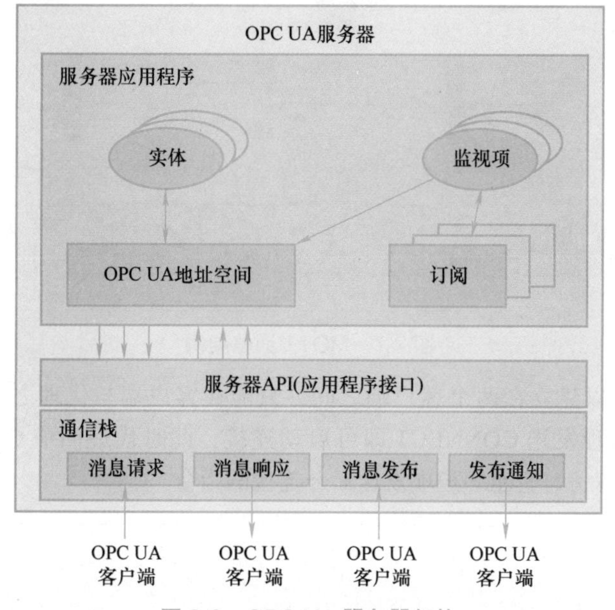

图 2-6 OPC UA 服务器架构

MQTT 协议的主要特点如下：

1）低功耗、低带宽、低成本。MQTT 的报文结构非常紧凑，消息标题可短至 2B，协议占用移动应用程序带宽小，且带宽利用率高，耗电量少。

2）传输可靠。MQTT 支持三种级别的服务质量（QoS）来定义消息传输的可靠性：QoS 0 是“最多一次”，消息发布完全依赖底层 TCP/IP 网络，该方式下分发的消息可能丢失或重复；QoS 1 是“至少一次”，确保消息可以到达，该方式下客户端接收到的消息可能会重复；QoS 2 是“只有一次”，确保消息只到达一次。

3）采用发布 / 订阅消息模式，提供一对多的消息发布和应用程序之间的解耦，支持数千个并发连接的客户端。

4）消息传输不需要知道负载内容，不强求传输数据的类型与格式，允许以消息、数字、可扩展标记语言（XML）或 JavaScript 对象表示法（JSON）发送任何类型的文本数据。

MQTT 采用的发布 / 订阅模式可将信息的发布者（负责发送特定消息）和订阅者（订阅特

定消息的客户端）分离出来，二者保持互相独立，利用代理（即第三方）进行信息的收集和过滤后，将相应的信息分发给他们，即不需要接触就可以保证消息的传送。如图 2-7 所示，物联网 I/O 产品是信息的发布者，数据采集系统是 MQTT 的代理，监控平台或移动终端是订阅者，多个发布者通过网络与代理连接，代理接收所有信息后，过滤它们，决定哪些订阅者对此感兴趣，然后将消息发送给所有订阅者。

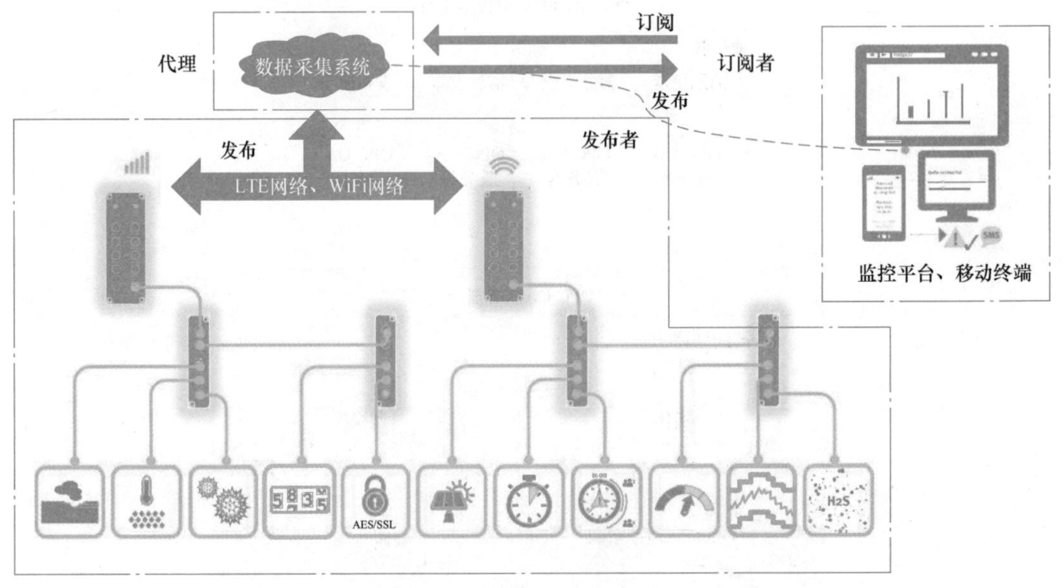

图 2-7　MQTT 通信架构

MQTT 连接不可以建立在两个客户端之间，只能在客户端与代理之间建立连接。一般来讲，通过客户端向代理发送 CONNECT 即可启动连接，此时代理回应 CONNACK 和状态码。连接一旦建立将一直保持，直至客户端发送断开连接的指令。

三、工业数据的采集方式

工业数据采集处于工业大数据技术架构的最底层，主要以传感器为采集工具，并结合 RFID、扫码枪、人机交互界面和智能终端等手段，通过直接的方式或 PLC，与工业数据采集系统建立连接，实现对设备温度、湿度等数据的采集，再通过互联网或现场总线等技术实现原始数据的实时、准确传输。

工业数据采集系统具有数据实时采集、自动传输、自动存储及即时显示的功能，在本项目中，IoTHub 将作为工业数据采集系统对 PLC、传感器进行数据采集。

1. 传感器

传感器是工业现场常用的物理环境测量工具，涵盖了声音、温度、湿度、距离、振动和电流等多种类型，并可将环境变量转化为可读的数字信号，是物理世界信息化数字采集的重要途径。

针对现场的无线传感器和有线传感器，可分别通过有线或无线传感网络将信息传送到数据采集系统。

1）有线传感网络是通过网线实现传感器信息的收集，在便于部署的现场环境中，这种方式具有更好的抗干扰能力。图 2-8 所示为任务 2-3 中使用的料库拣选系统结构图，图中的 PTL（Pick To Light）为智能拣选系统，可显示系统发送的订单信息，引导操作人员正确、快速、轻松地完成拣货工作。其中，6 个电子标签安装于货架上，它们通过 4 芯线缆串联至 PTL 网关，网关通过双绞线连接数据采集系统，以此实现多目标的多种应用信息的集中采集。

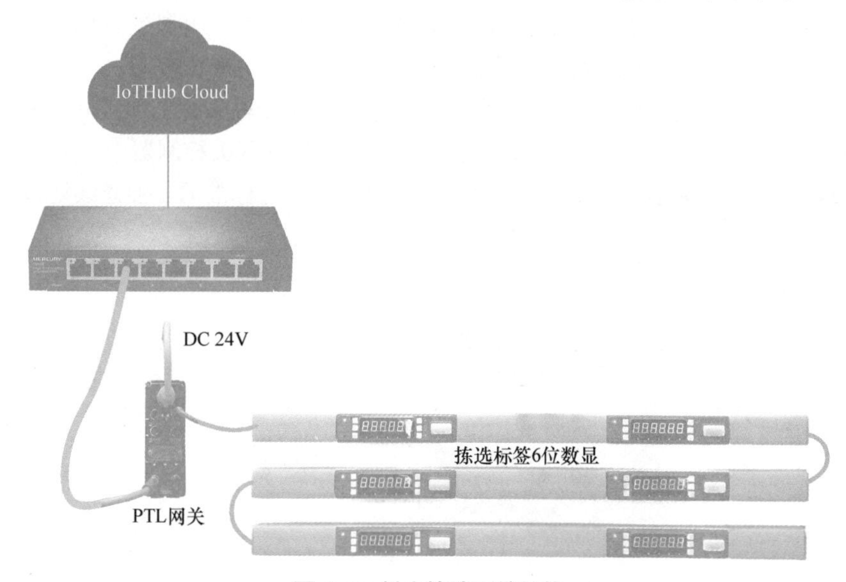

图 2-8 料库拣选系统结构

2）无线传感网络是利用无线网络进行信息传输的，这种部署方式灵活、简单，且价格便宜，因此在现场的应用越来越普遍。无线传感网络是由大量的微小传感器节点构成的（通常情况下微小传感器由电池供电），微小传感器被任意部署在相应的被检测区域，检测区域内或监测对象周围的大量传感器节点通过自组织形成一个感知网络，基站发布网络配置、管理或收集命令，数据汇聚到基站，再经过卫星、互联网或移动通信等途径传输到数据采集系统，具体如图 2-9 所示。

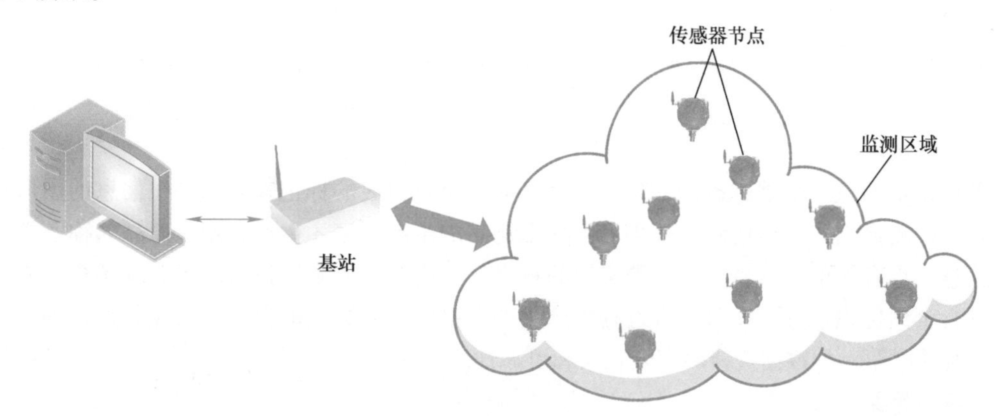

图 2-9 无线传感网络组成结构

2. RFID 技术

RFID（Radio Frequency Identification，射频识别）是一种非接触式的自动识别技术，其原理为 RFID 读写器与标签通过射频方式进行非接触双向通信，达到识别目的并交换数据。利用 RFID 技术可识别高速运动物体并可同时识别多个标签，操作快捷方便。

RFID 设备工作时，读写器通过天线发送出一定频率的脉冲信号，当电子标签进入天线磁场后，凭借感应电流所获得的能量发送出存储在芯片中的产品信息（无源标签或被动标签），或者主动发送某一频率的信号（有源标签或主动标签）。该信号经过解调和解码后传输到后台主系统进行相应处理，主系统将根据逻辑运算结果判断该卡的合法性，并针对不同的设定发出相应的控制要求，通过指令信号控制执行机构的动作。

如图 2-10 所示，当安装有 RFID 标签的物体进入 RFID 读写头的工作区域时，读写头采用超高频射频技术与读写标签进行双向数据交换，将数据采集到网关控制器中，再经 PLC 完成逻辑运算和处理，实现物体的识别与跟踪；同时，该数据将通过标准的工业总线协议传输至数据采集系统（IoTHub）。

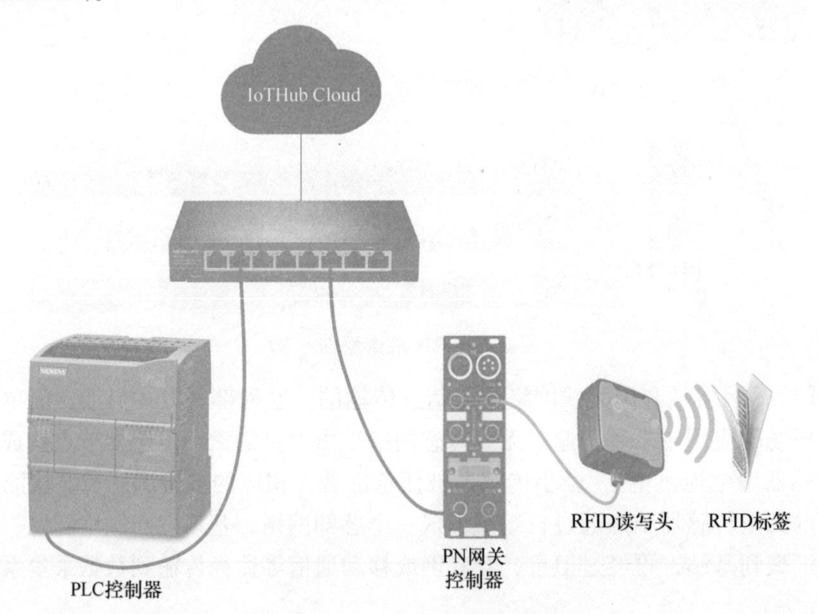

图 2-10 RFID 采集系统组成结构

RFID 技术解决了物品信息与互联网自动连接的问题，结合后续的大数据挖掘工作，能发挥强大的威力。

3. 条码技术

条码是指通过一组规则排列的条、空及其对应字符组成的标记来表达一组信息的图形标识符，是一种图形化的信息代码。条码可以标出物品的生产厂家、生产日期、商品名称及类别等众多信息，具有简单、可靠、灵活和实用的特点。应用先进的条码技术对工业现场需要采集的数据进行全面标识，可实现对生产过程中产生的大量的实时数据的自动化快速收集，确保了基层数据统计时第一手数据资料的完全真实和可靠性。

4. 其他采集方式

在复杂的工业现场环境中，除了使用传感器、RFID 和条码的采集模式之外，还包括以下几种采集模式：①利用人机交互的形式直接读取数据；②通过摄像头采集图片或录像数据；③从各类业务应用信息系统中获取数据，如库存系统、销售系统等。

四、数据的存储

随着工业互联网和企业信息化的不断推进，工业领域不断产生大量的数据，可有效规整多种信息系统汇聚而来的工业数据，便于后续的工业大数据处理和分析，这里选择将任务 2-2 和任务 2-3 中采集到的数据保存在关系数据库 MySQL 中。

MySQL 采用标准化的 SQL 语言，使得数据的存取和更新更加容易，对于复杂的查询也非常方便。MySQL 的体积小、速度快、成本低，能够及时处理上千万条记录，初步满足和支持大数据存储所需的高并发读 / 写和高效率读 / 写需求。随着其分库与分布、业务拆分、主从复制等性能的扩展，以及读 / 写性能的提高，MySQL 在大数据应用中发挥了极大的作用。

【任务实施】

ELCO IoTHub 作为面向智能制造现场的连接采集应用，可有效解决工业制造领域在各个场景下与各类机器及设备的控制器、传感器和物联网智能终端的连接问题，并支持多种典型的工业现场协议，如 OPC UA、Modbus TCP、S7 及 MQTT 等，是一款面向各类物联网智能终端及工业互联网采集应用（如 PLC）的配置、监控、可视化和数据存储应用的赋能系统。

试通过以下步骤完成 IoTHub V2.0.1 版本的安装与部署。后面将以该 IoTHub 为数据采集系统进行任务 2-2 和任务 2-3 的数据采集工作。

一、准备安装 IoTHub

1）安装 Linux 系统（Ubuntu 16.04 / Debian 7 / CentOS 6）。

2）确保安装了 Docker（下载网址 https://docs.docker.com/engine/install/）。

3）获得 IoTHub 的许可证（如果还没有许可证，请联系 sales@elco.cn）。用户需要通过以下两种方式获得 IoTHub 许可证：USB 加密狗或绑定到硬件的软件许可。

二、安装 Sentinel Runtime

为了使许可证可用，需要在计算机上安装 Sentinel Runtime，用于在 IoTHub 启动时索取许可证，并完成所有许可证处理。

注意：许可证必须始终存在于正在运行的 IoTHub 中，否则 IoTHub 将在 30s 后自行关闭。

1）下载安装程序（文件名为 SentinelRuntime_linux_amd64.tar）。

2）解压并运行命令。

① 打开终端，导航到存储了下载文件的文件夹。例如，使用以下命令导航到“下载”文件夹中。

```
user @ inthub-pc:~$ cd 下载 /
```

② 使用以下命令解压缩 .tar 文件 tar xzf SentinelRuntime_linux_amd64.tar.gz:

```
user @ iothub-pc:~/ 下载 $ tar xzf SentinelRuntime_linux_amd64.tar.gz
```

③ 解压缩后进入文件夹，运行安装文件（以 root 或 sudo 身份）。

```
user @ iothub-pc:~/ 下载 $ cd sentinel-runtime
user @ iothub-pc:~/Downloads/sentinel-runtime $ sudo./install
```

3）验证。安装完成后，验证其是否正在运行。打开浏览器，在地址栏输入 http://localhost:1947。如果安装正确，将得到与图 2-11 所示类似的内容。

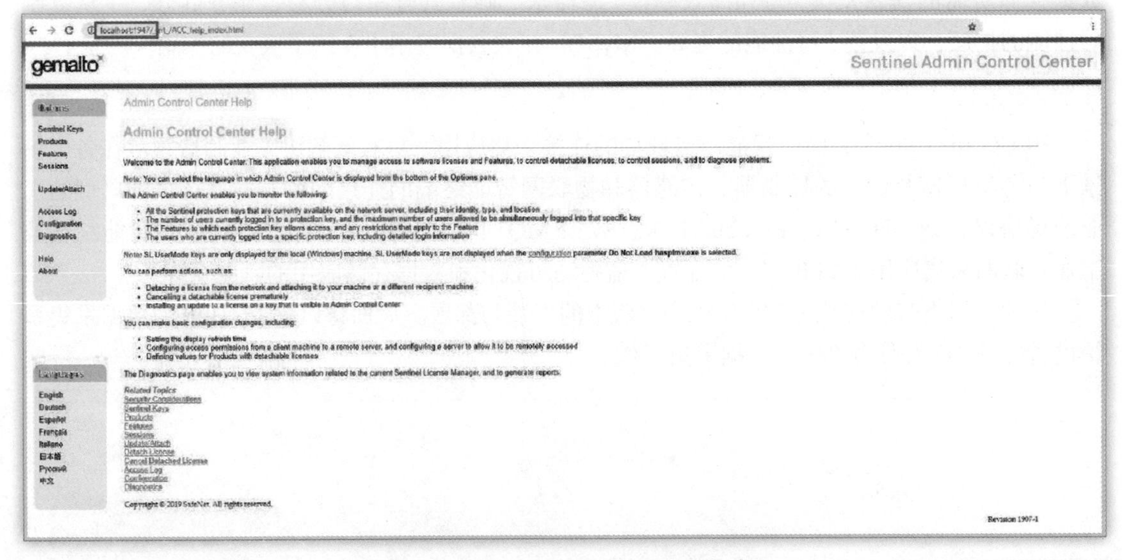

图 2-11　Admin Control Center Help 窗口

三、安装 IoTHub

1）下载并保存可执行文件 iothubctl.bin。

2）打开终端，导航到 iothubctl.bin 文件的保存路径下。例如，使用以下命令导航到 /home/user/iothub 下：

```
user @ iothub-pc:~$ cd iothub
```

3）输入以下命令使安装程序可执行：

```
user @ iothub-pc:~/iothub $ chmod+x./iothubctl
```

4）将 IoTHub 配置文件 iothub.yml 上传到同一文件夹中，并根据情况调整配置文件信息。

```
# general or global configuration attributes
general:
 baseurl: http://localhost
 bind: 0.0.0.0
 bundles: [ ]
 debug: false
 designer: false
 docker:
  registry: de
 name: iothub
 port: 80
 ui: true
 version: v2.0.1
# configurations for data persistence
 persistence:
 database:
  database: iothub
  host: ""
  port: 3306
  password: ****
  type: maria
  user: iothub
 influx:
  host: ""
  password: ****
  port: 8086
  user: iothub
# configuration options for specific services
services:
 alarming:
  enable: false
 email:
  enable: false
  host: ""
  port: 0
  user: ""
  password: ""
  from: ""
 gateway:
  enable: false
  bind: 0.0.0.0
  port: 9090
```

请确保与软件安装版本一致

```
history:
  enable: false
workflow:
  enable: false
```

5）开始安装。接下来程序会根据配置下载相关的镜像文件，并创建 IoTHub。

```
user @ iothub-pc:~/iothub $./iothubctl install
```

6）安装完成后，在浏览器中输入 IoTHub 的 URL 便可访问 IoTHub。输入正确的用户名和密码才可登录（见图 2-12）并操作 IoTHub。

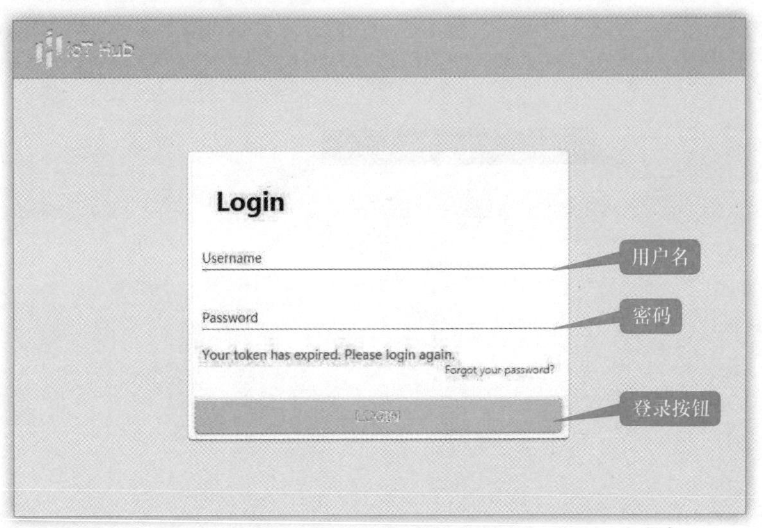

图 2-12　IoTHub 登录界面

任务 2-2　采集 PLC 数据

【任务描述】

本任务要求运用 IoTHub 工具完成对 PLC 中数字量信号“电容传感器”和模拟量信号“电动机转速”的实时数据采集，并将数据保存到 MySQL 数据库中。

【相关知识】

PLC 即可编程逻辑控制器，全称为 Programmable Logic Controller，是一种具有微处理器的数字电子设备，主要用于自动化数字逻辑控制。自 1969 年美国数字设备公司研制出第一台 PLC 设备以来，作为一款专为工业环境应用而设计的产品，经过几十年的不断发展，其功能已远超逻辑控制，有效促进了工业生产效率的提高。

一、PLC 的组成

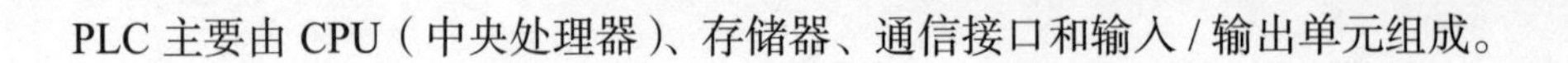

PLC 主要由 CPU（中央处理器）、存储器、通信接口和输入 / 输出单元组成。

1）CPU：相当于人类的大脑，由控制器、运算器和寄存器组成，可不断采集输入信号，运行用户逻辑程序，刷新输出信号。

2）存储器：用于保存用户程序和数据。存储器通常有两种，分别是系统程序存储器和系统存储器。系统程序存储器固化在 ROM 内，用于保存用户程序，掉电后数据也不会丢失；系统存储器属于 RAM，所保存的中间计算结果和数据掉电会丢失。

3）通信接口：用于与外部设备通信，如其他 PLC、HMI（人机界面）、计算机或其他现场设备。

4）输入 / 输出单元：是连接现场设备和 CPU 的桥梁，相当于系统的眼睛、耳朵、手和脚。输入单元用于接收和采集输入信号，如按钮、拨码开关、旋钮、温度传感器、压力传感器和接近开关等；输出单元用于控制输出设备，如接触器、指示灯、电动机、阀门和报警装置等。

二、PLC 的特点

1）可靠性高。PLC 各模块均采用屏蔽措施，抗干扰能力强，同时，PLC 还具备良好的自诊断功能，一旦出现异常情况，CPU 将立即采取有效措施。

2）功能性强。PLC 的数据存储区容量巨大，可存储大量输入 / 输出、中间变量信号。同时，多达几百条的控制指令可实现各种逻辑问题的处理。

3）编程简单。PLC 通常采用梯形图为编程语言。梯形图形象直观，简单易学，使用者不需要具备计算机的专门知识也可快速学会，并用来进行编程。

4）维修方便。PLC 各模块上均有运行和故障指示装置，用户通过指示信息可快速了解运行情况，并方便查找故障。模块化的设计更方便用户通过更换模块的方法使系统快速恢复运行。

三、PLC 连接的信号类型

PLC 通过物理方式连接现场信号，输入和输出的信号通常是数字量或模拟量类型。

数字量是离散的物理量，由“0”和“1”组成，经过编码后即成为有规律的信号。例如，可以将电动机的启动状态认为是“1”，停止状态认为是“0”；或指示灯点亮状态为“1”，熄灭状态为“0”。

模拟量与数字量相对应，是一些连续变化的物理量，如压力、速度、流量、温度和湿度等。PLC 的模拟量模块采集现场传感器信号（4~20mA 的电流信号或 1~5V、0~10V 的电压信号）后，将其量化转换为对应的数值（如 0~100℃的温度值）。

四、PLC 的通信

随着工业互联网技术的广泛应用，多种多样的 PLC 被大量部署在现场环境中，PLC 也具备了强大的通信功能。以本任务所使用的西门子 S7-1200 为例，其控制器上集成了 PROFINET 以太网接口，支持 TCP/IP、ISO-on-TCP、UDP 和 S7 协议，可以满足 S7-1200 与编程计算机、HMI 和其他 S7 PLC 的通信；同时，还可以在 CPU 模块左侧插入通信模块，支持 PROFIBUS、Modbus-TCP 和 AS-i 协议，满足控制器与现场自动化设备的双向数据通信。

本任务的数据采集系统——IoTHub 支持包括 Modbus、OPC 和 Siemens S7 在内的多种工业协议，与西门子 S7-1200 通过 Siemens S7 协议建立通信连接，可实现数据监视和控制的双向数据传输，关键数据还可保存到 MySQL 数据库中。

【任务实施】

图 2-13 所示为工业 App 实训台，设备结合巧克力生产线的模拟工艺流程，可实现工业 App 的开发与应用、PLC 控制、总线输入 / 输出扩展连接及 RFID 模块的应用等多种实训项目。控制器采用应用广泛的西门子 S7-1200 系列 PLC，配套三个数字量传感器（包括电容式、霍尔式及漫反射式传感器）、模拟量传感器（温湿度传感器）及 RFID 读写头进行信息采集，由电动机输出控制信号，信号通过 ELCO Spider67 输入 / 输出模块连接到 PLC，再经以太网传输到数据采集系统。采集到的数据还可直接通过平板式计算机进行监控。

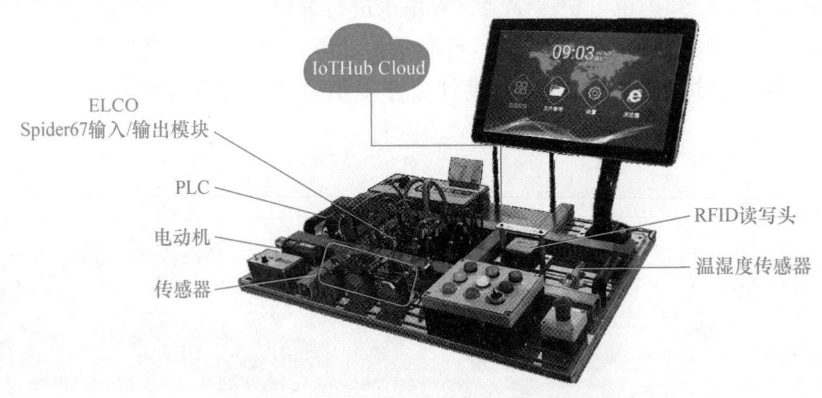

图 2-13　工业 App 实训台的构成

实训台以 IoTHub 为数据采集系统、S7-1200 PLC 为数据源，采用 Siemens S7 专有协议进行通信。先通过以太网建立二者之间的连接，其中 S7-1200 是服务器（Server），IoTHub 是客户端（Client）。设备运行接线图如图 2-14 所示。

1）安装 Agent。在服务请求方 IoTHub 中创建用于管理工业设备的 Agent，并使用命令在计算机上安装 Agent。

2）创建控制器。在 IoTHub 中添加与 S7-1200 控制器相对应的逻辑控制器。

3）定义变量。进入 IoTHub 创建数字量通信变量 Cap_sensor 和模拟量通信变量 Motor_Speed，具体请参考图 2-15。

4）数据存储。将 IoTHub 采集到的 Motor_Speed 变量信息保存到 MySQL 数据库中。

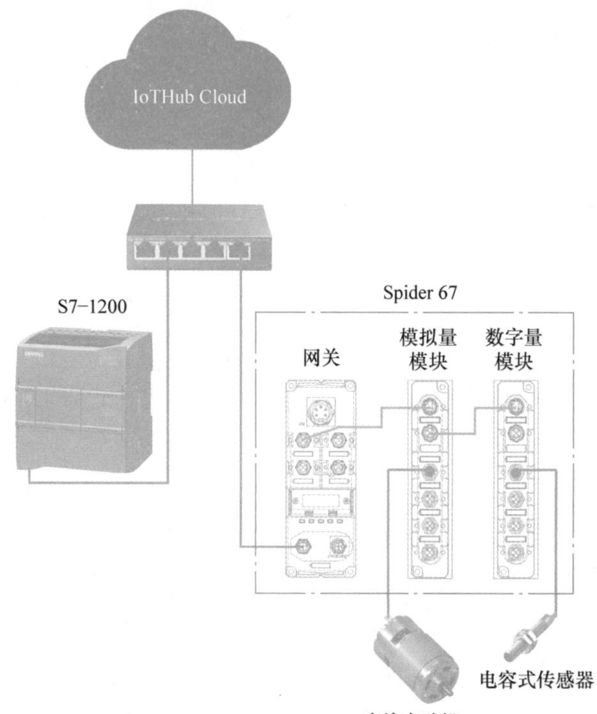

图 2-14　设备运行接线图

PLC		
名称	数据类型	地址
电容式传感器	bool	%I7.0
电动机转速	Dint	%MD100

IoTHub		
名称	数据类型	地址
Cap_sensor	boolean	I7.0
Motor_Speed	int32	MD100

图 2-15　数据源与数据采集系统的变量信息对照

一、安装 Agent

Agent 用于管理工业设备，不同协议的设备通过不同的 Agent 文件进行管理。根据本任务的需要，下载并保存 S7 Agent（s7_windows_amd64.exe）后再进行以下步骤的操作。

1. 登录 IoTHub

打开浏览器（建议使用 Google Chrome），在地址栏中输入虚拟机的 IP 地址后按 <Enter> 键，即可进入登录界面。然后输入用户名和密码，如图 2-16 所示。

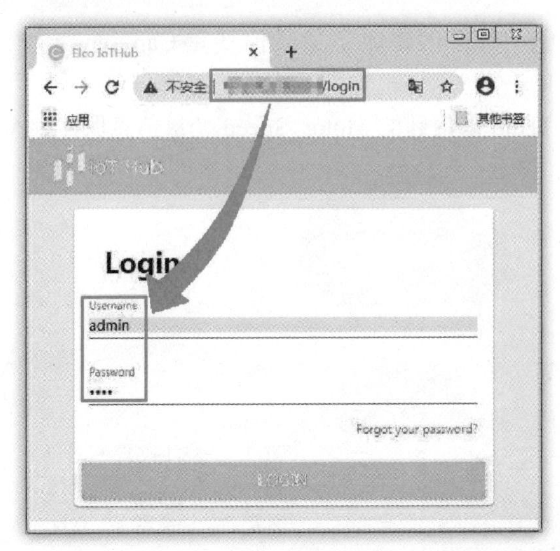

图 2-16 登录界面

2. 创建 Agent

打开 Agents 界面，单新增按钮“+”，在弹出的对话框中定义新增 Agent 的名称为 firstS7AgentName、协议类型为 S7，如图 2-17 所示单击 CONFIRM 按钮进行创建。

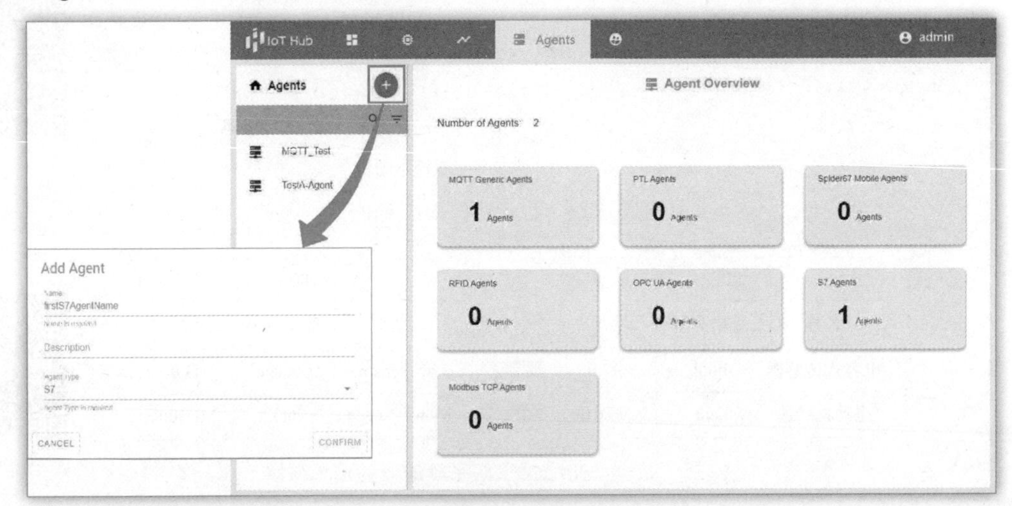

图 2-17 创建 Agent

注意：创建完成后，单击左侧列表框中的 firstS7AgentName 项，即可进入 firstS7AgentName 的属性界面，单击“Token”后的复制按钮复制该 Token（用于启动边缘网关时使用），如图 2-18 所示。

3. 运行 Agent

打开命令窗口，定位到 S7 Agent 文件 s7_windows_amd64.exe 的保存路径下，输入命令“s7_windows_amd64.exe-gateway IoTHub 的 IP:9090-token token”启动 firstS7AgentName，如图 2-19 所示。

注意：命令中的“IoTHub 的 IP”要替换为 IoTHub 的 IP 地址；“token”要替换为 Agent Token 号，该 Token 号可通过 firstS7AgentName 的属性界面（图 2-18）进行复制。

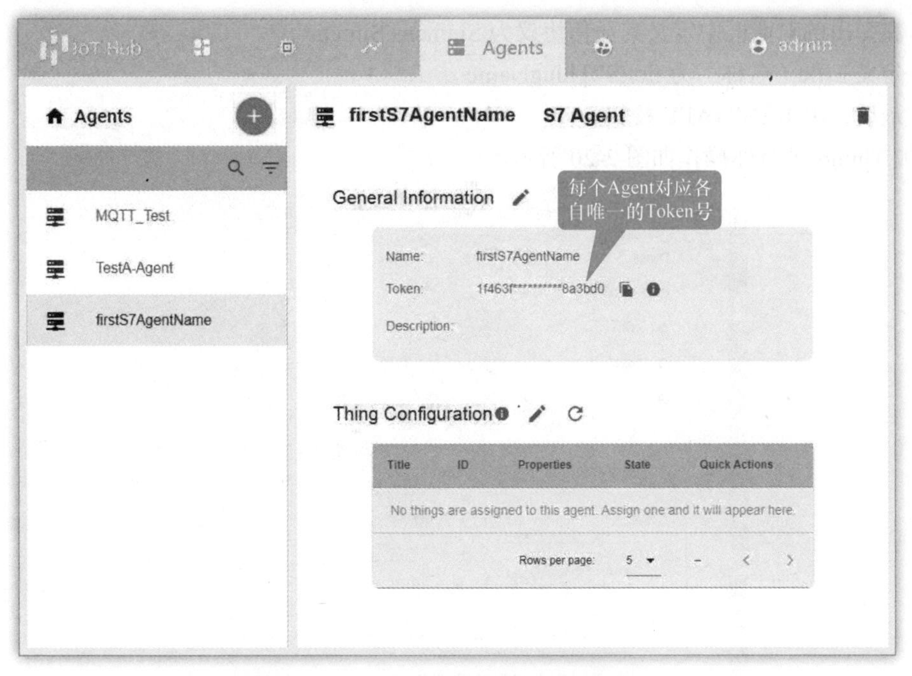

图 2-18　Agent 添加成功后的属性界面

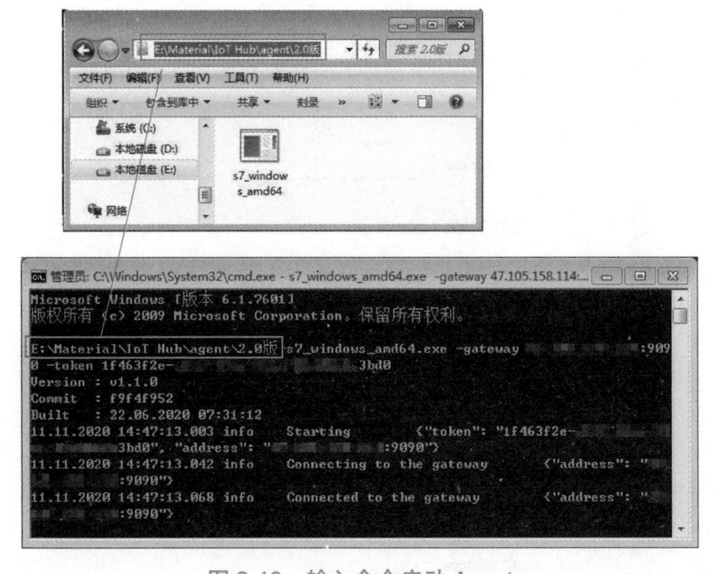

图 2-19　输入命令启动 Agent

二、创建并连接控制器

1. 创建控制器

1）打开 Things 界面，单击新增按钮“+”。

2）在弹出的对话框中定义其通信协议为 Siemens Simatic S7。

3）定义 Title（名称）为 firstS7ThingName。

4）最后，单击 INSTALL 按钮。

添加 Things 的具体操作如图 2-20 所示。

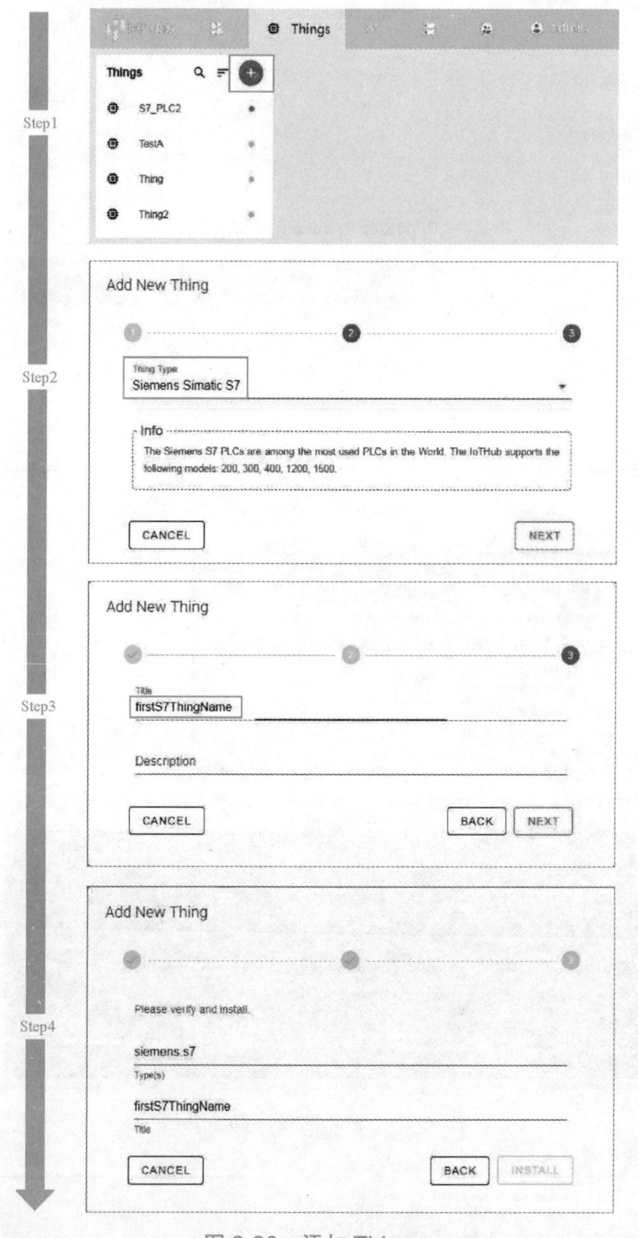

图 2-20　添加 Things

5）firstS7ThingName 创建成功后，进入其 STATE & CONFIGURATION 标签页设置 PLC 的 IP 地址，单击 configuration of the s7 plc 前的编辑按钮，在弹出的对话框中，将 address 定义为现场控制器的 IP 地址（如 192.168.20.103），并设置 PLC 所在的机架号和槽位号，如图 2-21 所示。

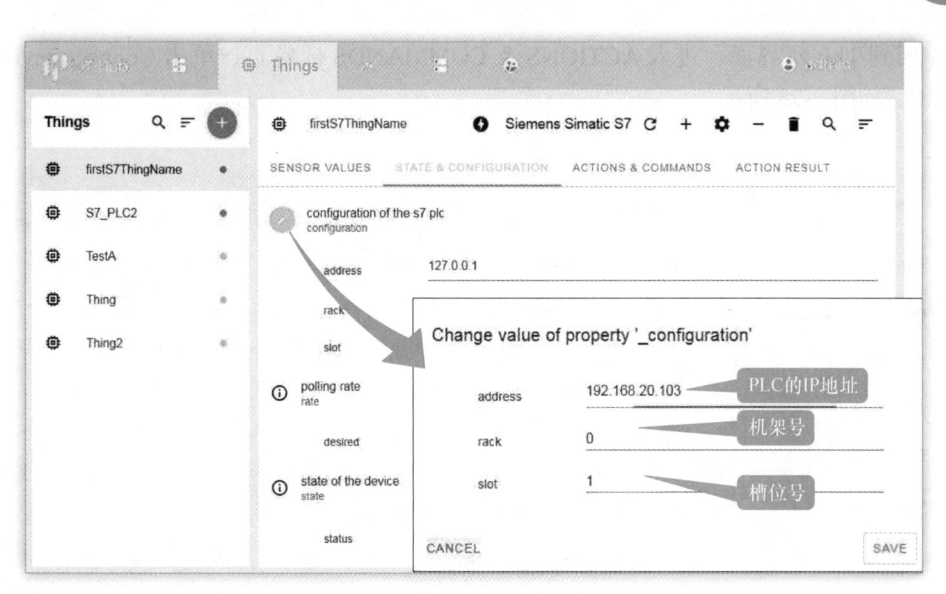

图 2-21　配置 Thing 的软 / 硬件参数

2. 建立连接

1）返回 Agents 界面，在 firstS7AgentName 的属性界面建立 firstS7ThingName 与 firstS7AgentName 之间的关联，具体操作如图 2-22 所示。

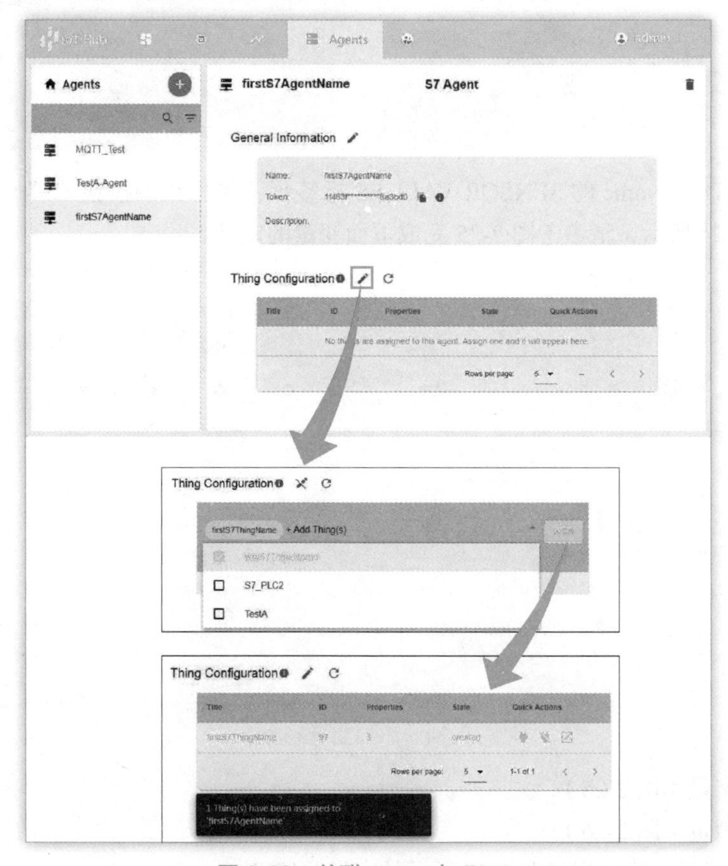

图 2-22　关联 Agent 与 Thing

2）回到 Things 界面，进入 ACTIONS & COMMANDS 标签页，单击 Connect device 按钮连接 PLC，如图 2-23 所示。

图 2-23　与 PLC 建立连接

三、定义变量

进入 firstS7ThingName 的 SENSOR VALUES 标签页，单击添加按钮“+”添加变量，弹出的对话框如图 2-24 所示，请参考图 2-25 完成下面变量的定义。

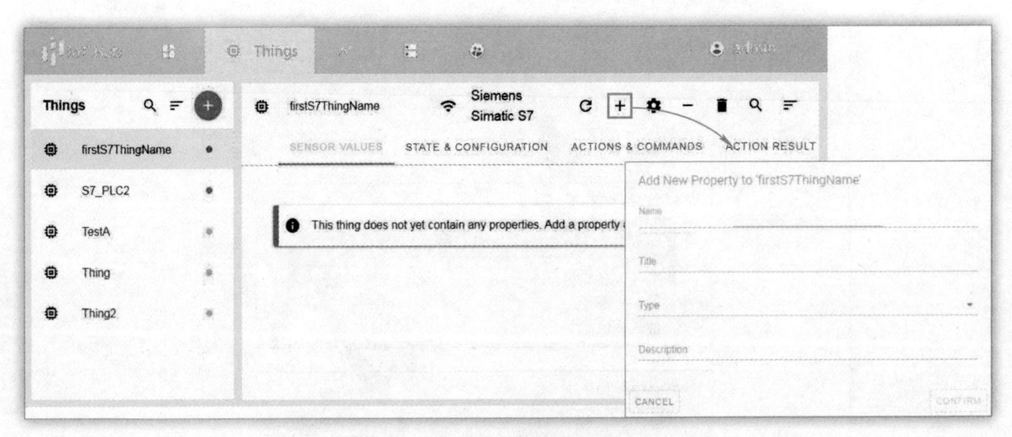

图 2-24　添加变量的操作

1）定义数字量（图 2-25）

2）定义模拟量（图 2-26）

变量定义完成后，将出现如图 2-27 所示的变量监控表。

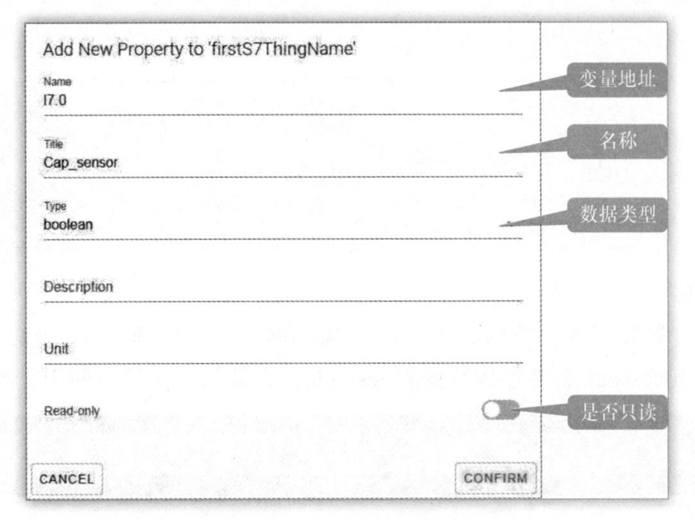

图 2-25 定义数字量信息

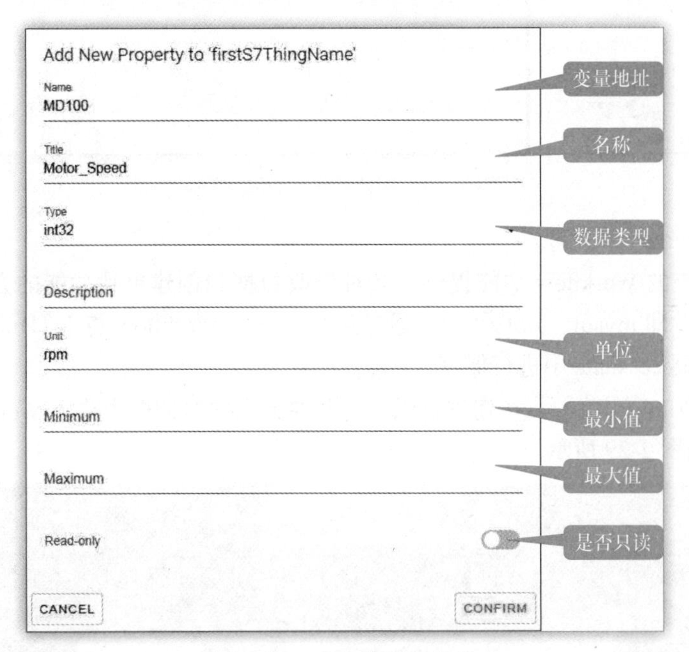

图 2-26 定义模拟量信息

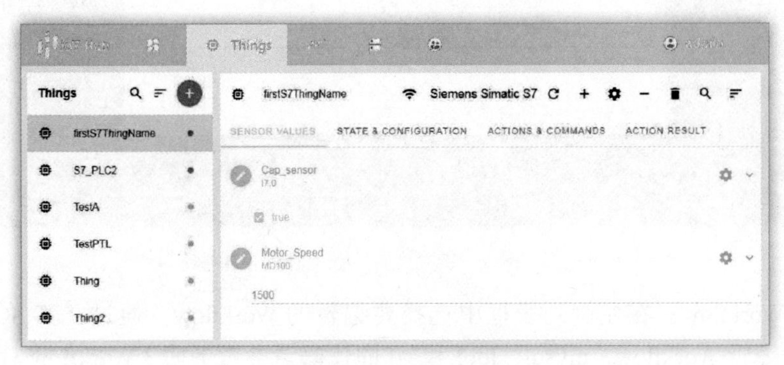

图 2-27 变量监控表

四、数据存储

1. 新建数据表

大数据采集通常采用多个数据库来接收终端数据，本任务通过 5.7 及以上版本的 MySQL 软件创建数据库 processdata，并创建数据表 test_plc，供数据存储练习使用，如图 2-28 所示。

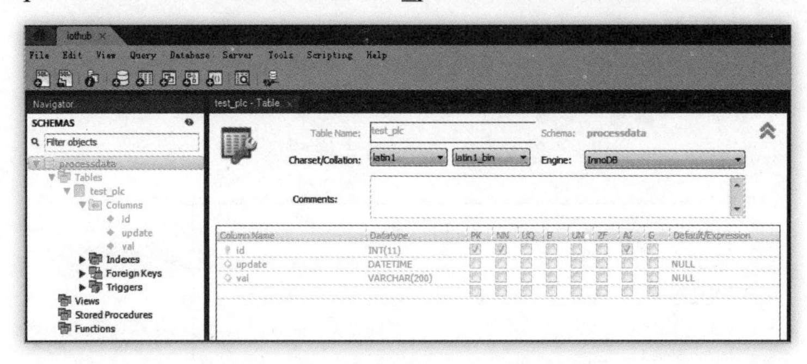

图 2-28　创建数据库和数据表

2. 创建 Workflow

数据采集系统的 Workflow 功能提供了多种修改数据和创建单独功能的方法，下面分别创建三个 Workflow，即 mysql、tool 和 wf，通过运行这三个 Workflow 将 IoTHub 采集到的模拟量数据导入数据库 processdata 中进行保存。

1）添加 Workflow。单击 + 按钮进行添加，并在弹出的对话框中输入 Workflow 的名称，这里输入 mysql，如图 2-29 所示。

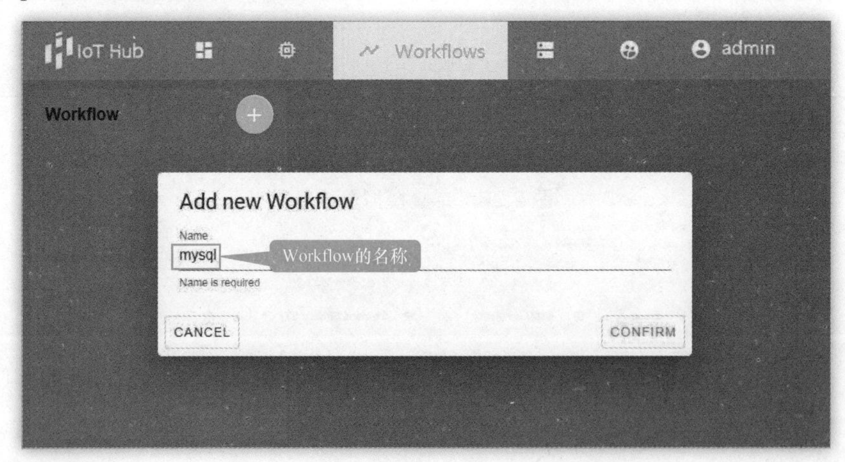

图 2-29　添加 Workflow

2）编辑 Workflow。在左侧列表框中选择要编辑的 Workflow。通过在其 SCRIPT 标签页中输入代码来编辑 Workflow（mysql、tool 和 wf 的代码请参考下面 3.Workflow 程序代码），如图 2-30 所示。

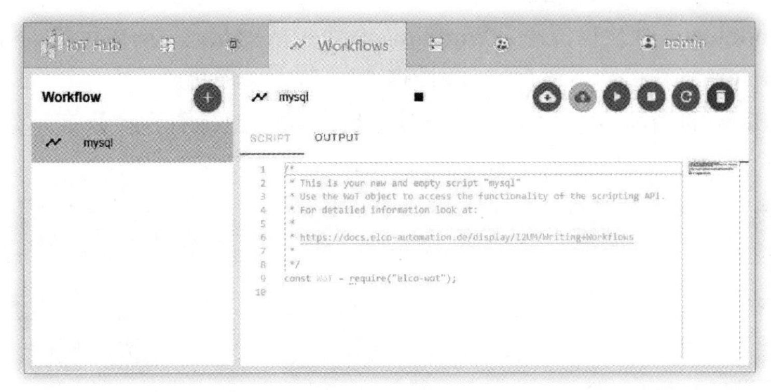

图 2-30 输入代码编辑 Workflow

3）保存和加载 Workflow。Workflow 代码编辑完成后，必须通过按钮，将它们上传到 IoTHub 进行保存，如图 2-31 所示。

注意：上传按钮用于本地版本覆盖服务器端版本，下载按钮用于将本地版本替换为服务器版本。

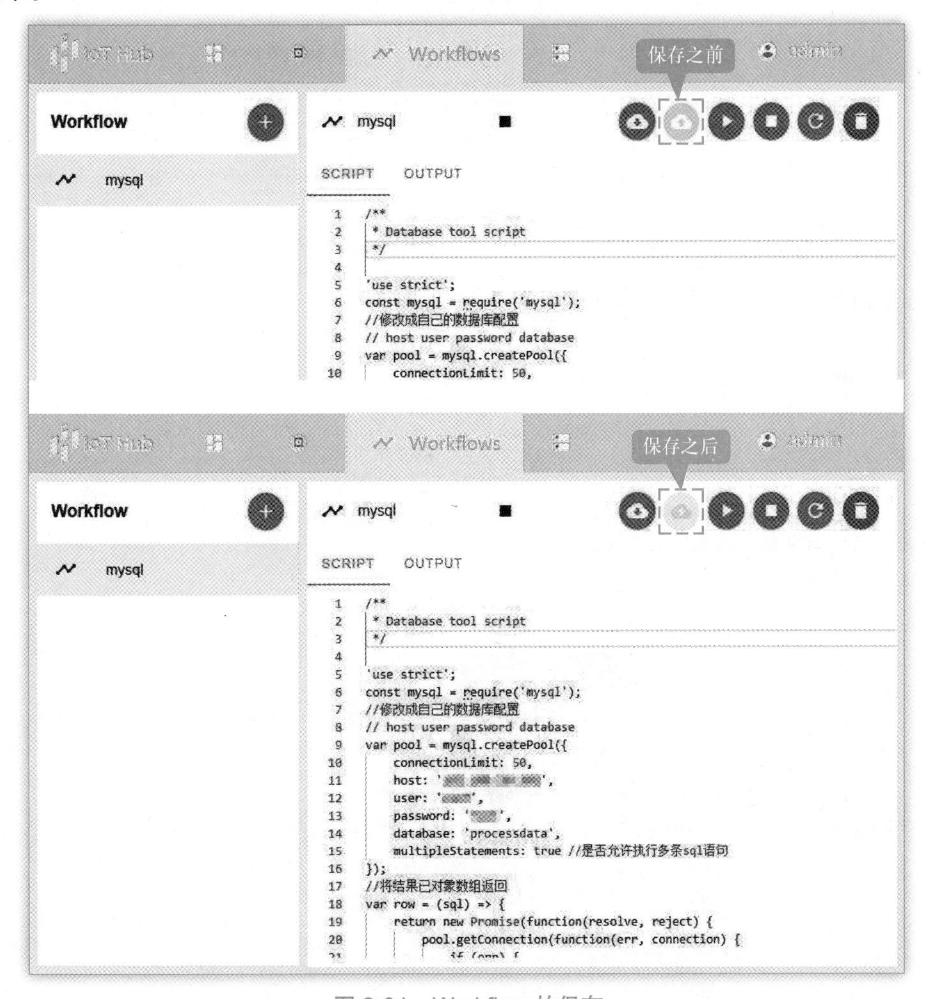

图 2-31 Workflow 的保存

4）启动 Workflow。默认情况下，Workflow 不处于活动状态 / 正在运行。可以使用▶按钮进行启动，Workflow 将在启动后运行，直到脚本结束或手动停止。

注意：Workflow 的当前运行状态可以通过左侧的状态图标看到。▶表示运行，■表示停止，如需手动停止可以单击■按钮，如图 2-32 所示。

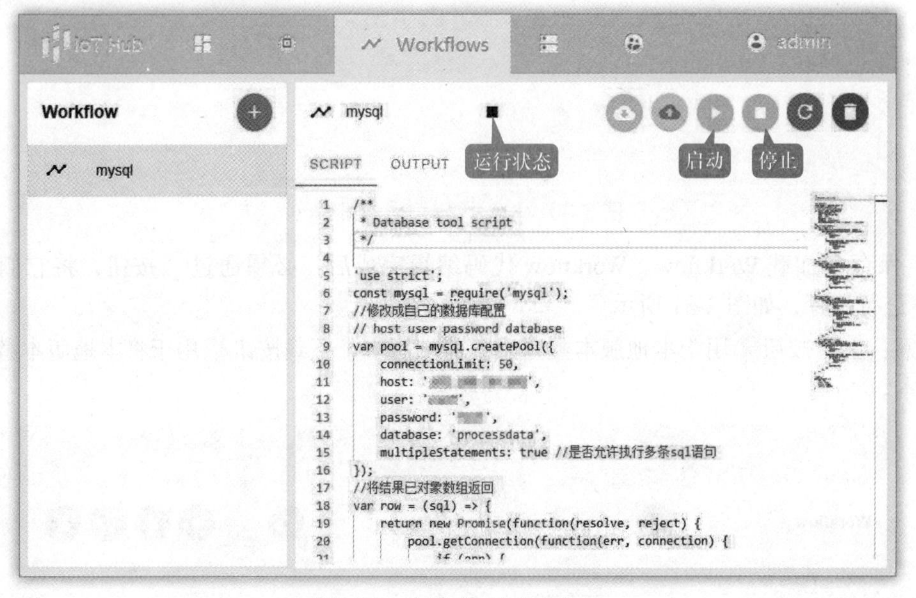

图2-32　启动/停止Workflow

3. Workflow 程序代码

1）mysql 用于连接数据库。具体代码如下：

```
/**
 * Database tool script
 */

'use strict';
const mysql = require('mysql');
// 修改成自己的数据库配置
// host user password database
var pool = mysql.createPool({
    connectionLimit: 50,
    host: '127.0.0.1',          服务器 IP 地址
    user: '****',               数据库登录用户名
    password: '****',           密码
    database: 'processdata',    数据库名称
    multipleStatements: true // 是否允许执行多条 SQL 语句
});
// 将结果对象数组返回
var row = (sql) => {
    return new Promise(function(resolve, reject) {
        pool.getConnection(function(err, connection) {
            if (err) {
```

```
                reject(err);
                return;
            }
            connection.query(sql, function(error, res) {
                connection.release();
                if (error) {
                    reject(error);
                    return;
                }
                resolve(res);
            });
        });
    });
};
//返回一个对象
var first = (sql, ...params) => {
    return new Promise(function(resolve, reject) {
        pool.getConnection(function(err, connection) {
            if (err) {
                reject(err);
                return;
            }
            connection.query(sql, params, function(error, res) {
                connection.release();
                if (error) {
                    reject(error);
                    return;
                }
                resolve(res[0] || null);
            });
        });
    });
};
//返回单个查询结果
var single = (sql, ...params) => {
        return new Promise(function(resolve, reject) {
            pool.getConnection(function(err, connection) {
                if (err) {
                    reject(err);
                    return;
                }
                connection.query(sql, params, function(error, res) {
                    connection.release();
                    if (error) {
                        reject(error);
                        return;
```

```
                    }
                    for (let i in res[0]) {
                        resolve(res[0][i] || null);
                        return;
                    }
                    resolve(null);
                });
            });
        });
    }
// 执行代码，返回执行结果
var execute = (sql, ...params) => {
    return new Promise(function(resolve, reject) {
        pool.getConnection(function(err, connection) {
            if (err) {
                reject(err);
                return;
            }
            connection.query(sql, params, function(error, res) {
                connection.release();
                if (error) {
                    reject(error);
                    return;
                }
                resolve(res);
            });
        });
    });
}

// 模块导出
module.exports = {
    ROW: row,
    FIRST: first,
    SINGLE: single,
    EXECUTE: execute
}
```

2）tool 用于对 Thing 进行操作。具体代码如下：

```
/**
 * WOT tool script
 */
const WoT = require('elco-wot');
class tools {
    async createThing(thingName, thingType, cfg, properties) {
        try {
            const tdBuilder = WoT.newTDBuilder();
```

```
                tdBuilder.setThingDescription({ title: thingName, type:
thingType });
            properties.forEach((property) => {
                let propertyName = property.name;
                   tdBuilder.addProperty(propertyName, { type: property.
type, readOnly: property.readOnly, title: propertyName });
            });
            let tinggDescription = tdBuilder.buildThingDescription();
            let device = WoT.produce(tinggDescription).then(
                async function(thing) {
                    await thing.writeProperty('_configuration', cfg);
                    thing.invokeAction("connect", null).then(
                        result => {
    console.log(`connect to ${thingName},result:${result}`);
                        }
                    );
                },
                function(error) {
                          console.log(`Create thing ${thingName} error:
${error}`);
                }
            );
            return device;
        } catch (err) {
            console.log("Error during Thing creation", thingName);
            console.log(err.stack);
            throw err; //rethrow error, can't really recover from this
        }
    }
    async getThing(name) {
        var thing = null;
        var thingDis = WoT.discover({
            fragment: {
                title: name;
            }
        });
        thing = await this.discoverAndConsumeThing(thingDis);
        return thing;
    }
    async discoverAndConsumeThing(discovery) {
        // start the discovery process
        discovery.start();
        // while there are new results:
        while (!discovery.done) {
            // initialize an empty thing description
            let thingDescription = {};
```

```
            // try to get the next thing description and handle errors
if they occur
            try {
                thingDescription = await discovery.next();
            } catch (err) {
                if (err.message === "not found") {
                    // No thing matching the fragment could be found
                    discovery.stop();
    console.log("Thing was not found.");
                } else {
                    // Some other error occured, print it to the console
                    discovery.stop();
                    console.log(err.message);
                }
                // return on an error
                return;
            }
            // initialize an empty consumed thing
            let consumedThing = {};
          //consume the thing description and handle errors if they occur
            try {
                consumedThing = await WoT.consume(thingDescription);
           } catch (err) {
            // Some other error occured. Print it to the console and return
            console.log(err);
            return;
           }
           return consumedThing;
        }
    }
}
module.exports = new tools;
```

3）wf 旨在将数据保存到数据库中。具体代码如下：

```
const mysql = require('../1/script.js');
const tool = require('../2/script.js');
listenerPLC()
async function listenerPLC() {
    // 获取 PLC
    let plc = await tool.getThing("firstS7ThingName");
    // 监听 QW1
    plc.observeProperty("MD100", function(newValue) {
        console.log("Observing current temp: " + newValue);
        let udate = getNowFormatDate();
        // 写入数据库
          mysql.ROW("insert into test_plc(udate,val) values('" + udate +
"','" + newValue + "')");
    });
```

对应 Thing 的名称

监听变量的地址

数据表名称

```
    }
    //格式化时间
    function getNowFormatDate() {
        var date = new Date();
        var month = date.getMonth() + 1;
        var strDate = date.getDate();
        if (month >= 1 && month <= 9) {
            month = "0" + month;
        }
        if (strDate >= 0 && strDate <= 9) {
            strDate = "0" + strDate;
        }
        var currentDate = date.getFullYear() + "-" + month + "-" + strDate +
            " " + date.getHours() + ":" + date.getMinutes() + ":" + date.
getSeconds();
        return currentDate;
    }
```

通过编辑并运行以上三个 Workflow，系统将实时采集的电动机转速数据信息保存到数据库中。如图 2-33 所示，启动 MySQL 软件，打开数据库 processdata，可查看数据表 test_plc 中保存的数据信息。

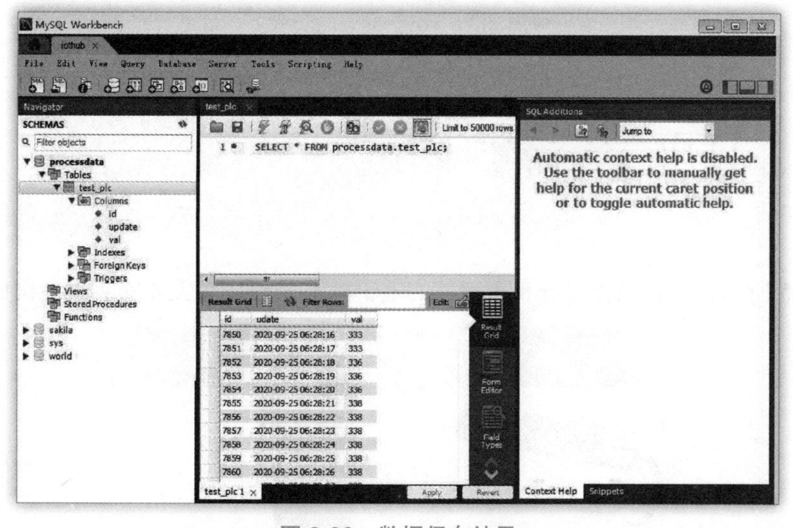

图 2-33 数据保存结果

任务 2-3 采集 PTL 数据

【任务描述】

通过相关知识的学习，结合按灯拣货（PTL）系统，完成数据采集系统的部署。通过配置实现 PTL 系统数据的采集，并将其存储至大数据平台的基础库中，可用于监控料库操作人员的操作以及库存数量的变化。

【相关知识】

PTL（Pick To Light，按灯拣货）系统通过用灯光、数显等方式实现物料出入库、盘点库存等功能，可以完整采集拣选人员的行为数据做大数据分析，为精细化管理做优化决策的支持。

在制造业中，拣选是主要的备料方式。例如，在汽车制造厂内，大多会使用PTL系统，汽车零件会被放在托盘、周转箱中，并放在标准化货架上，每个料位安装一个灯作为提示单位，一个订单拣选过程中，需要拣选的商品货位前的灯会闪烁，操作员只需根据相应料位的灯光提示和显示的数量进行操作即可；操作完成后，通过按压确认键反馈给库存管理系统，可大大提高库房操作员的工作效率和准确率，实现高效化、标准化、无纸化库存物料出入库管理。

PTL电子标签可采用自身卡槽安装方式，通过固定在料位上的专用线槽进行固定，只需预先根据料架的长短铺设线槽，再将电子标签卡入线槽相应位置即可，操作简单，布设灵活。完成效果如图2-34所示。

图2-34　电子标签的安装

一、PTL系统的构成

如图2-35所示，PTL系统由分布于料位的电子标签、PTL网关和安装附件构成：

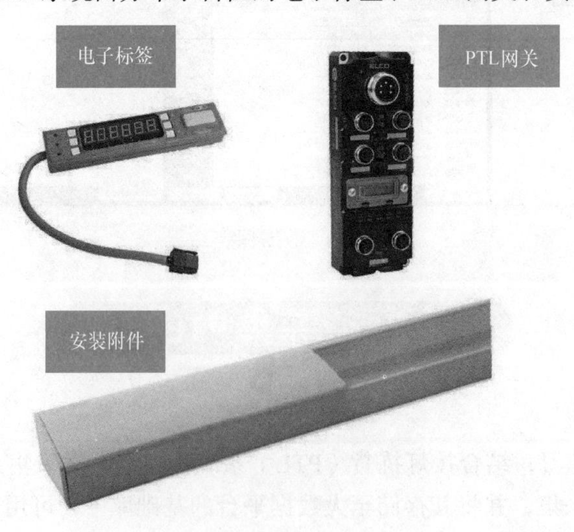

图2-35　PTL系统的构成

1）电子标签：PTL 系统的显示和交互组件，分 4 位数码管显示屏和 6 位数码管显示屏两类标签。电子标签操作面板说明如图 2-36 所示。

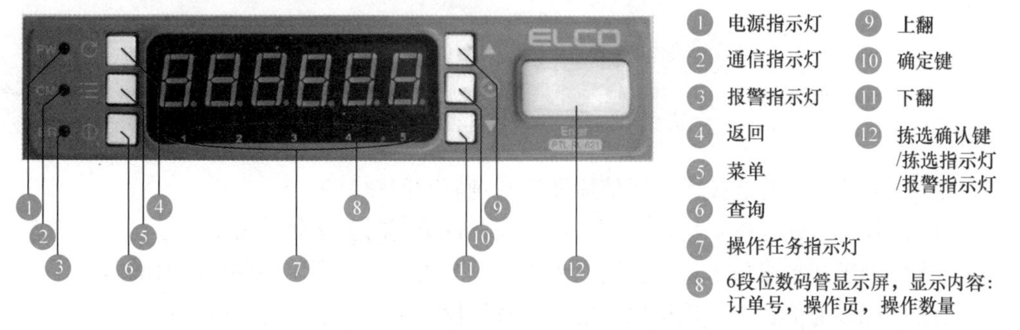

图 2-36　电子标签操作面板说明

2）PTL 网关：电子标签与上位机的通信接口，也是系统供电的接入模块。PTL 网关接口说明如图 2-37 所示。

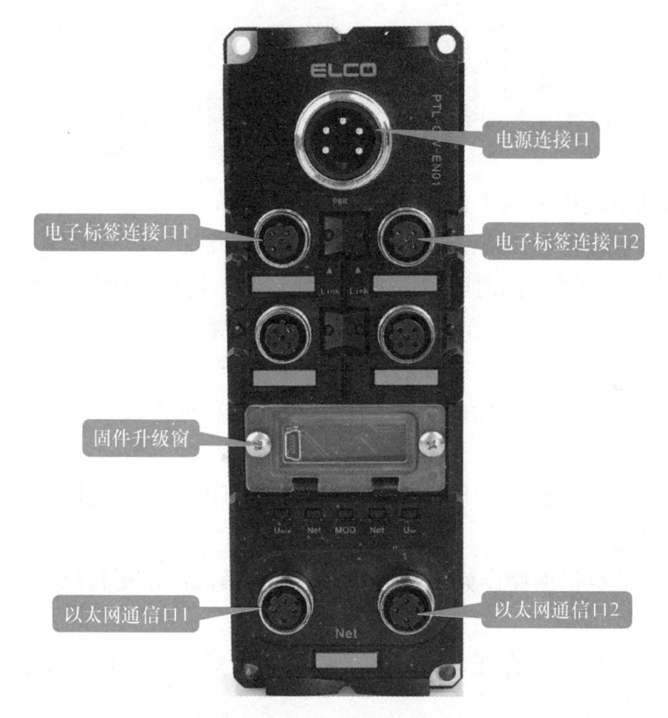

图 2-37　PTL 网关接口说明

3）安装附件：包括安装线槽、盖板和线槽堵头等。安装效果如图 2-38 所示。

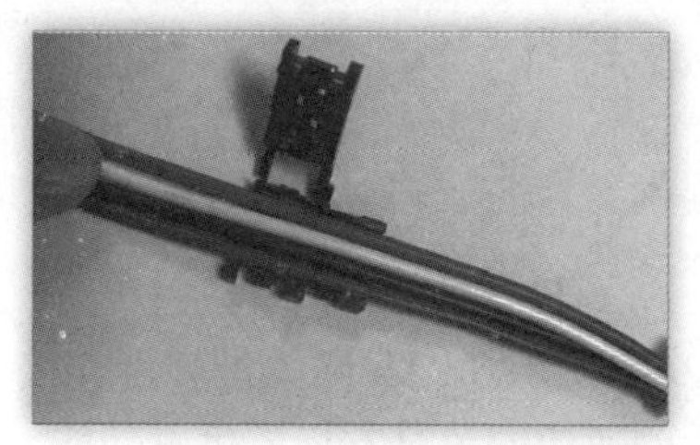

图 2-38　附件安装效果

二、PTL 系统的特点

1）快速：采用工业总线技术，通信速度快，响应时间短。

2）高效：具有多任务排队模式，可满足多任务订单同时下达处理需求。

3）便捷：刺破式接线技术易于安装、免维护，节省了产品安装与调试的时间。

4）智能：标签通信状态、拣选执行情况以及误操作报警灯信息可实时上传。

5）易用：为用户开放按键和指示灯 DLL 标准函数库，方便系统的开发与集成。

三、PTL 系统的功能

系统通过网关与上位机实现数据和指令的上行与下发，通过电子标签的显示数据、指示灯状态和按钮功能，可实现如下功能：

1）出货下发：向对应料位下发操作员号、物料号和拣选数量。

2）盘点下发：向所有标签下发当前对应料位的物料数量，由数据库库存信息提供。

3）响应订单：显示上位机下发的操作员号、物料号和拣选数量，根据上位机命令亮指示灯，并向上位机反馈执行情况。

4）LED 灯控制：对电子标签操作面板所有的 LED 灯的通断情况进行置 1 或置 0 操作，以配合相应指令显示操作结果。

5）报警信息：上位机根据操作员的订单处理错误等情况向指定料位标签下发报警信息，可以是指示灯或错误代码。

6）报警及复位：操作员误操作标签时向上位机上传对应的误操作标签信息，并鸣响蜂鸣器。按复位键后报警消除。

四、PTL 系统的结构

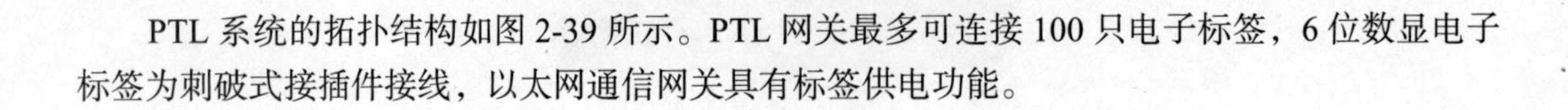

PTL 系统的拓扑结构如图 2-39 所示。PTL 网关最多可连接 100 只电子标签，6 位数显电子标签为刺破式接插件接线，以太网通信网关具有标签供电功能。

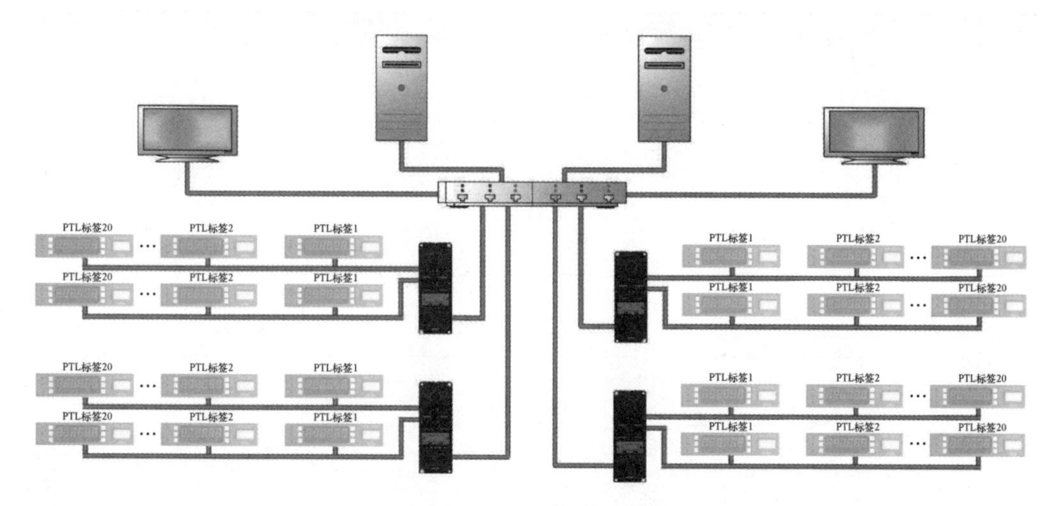

图 2-39 PTL 系统的拓扑结构

【任务实施】

本任务以料库拣选系统为例，如图 2-40 所示。料库中存储了 6 种物料，每个料位都安装了一个电子标签 (电子标签的 MAC 地址是一组 8 位 16 进制数字，见表 2-1) ；同时，准备了 5 个取料盒，可分别对应不同的取料任务进行物料的暂存。

首先考虑分拣单信息。任务开始后，通过 IoTHub 向电子标签下发分拣任务，领取到任务的电子标签的 LED 显示屏将显示拣选信息（包括任务号及物料数量）；操作人员完成一项拣选任务后，即可通过按下电子标签上的确认键来清空该项标签信息 (注意：电子标签上不再显示已经执行完成的任务)。同时，当电子标签的任务信息发生变化时，信息将自动保存到 MySQL 数据库中，方便以后进行生产数据分析。

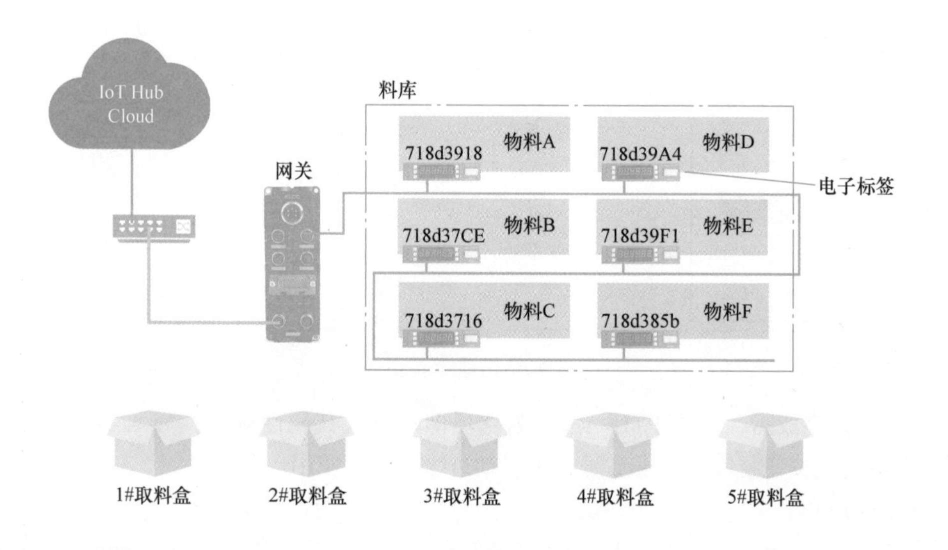

图 2-40 某料库拣选系统

表2-1 料库电子标签MAC地址表

序号	料库位	电子标签 MAC 地址
1	物料 A	718d3918
2	物料 B	718d37CE
3	物料 C	718d3716
4	物料 D	718d39A4
5	物料 E	718d39F1
6	物料 F	718d385b

一、安装 Agent

根据本任务的需要，下载并保存 PTL Agent 后再进行以下步骤的操作。

1. 创建 Agent

如图 2-41 所示，打开 IoTHub 的 Agents 界面，单击新增按钮“+”，在弹出的对话框中定义新增 Agent 的 Name(名称) 为 PTL_Agent，Agent Type(协议类型) 为 PTL ；然后，单击 CONFIRM 按钮进行创建。

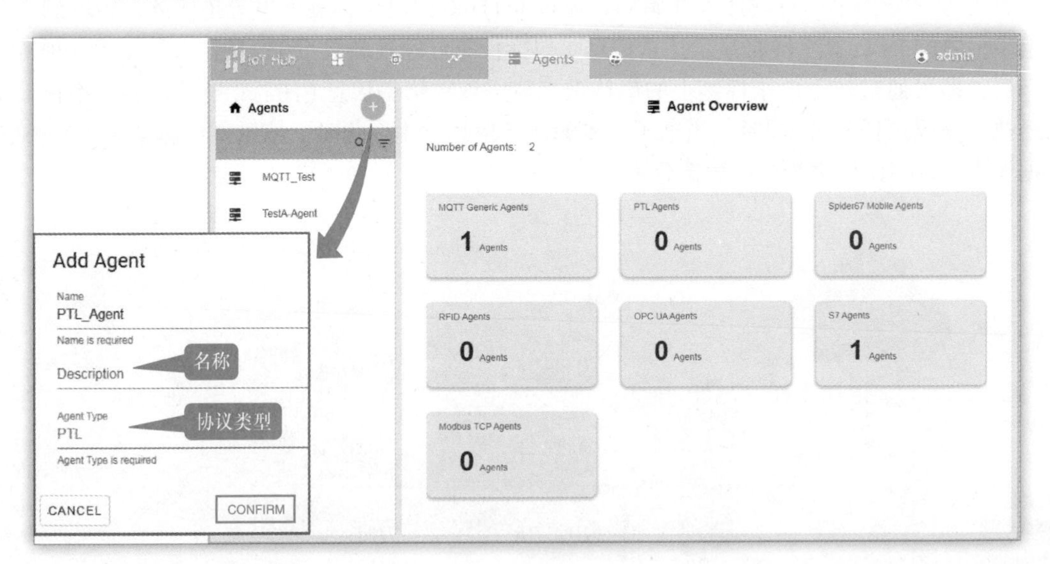

图 2-41 创建 Agent

注意：创建完成后，单击 PTL_Agent 名称项即可进入其属性界面，如图 2-42 所示，单击 Token 右侧的复制按钮复制该 Token 号，供启动边缘网关时使用。

2. 运行 Agent

打开命令窗口，定位到 PTL 的 Agent 文件的保存目录，输入命令“PTLAgent.exe-g IoTHub 的 IP:9090-t AgentID”运行 PTL_Agent，如图 2-43 所示。

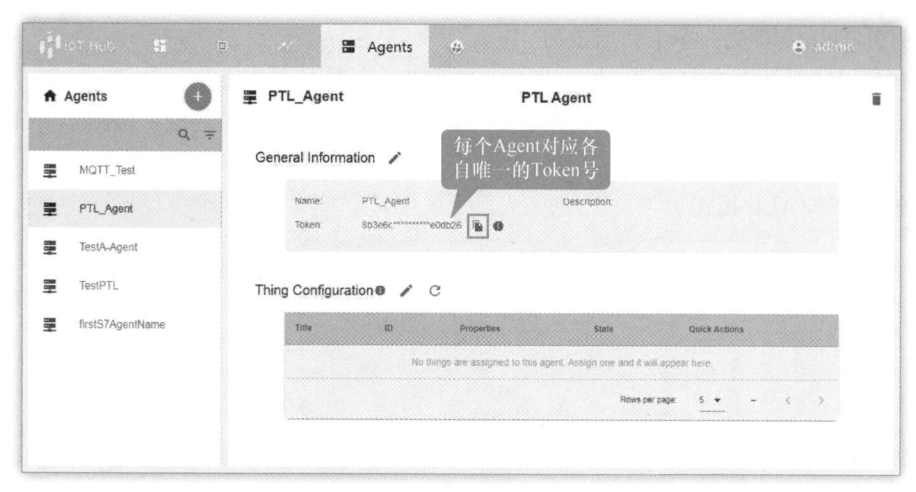

图 2-42　Agent 创建成功后的属性界面

图 2-43　输入命令启动 Agent

注意：上述命令中加下划线的两部分“IoTHub 的 IP”和“AgentID”分别用以下参数进行替换：

1）“IoTHub 的 IP”替换为 IoTHub 的 IP 地址。

2）“AgentID”替换为 Token 号，该 Token 号可通过 PTL_Agent 的属性界面（见图 2-42）进行复制。

二、创建并连接控制器

1. 创建控制器

创建控制器的步骤如图 2-44 所示。

1）打开 Things 界面，单击新增按钮“+”。

2）在弹出的对话框中定义其 Thing Type(通信协议类型）为 PTL。

3）定义 Title（名称）为 PTLThingName，添加电子标签的 MAC 地址，并输入 PTL 网关的 IP 地址。

4）单击 INSTALL 按钮。

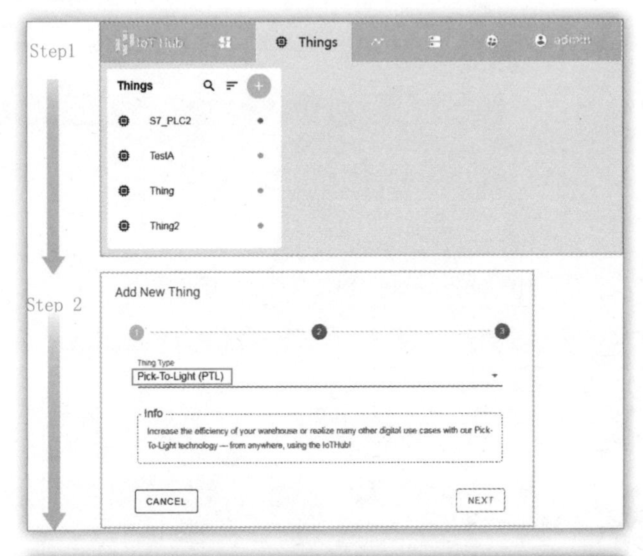

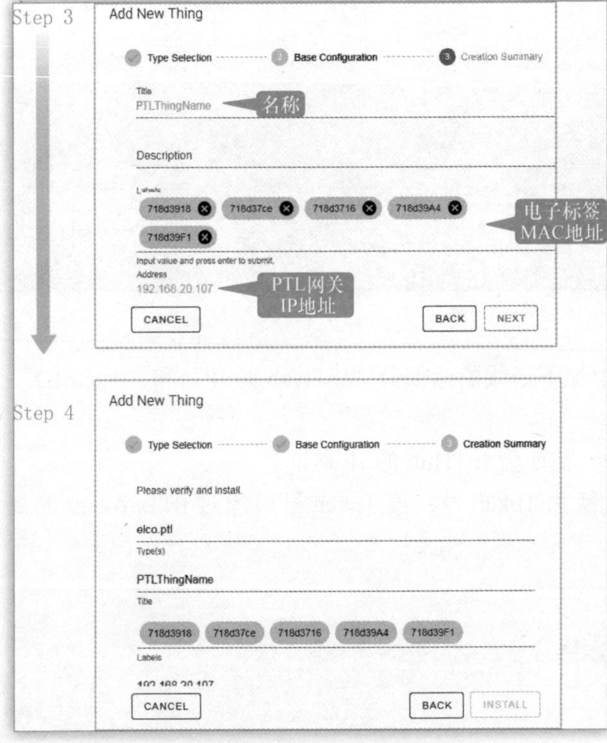

图 2-44　创建 Thing

查看电子标签 MAC 地址的方法如下：

方法 1：直接查看电子标签背面激光雕刻的 MAC 地址。

方法 2：电子标签通电后长按查询键 3s（图 2-45），显示屏即显示此电子标签的 MAC 地址。注意：MAC 地址为 8 位 16 进制数字，显示屏会自动滚动直至显示完整。

图 2-45　电子标签 MAC 地址的显示

2. 建立连接

1）返回 Agents 界面，进入 PTL_Agent 的属性界面，建立 PTLThingName 与 PTL_Agent 之间的关联，具体操作如图 2-46 所示。

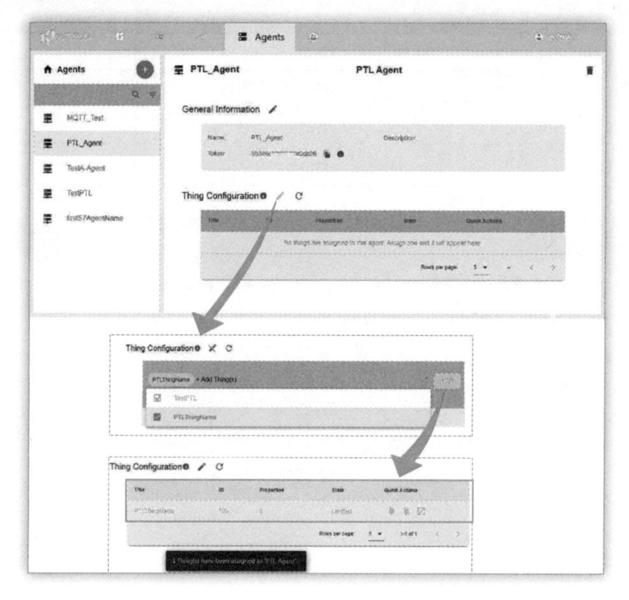

图 2-46　关联 Agent 与 Thing

2）回到 Things 界面，进入 PTLThingName 的 ACTIONS & COMMANDS 标签页，单击 Connect device 连接 PTL 网关，如图 2-47 所示。

图 2-47　与 PLC 控制器建立连接

三、查看变量

IoTHub 与 PTL 网关连接成功后将自动上传相关电子标签的变量表（变量说明见表 2-2），打开 PTLThingName 的 SENSOR VALUES 标签页即可监视变量，如图 2-48 所示。

表2-2 变量说明

变量名	数据类型	描述
LabelMAC 地址 -Alarm	bool	报警状态
LabelMAC 地址 -Display	array	标识
LabelMAC 地址 -Jobs	array	任务
LabelMAC 地址 -LEDs	array	指示灯状态

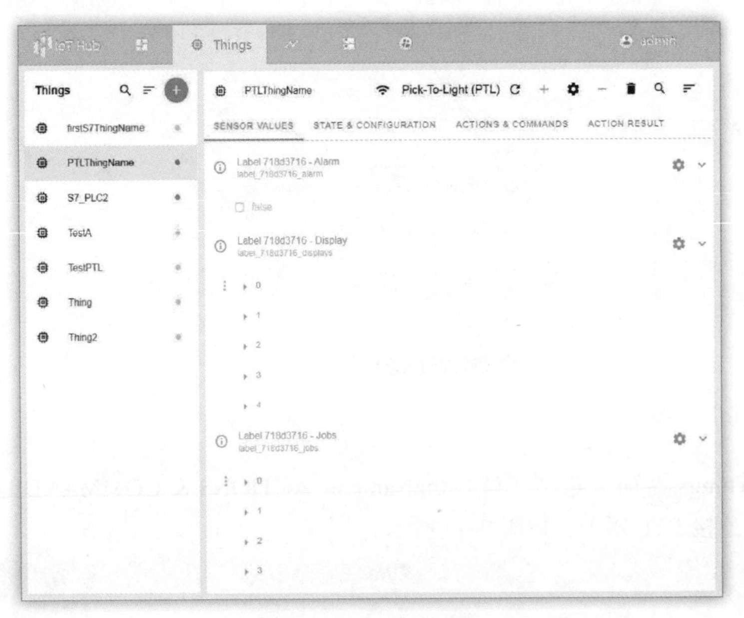

图 2-48 变量监视窗口

若需添加新的电子标签，可在 PTLThingName 的 STATE & CONFIGURATION 标签页进行添加，具体操作步骤如下：

1）单击 configuration of the ptl gateway 前的编辑按钮，弹出属性编辑对话框，如图 2-49 所示。

2）在对话框中单击 Labels 项打开电子标签列表，再单击“adda new item”命令项插入一个新的电子标签项，然后输入电子标签的 MAC 地址。

3）进入 PTLThingName 的 ACTIONS & COMMANDS 标签页，单击 Connect device 按钮，重新连接 PTL 网关。

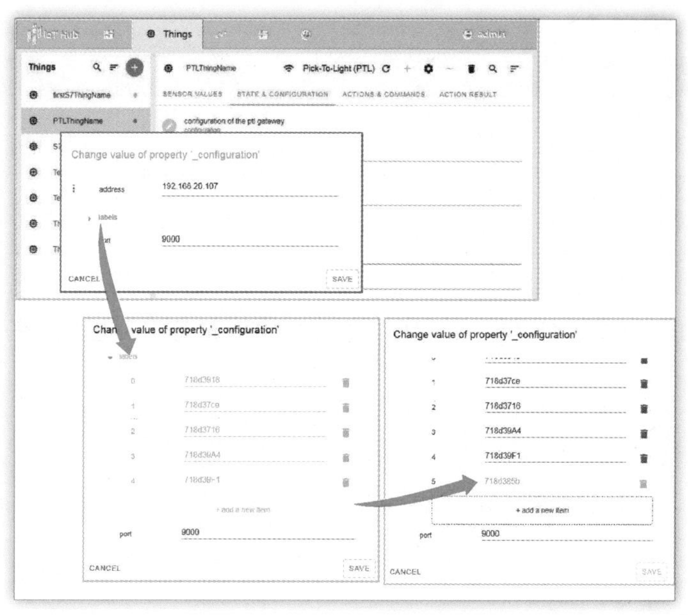

图 2-49　添加新的电子标签

4）打开 PTLThingName 的 SENSOR VALUES 标签页即可监视该电子标签的信息，如图 2-50 所示。

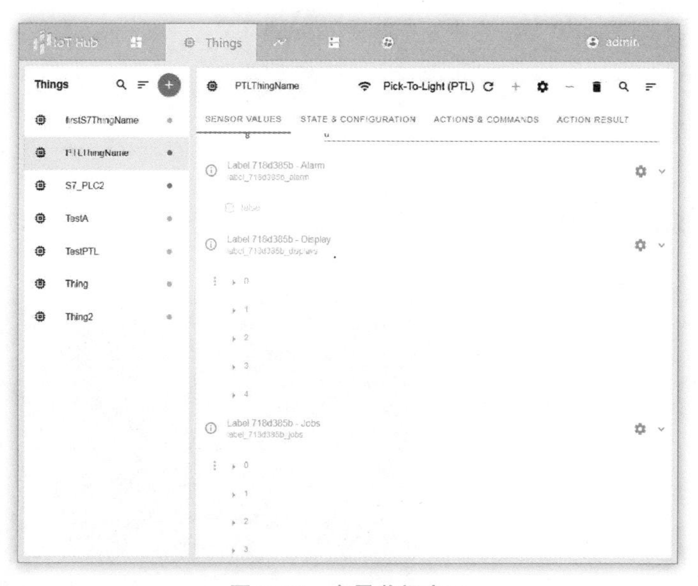

图 2-50　变量监视窗口

四、任务下发

物料分拣单见表 2-3。

表2-3　物料分拣单

序号	生产编号	产品型号	数量	物料 A	物料 B	物料 C	物料 D	物料 E	物料 F
1	CGD0011	H6.5SE	5			10	5		
2	CGD0012	H6.5	10		10	30		10	10
3	CGD0013	H3SE	5		10		5	5	
4	CGD0014	H4	15			15			30
5	CGD0015	H5SE	10				10		10

1）进入 PTLThingName 的 ACTIONS& COMMANDS 标签页向电子标签下发任务，具体设置如图 2-51 所示。

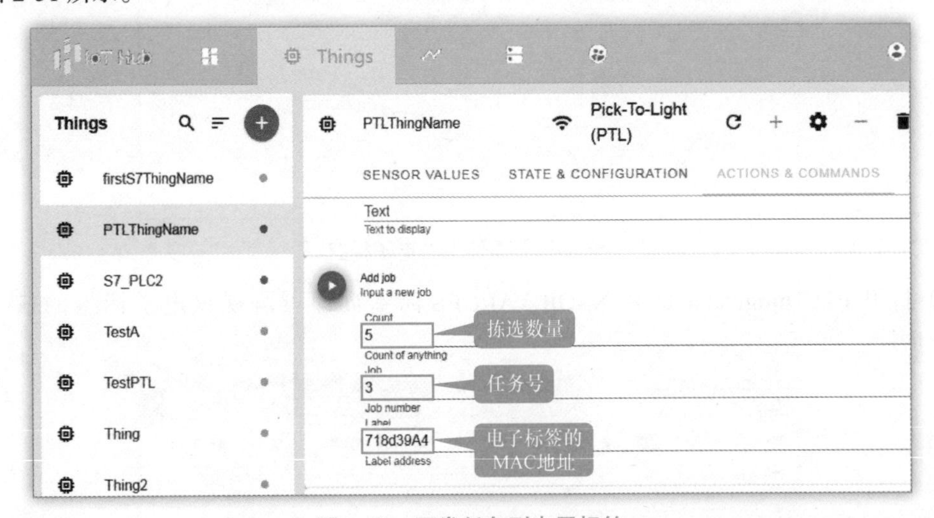

图 2-51　下发任务到电子标签

2）通过 SENSOR VALUES 标签页或电子标签的 LED 显示屏可读取任务信息，如图 2-52 所示。

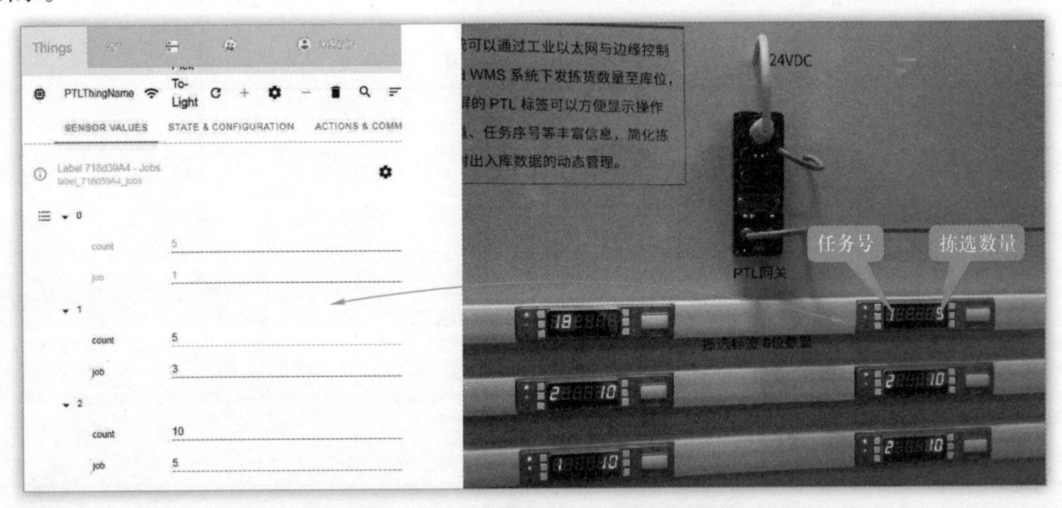

图 2-52　电子标签与变量监视窗口所显示信息一致

3）操作员完成每项拣选任务后，按确认键确认该任务，显示屏将自动显示下一项任务。

五、数据存储

数据存储功能可将数据信息保存至MySQL数据库中，后期通过分析Label MAC地址-Alarm、Label MAC地址-Display、Label MAC地址-Jobs和Label MAC地址-LEDs各变量的数据信息，可有效获取拣选人员的行为数据。在本任务中，将采集变量Label 718d37CE-Jobs的数据信息进行保存。

1. 新建数据表

在数据库processdata中创建数据表test_ptl，供数据保存练习使用，如图2-53所示。

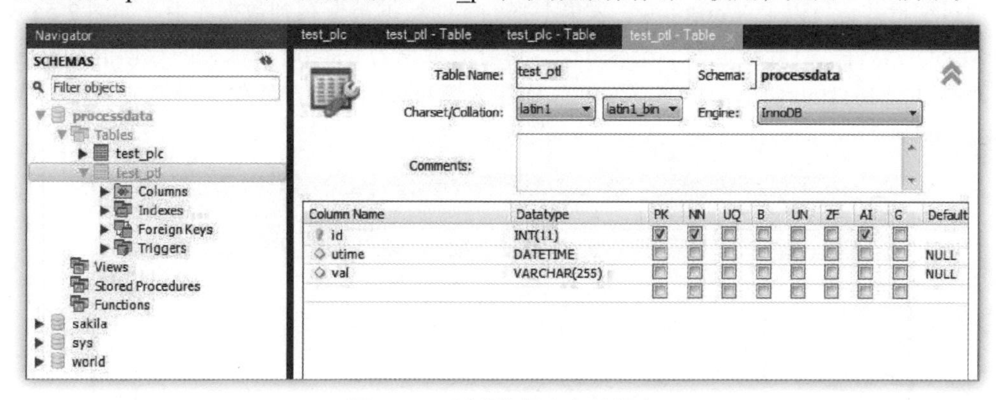

图2-53　创建数据库和数据表

2. 创建WorkFlow

进入WorkFlow界面，在类mysql和tool运行的前提下（这两种编程操作请参照任务2-2）创建类wf1。然后，在其Script标签页中进行编程，并通过按钮和按钮进行程序的上传与运行。

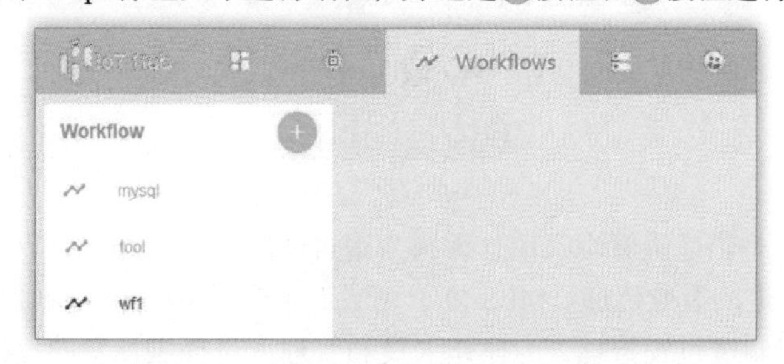

图2-54　在WorkFlow界面中创建类wf1

wf1负责将数据保存到数据库中，其代码如下：

```
const mysql = require('../1/script.js');
const tool = require('../2/script.js');

start();
```

```
function start() {
     let event = new Date();
               event.setUTCHours(event.getUTCHours() + 8);
     tool.getThing("PTLThingName").then(async function (thing) {
         console.log(thing)
         thing.observeProperty("label_718d37CE_jobs", (value) => {
             console.log(value);
                mysql.querySql("INSERT INTO test_ptl (utime, val) VALUES
("'"+event.getTime()+"','"+value+"')");
         })
     });
}
```

对应 Thing 的名称

监听变量

数据表名称

通过编辑并运行以上 WorkFlow，采集上来的实时数据被保存到数据库中。如图 2-55 所示。启动 MySQL 软件，打开数据库 processdata，可查看数据表 test_ptl 中保存的数据信息。信息记录了物料 B 经 IoTHub 向电子标签下发的分拣任务量和时间，以及操作人员完成每项分拣任务时的确认时间。

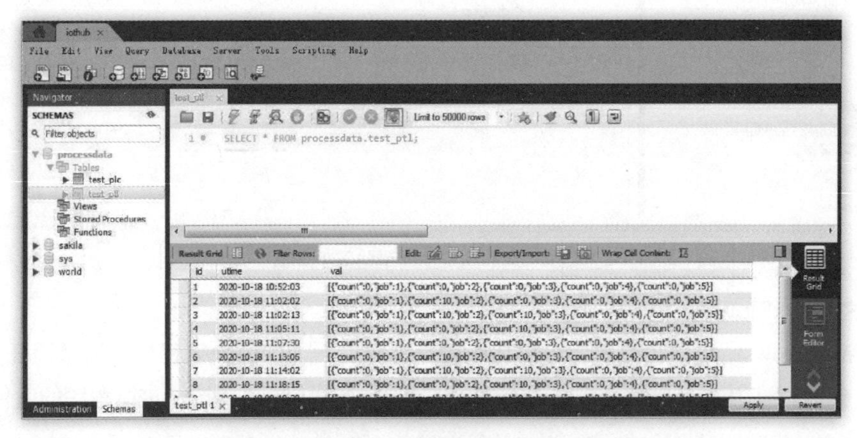

图 2-55 数据的保存结果

拓展知识

ERP 与 MES 的集成

ERP 系统的核心是供应链管理，信息源头为销售部门和采购部门，以设备、人力等其他系统为基础，形成信息流的有效传递。MES 位于底层工业控制系统与上层计划管理系统之间，主要面向车间层的生产制造过程管理，为操作人员和管理人员提供计划的执行，并跟踪所有资源的当前状态。两个系统各自独立运行，会导致计划层与执行层的严重脱节；将两个系统集成可实现信息的共享，真正实现企业生产层与管理层的集成，实现物品流动信息的整合，有效缩短产品的生产周期，降低生产成本。

MES 与 ERP 的集成可采用编写接口程序的方式，在 ERP 和 MES 中均封装 ASP 接口程序，通过 ODBC 运行数据库，当用户输入命令时，系统调动接口程序实现对数据库信息的调用，完成 MES 和 ERP 之间数据的“进”和“出”操作。

当然，也可以通过导出 / 导入的方式将信息集成到 MES 中。例如，某电子生产企业通过 ERP 系统管理业务部门，提供需要生产产品的数量、下单时间、出货时间和仓库物料的进出情况等；同时，通过 MES 管理生产部门，负责监控和管理生产产品的每个步骤和每道工序如何实现。在实际生产运作中，ERP 系统覆盖了部分的生产相关内容，MES 通过接收 ERP 中的订单数据信息，可自动生成生产任务和料单，有效减少了信息的重复录入量，信息共享的方式有效地提高了信息的透明度，提高了生产效率。

ERP 与 MES 集成操作的具体流程如下：

1）基于模板文件 order.xlsx，从 ERP 系统导出 Excel 格式的订单文件，如图 2-56 所示。

	A	B	C	D	E	F	G	H
1				2020/11/19				
2	NO.	定单号	货号	生产序号	型号	数量	客户要求货期	生产要求
3	2	SFA076729	A50309	YK/208475	TMSP1617F-CN0016.0007	5	2020/11/20	保证货期
4								

图 2-56　基于模板编辑而成的订单文件

2）登录 MES，进入生产调度管理中的“订单管理”界面，单击“批量上传订单 excel”按钮，如图 2-57 所示。

图 2-57　订单管理主界面

3）在“订单导入”界面，单击“选择文件”按钮，如图 2-58 所示。在弹出的对话框中选择要导入的订单文件。

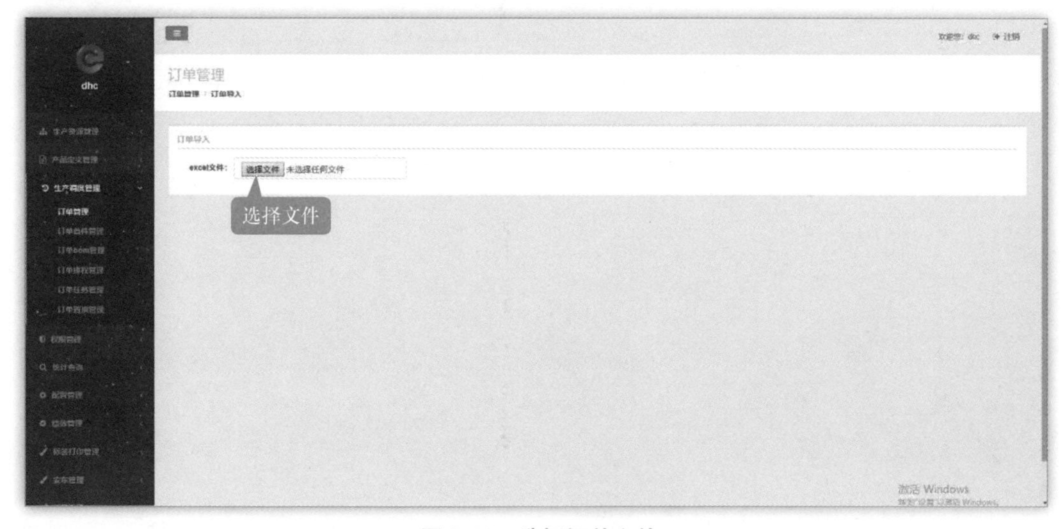

图 2-58　选择订单文件

4）确认订单信息无误后，单击“确认导入”按钮即可实现信息的导入，如图 2-59 所示。成功导入后的订单列表如图 2-60 所示。

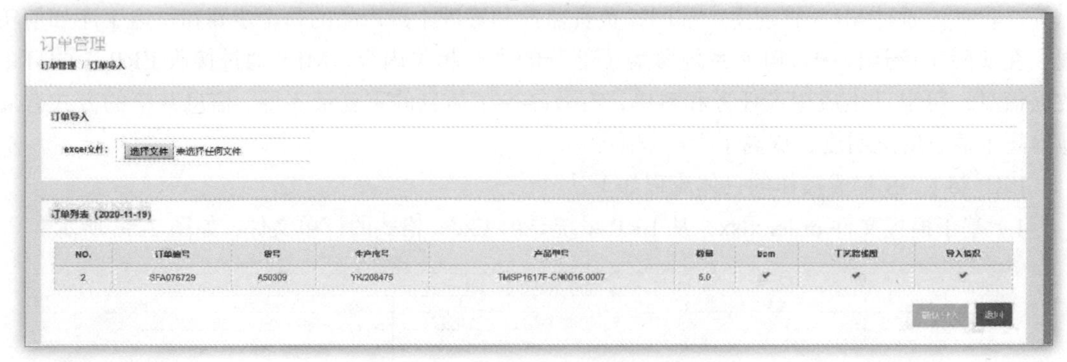

图 2-59　显示读取订单文件结果

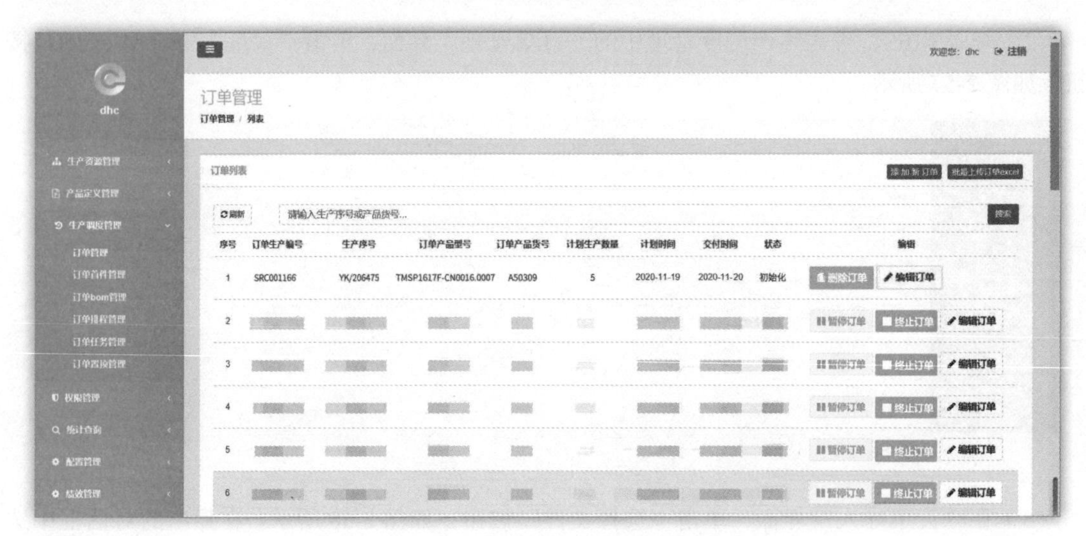

图2-60　成功导入后的订单列表

项目3

工业大数据预处理

【知识目标】

1. 理解数据清洗、转换和加载（ETL）的作用与过程。
2. 理解数据仓库的基本概念和构建方法。

【技能目标】

1. 掌握 ETL 工具 Kettle 的使用方法，能够使用 Kettle 对原始数据进行清洗与转换处理。
2. 掌握数据仓库工具 Hive 的使用方法，能够使用 Hive 创建数据仓库并加载数据。
3. 掌握 Hive 的查询操作方法。

【项目背景】

工业企业信息系统多种多样，数据来源多，数据类型复杂，格式不统一，质量参差不齐。例如，由于传感器故障、人为误操作、系统误差以及网络传输乱序等因素，从生产现场采集到的数据极易出现噪声、缺失值和数据不一致的情况，直接将其用于数据分析会产生严重的负面影响。对工业数据分析前，需要对数据进行预处理，以消除数据中的噪声、纠正数据的不一致、识别和删除离群数据，也就是进行数据清洗和转换，再统一存储到数据仓库中，这样，数据才能被有效利用。数据质量是数据分析的关键，好的数据质量是数据分析可靠性的重要前提和保障。因此，在数据预处理的整个过程中，保障数据的质量尤为关键，严谨细致、精益求精的"工匠精神"必不可少。

本项目围绕数据的清洗、转换、加载、查询与分析，安排了三个任务，通过使用数据处理和查询工具，熟悉数据的预处理过程，掌握大数据查询的基本方法。

任务 3-1 要求对采集得到的原始数据用数据处理工具 Kettle 进行清洗，为下一步数据进入数据仓库做好准备。

任务 3-2 要求围绕数据分析的目标，在大数据平台 Hadoop 上利用 Hive 构建数据仓库，并把清洗过的数据加载到数据仓库中。

任务 3-3 要求对存储在数据仓库中的数据进行查询与分析。

任务 3-1　清洗、转换、加载工业大数据

【任务描述】

采集到某企业业务系统中的销售订单数据，见表 3-1，内容包括：订单号、订购数量、单价、订单明细号、金额、订购日期、状态、购买日期、产品名称、产品型号、邮编、国家和城市。原始数据存在一些错误，如数据缺失、不规范等等。本任务要求：①分析数据存在的具体问题；②针对存在的问题，使用 ETL 工具 Kettle 对数据进行清洗和转换。

表3-1　订单数据

订单号	订购数量	单价	订单明细号	金额	订购日期	状态	季度	月份	年	产品名称	产品型号	邮编	国家	城市
10107	30	95.7	2	2871	2/24/2003	Shipped	1	2	2003	Motorcycles	S10_1678	10022	United States	NYC
10121	34	81.35	5	2765.9	5/7/2003	Shipped	2	5	2003	Motorcycles	S10_1678	51100	France	Reims
10134	41	94.74	2	3884.34	7/1/2003	Shipped	3	7	2003	Motorcycles	S10_1678	75508	France	Paris
10145	45	83.26	6	3746.7	8/25/2003	Shipped	3	8	2003	Motorcycles	S10_1678	90003	USA	Pasadena
10159	49	100	14	5205.27	10/10/2003	Shipped	4	10	2003	Motorcycles	S10_1678		United States	San Francisco
10168	36	96.66	1	3479.76	10/28/2003	Shipped	4	10	2003	Motorcycles	S10_1678	94217	USA	Burlingame
10180	29	86.13	9	2497.77	11/11/2003	Shipped	4	11	2003	Motorcycles	S10_1678	59000	France	Lille
10188	48	100	1	5512.32	11/18/2003	Shipped	4	11	2003	Motorcycles	S10_1678	N 5804	Norway	Bergen
10201	22	98.57	2	2168.54	12/1/2003	Shipped	4	12	2003	Motorcycles	S10_1678		United States	San Francisco
10211	41	100	14	4708.44	1/15/2004	Shipped	1	1	2004	Motorcycles	S10_1678	75016	France	Paris
10223	37	100	1	3965.66	2/20/2004	Shipped	1	2	2004	Motorcycles	S10_1678	3004	Australia	Melbourne
10237	23	100	7	2333.12	4/5/2004	Shipped	2	4	2004	Motorcycles	S10_1678	10022	USA	NYC
10251	28	100	2	3188.64	5/18/2004	Shipped	2	5	2004	Motorcycles	S10_1678	94019	USA	Newark
⋮														

【相关知识】

一、ETL的概念

数据抽取、转换和加载是数据分析的基础，简称 ETL，是英文 Extract Transform Load 的缩写。它是指将业务系统中不同数据源的数据抽取出来，并对数据进行清洗、转换等预处理，得出一致性的数据，然后加载到数据仓库中。

ETL 的工作流程分为三个部分：数据抽取、数据清洗与转换以及数据加载。ETL 的工作过程如图 3-1 所示。

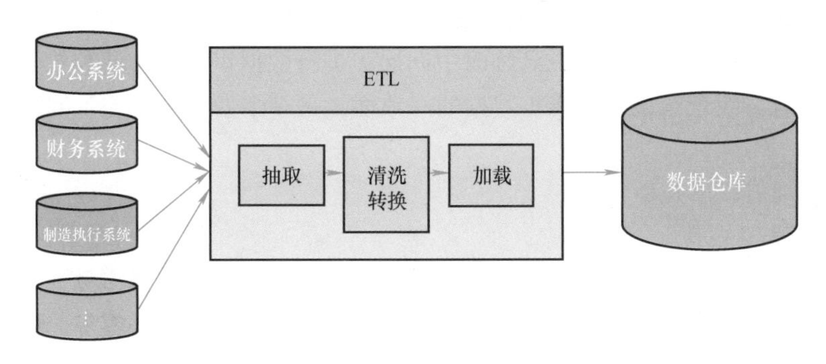

图3-1　ETL的工作过程

简单地说，ETL 就是把各种业务系统中的数据（如传感器监测数据、办公系统的文件、财务系统的报表、生产经营管理系统的生产计划、工单等）抽取出来，经过清洗、转换后，加载到数据仓库中。这些进入数据仓库中的数据可通过计算、聚类、回归及可视化等算法工具为管理决策服务。

二、数据抽取

数据抽取是将分散的、异构的数据源中的数据（如关系数据库里的数据表和视图、产品设计文件等）从各种原始的业务系统抽取到目标库。数据抽取可以是一个周期性的、源源不断的过程。

数据抽取有全量抽取和增量抽取两种方式。

1. 全量抽取

全量抽取类似于数据迁移或数据复制，它将数据源中的数据原封不动地从数据库中全部抽取出来，并转换成 ETL 工具可以识别的格式。

2. 增量抽取

增量抽取是只抽取自上次抽取以来新增或修改的数据。增量抽取比全量抽取应用更广。捕获变化的数据是增量抽取的关键。对捕获方法一般有两点要求：一是准确性，能够将业务系统中的变化数据按一定的频率准确地捕获到；二是性能，不能对业务系统造成太大的压力，影响现有业务。

三、数据清洗

所谓“脏”数据是指不符合要求、不能直接进行分析的数据，主要包括数据值缺失，数据值重复，数据值有噪声、异常，数据值不规范，数据量级不同。

数据清洗也称为数据净化，是从数据源中删除或者更正“脏”数据的过程。数据清洗的目的是严格把控数据质量，防止“脏”数据流到下游，影响数据的使用。

数据清洗过程一般是将数据抽取到临时中间层，进行数据审查、过滤和校验，去除噪声数据、删除重复信息、纠正错误，并维护数据的一致性，是一个发现数据质量问题并纠正数据的过程。

数据清洗主要有以下几种方法。

1. 缺失值处理

对存在缺失值的变量进行填充，具体按照数据类型的不同，可选择多种方式进行变量的缺失值替换，常用的方法有最小值、最大值、平均值、众数、中位数、补零等。例如，用平均值方法替换，先计算出一个平均值，用平均值来填补该项所有遗漏的数据。例如，如果某设备的平均转速为 90r/s，则用 90 填补没有转速的数据项。还可以采用线性插值法、拉格朗日插值法和牛顿插值法等。

2. 数据过滤

数据过滤是指保留满足条件的数据，过滤不符合条件的数据。例如，对于数据值重复的，只保留唯一的一条数据；对于超出范围的，除去超出范围的数据等。一般在数据处理工具里可以任意设定数据过滤的条件，由工具自动完成过滤。

3. 数据平滑

数据平滑处理可以去除数据中的噪声，尤其是数据中存在的异常值或比较突兀的尖峰。一般可以使用多项式样条插值法、基于统计学的方法、基于相似度的方法、基于密度的方法、基于聚类技术的方法以及基于模型的方法等。

4. 异常检测

异常检测是指对存在异常和噪声的数据进行检测和识别，再进一步对识别出的异常值进行处理，例如，直接删除、用均值替换等。

5. 数据属性变换

数据属性变换是指将数据转换为日期、字符串等，或按照二次方、二次方根、对数、四舍五入、单位转换等方式处理。例如，某企业的设备监测数据来自各个监测系统，其中的扭矩字段，有的系统用 N · m（牛米）表示，有的系统用 kgf · m（千克力米）表示。如果不做预处理，数据集成到一起后，会产生不一致的计算结果，这就要求统一计量单位。例如，将所有 kgf · m 的数据转按照 1kgf · m=9.8N · m 进行转换。

6. 数据标准化

标准化可以将不同量级的数据归一化，即将数据按照一定的方法由原始数据映射到新数据，以解决数据之间的可比性。原始数据经过标准化处理后，处于同一数量级。通常采用最大值归一化、最大最小归一化及Z标准化等方法。

1）最大值归一化，是将该列中每个数值除以数值绝对值的最大值。

2）最大最小归一化，是将原数据的范围变换到0~1，或将原数据的范围变换到指定最小值和指定最大值之间。

3）Z标准化，是将数据转化为服从接近正态分布的数据，其均值为0，方差为1，将数值减去均值后除以标准差。

四、数据转换

数据转换主要包括数据格式、数据粒度、数据维度的转换，以及一些业务规则的计算，以利于数据的建模与分析。

1. 数据粒度的转换

业务系统一般存储非常明细的数据，而数据仓库中的数据是用来分析的，不需要非常明细的数据。一般情况下，会将业务系统的数据按照数据仓库的粒度进行聚合。例如，某设备监测数据每秒采集一次（次/s），而业务需要分析每小时的设备情况，因此，可以汇总数据为1小时1条监测记录（次/h），再存入数据仓库。

2. 业务规则的计算

不同的企业有不同的业务规则、不同的数据指标，这些指标有的时候不是简单的加加减减就能完成的，这个时候需要在ETL中将这些数据指标计算好了之后再存储在数据仓库中，供分析使用。例如，对于各种能耗指标，可以先计算好再存入数据仓库。

3. 降维转换

工业数据具有数据量极大、价值密度低的特点，容易导致数据分析过程变得复杂、计算耗时过长。数据归约技术可以在保持原有数据完整性的前提下得到数据的归约表示，将原始数据压缩到一个合适的量级的同时又不损失数据的关键信息。数据归约的主要策略有数据降维、数量归约和数据压缩。

五、数据加载

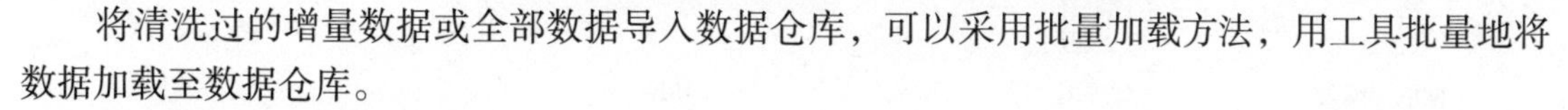

将清洗过的增量数据或全部数据导入数据仓库，可以采用批量加载方法，用工具批量地将数据加载至数据仓库。

数据加载的一般步骤如下：

1）选定数据来源，即源数据的位置。

2）选定数据去向，即目标数据的位置。

3）配置源数据和目标数据的映射关系，明确源数据和目标数据的数据列对应关系。

4）配置源数据和目标数据的同步方式，如增量同步或全量同步，同步时间等。

六、ETL 工具 Kettle

数据的抽取、清洗与转换和加载一般通过三种途径实现：第一种是借助 ETL 工具实现，第二种是通过 SQL（结构化查询语言）的方式实现，第三种是 ETL 工具和 SQL 相结合。借助工具可以快速地建立起 ETL 工程，避免复杂的编码工作，提高速度，降低难度。

Kettle 是一款经典的开源 ETL 工具。Kettle 的中文名称叫作水壶，象征把各种数据放到一个壶里，然后以一种指定的格式流出。Kettle 隐藏了很多技术细节，有图形化界面，可以快速构建复杂的 ETL 作业，减低维护工作量，更适合非程序员使用。Kettle 可在 Windows、Linux 系统环境下运行。Kettle 升级后更名为 Pentaho Data Intergration。

Kettle 可以做灵活的数据抽取、清洗、转换和过滤等工作，数据的抽取高效、稳定。Kettle 有丰富的数据处理方法，适用于复杂业务逻辑的应用场景，方便实现全量、增量数据同步。此外，Kettle 还提供了对大数据平台的支持，可以把清洗过的数据加载到大数据平台 Hadoop 的 HDFS 文件系统。

（一）Kettle 的基本概念

1）步骤（Step）：对数据进行的每一个操作，称为一个步骤。每一个步骤完成一个特定功能，如读取数据、过滤数据以及值替换等。图 3-2 中的每个图标都代表一个步骤。

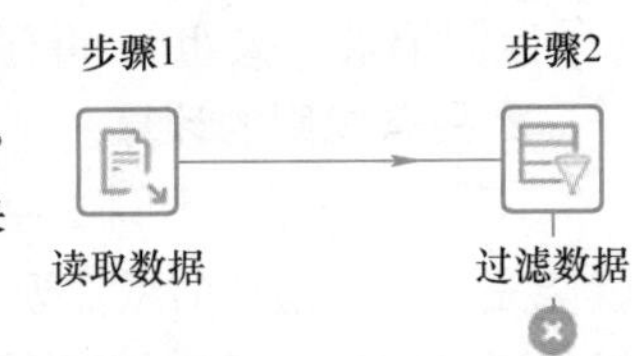

图3-2　Kettle的步骤

2）转换（Tranformation）：主要用于数据的 ETL，定义数据从输入到输出的一个处理过程。一个转换由多个步骤（Step）组成，一系列的数据处理步骤组合形成一个转换。步骤和转换的关系如图 3-3 所示。

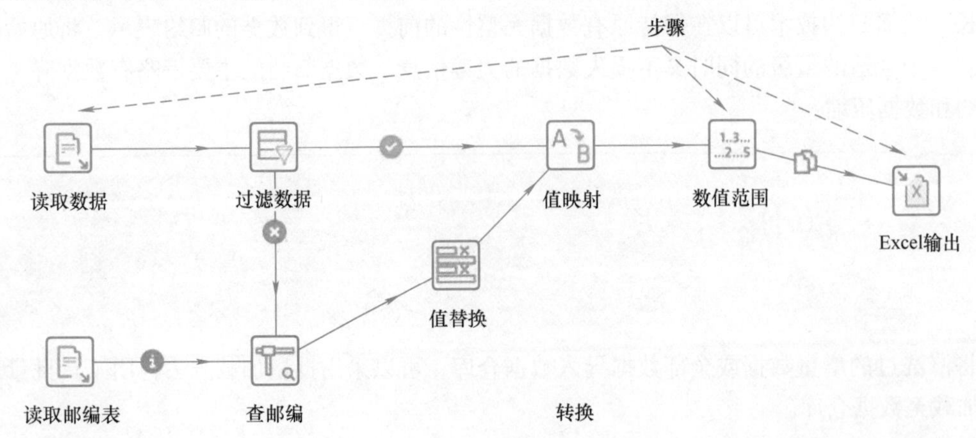

图3-3　Kettle的步骤与转换的关系

3）作业（Job）：Kettle 的作业用途比较广，包括转换、发送邮件和 SQL 查询等。一个作业里包括多个作业项（Job Entry），一个作业项代表了一项工作，而转换是一种作业项，即作业里面可以包括多个转换。通常把一个任务分解为多个作业项执行。每个作业项可以并行执行。

4）跳（Hop）：跳就是步骤之间带箭头的连线，跳定义了步骤之间的数据通路。如图 3-4 所示，读取数据后，数据传到下一个步骤“过滤数据”。一个步骤可以有多个输出跳。一个步骤的数据发送可以被设置为分发和复制，分发是目标步骤轮流接收的记录，复制是所有记录被同时发送到所有的目标步骤。

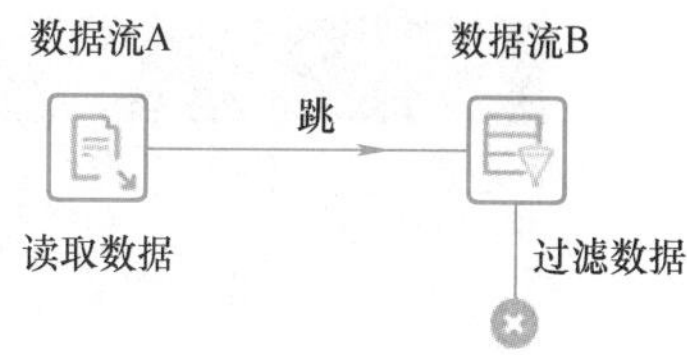

图3-4　Kettle的跳和数据流关系

5）数据流（Steam）：在 Kettle 里，数据的单位是行。数据流就是数据行从一个步骤到另一个步骤的处理过程产生的缓存数据，这些数据还没有写入文件或数据库。可以在每一个步骤里查看到该步骤缓存的数据流。

（二）Kettle 的组成

Kettle 由以下四个工具组成，各自有不同的用途。

1）Chef（厨师）：任务（Job）的设计工具，图形界面方式。

2）Kitchen（厨房）：任务（Job）的执行器，命令行方式。

3）Spoon（勺子）：转换（Transformation）的设计工具，图形界面方式。

4）Pan（平底锅）：转换（Transformation）的执行器，命令行方式。

（三）Kettle 的核心对象

Kettle 已经预置了大量的常用数据处理组件——核心对象，用户只需要将其拖到工作区，做一些简单的配置，就形成了步骤，可以立即使用。常用的核心对象见表 3-2。

表 3-2　Kettle 核心对象

核心对象	功　能
数据库连接	建立与数据库的连接
表输入	从数据库表中读取数据
表输出	将处理结果输出到数据库表
CSV 文件输入	从 CSV 文件读取数据
Excel 输出	将处理结果输出到电子表格
过滤记录	根据条件将数据流划分为若干部分
流查找	在数据流里查找符合条件的数据
值映射	把某个数值映射为另一个数值
值替换	把一列数据值替换为另一列数据值
排序记录	按条件排序数据
插入 / 更新	根据处理结果对数据库表进行插入更新。如果数据库中不存在相关记录则插入，否则为更新。根据查询条件中的字段进行判断
数据库查询	根据设定的查询条件，对目标表进行查询，返回需要的结果字段

（四）Kettle Spoon 的用户界面

Kettle Spoon 主界面如图 3-5 和图 3-6 所示。左侧为两棵树，分别为主对象树（View）和核心对象树（Design）。Kettle 所有的对象都分门别类归到树下节点，便于查找。单击树节点可展开查看下一层的对象。

在主对象树下可以看到自己创建的对象。核心对象树下是系统预置的组件，可以拖放到右侧区域，组合成为转换。

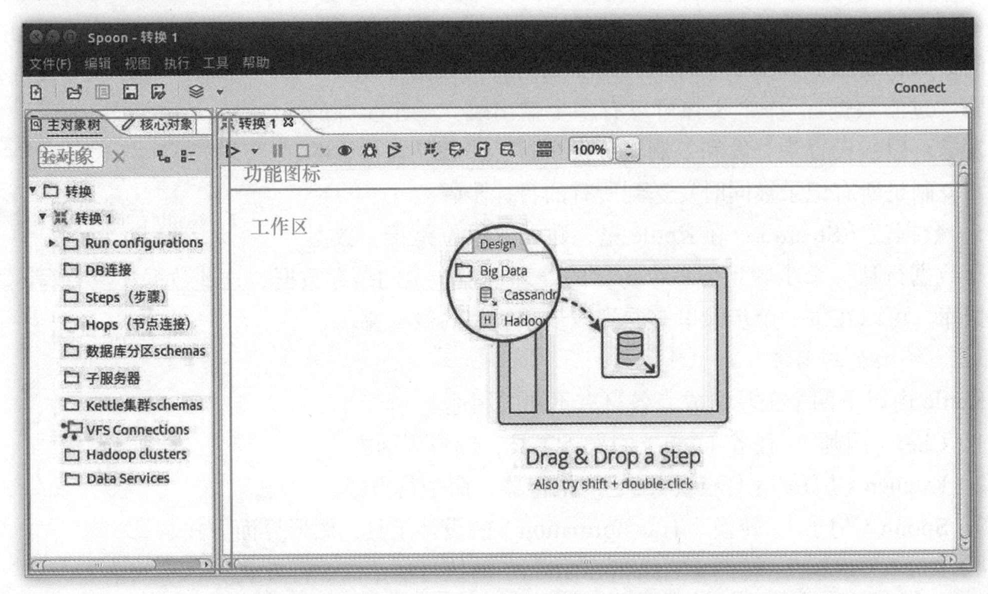

图3-5 Kettle Spoon 的主对象视图

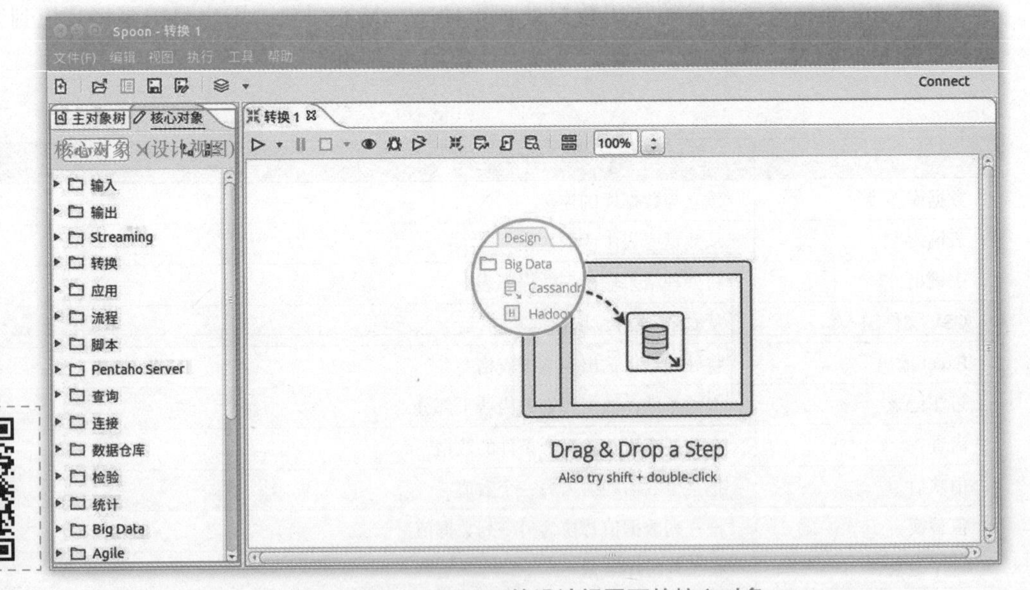

图3-6 Kettle Spoon 的设计视图下的核心对象

（五）Kettle Spoon 的基本操作方法

Kettle Spoon 提供了图形界面，操作简单。常用操作方法如下：

1）新建转换：保存转换文件。转换文件的扩展名为 .ktr。

2）创建步骤：在核心对象树中找到要使用的数据处理对象，单击选中该对象后将其拖放到右侧的工作区，即完成了一个步骤的创建。

3）创建跳：把一个步骤与其他步骤连接起来。单击一个步骤图标（源），在出现的操作提示上选择箭头线，再单击另一个步骤图标（目标），即可创建连线，即创建跳。

4）设置参数：双击工作区中一个步骤图标，弹出其参数配置对话框，在其中设置参数。不同的核心对象，要配置的参数不同。

5）执行：单击执行功能图标，可查看执行日志，检查是否正常执行。

6）预览：执行完成后，可以查看运行过程任一环节中的数据。单击流程中的任一步骤图标，再单击数据窗的“Preview Data”选项卡，可以查看到每一步骤的输入数据流以及最终结果，如图 3-7 所示。

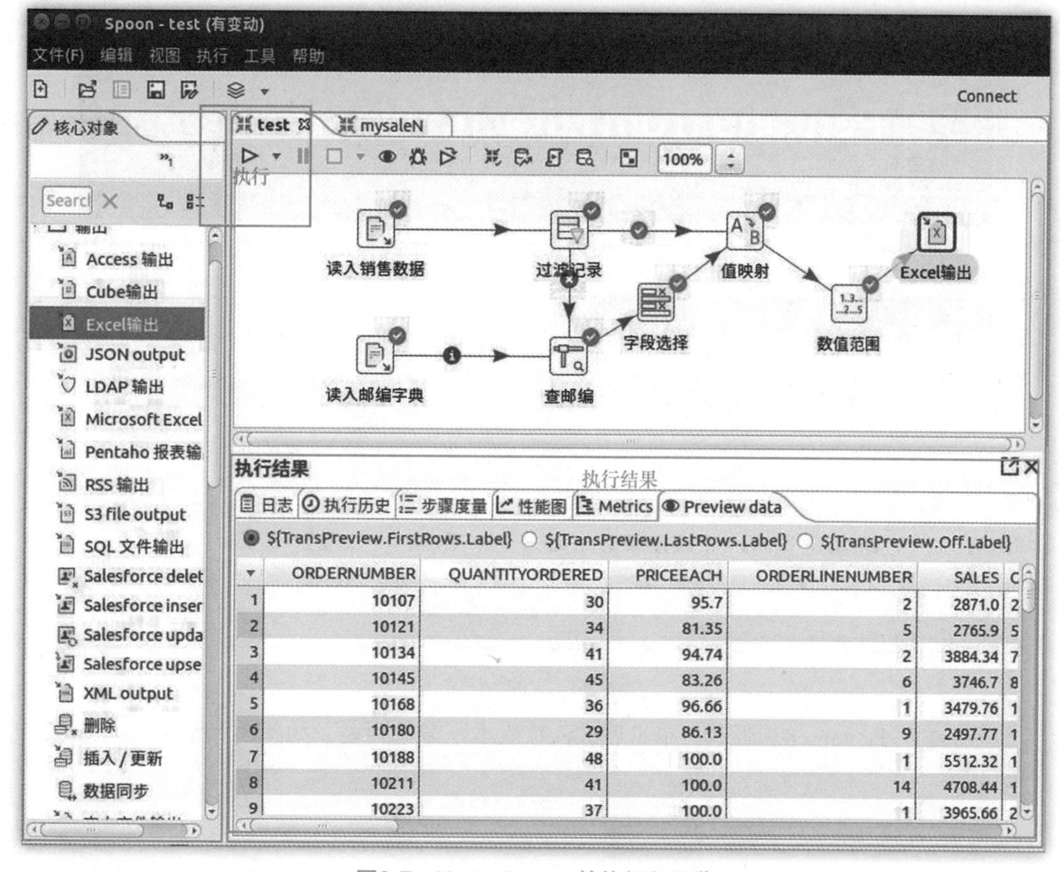

图3-7 Kettle Spoon 的执行和预览

【任务实施】

操作系统：Ubuntu 16.04 LTS 或 Windows 7 以上版本。

数据文件准备：

1）销售订单数据：具体订单内容见表 3-1。该文件可以从 Kettle 的安装目录下的 samples/transformation/file 中找到，文件名称为 sales_data.csv。

2）邮政编码字典表：该文件可以从 Kettle 的安装目录下的 samples/transformation/file 中找到，文件名称为 Zipssortedbycitystate.csv。

一、下载、安装并启动 Kettle

在浏览器地址栏中输入下载地址 https://sourceforge.net/projects/pentaho/files/。进入下载页面，如图 3-8 所示。

SOURCEFORGE
Open Source Software
Business Software
Resources
Home / Browse / Business & Enterprise / Enterprise / OLAP / Pentaho from Hitachi Vantara / Files
HITACHI
Inspire the Next
Pentaho from Hitachi Vantara
End to end data integration and analytics platform
Brought to you by: beccany, ecropper, larrygrill, lcheng-pentaho, and 3 others
Summary
Files
Reviews
Support
Wiki
News
Download Latest Version
pdi-ce-9.1.0.0-324.zip (1.8 GB)
Get Updates
Home
Name
Modified
Size
Downloads / Week
Pentaho 9.1
2020-09-25
7,459
White Papers
2020-04-20
107
Pentaho 9.0
2020-02-01
396
Pentaho 8.3
2019-07-10
477
Pentaho 8.2
2018-12-02
391
https://sourceforge.net/projects/pentaho/rss?path=/

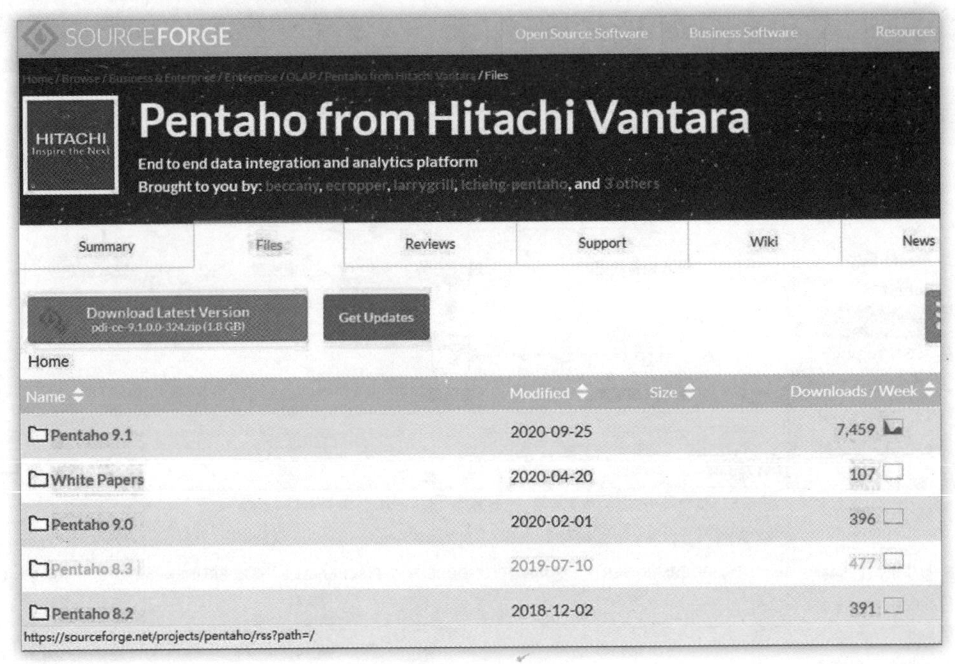

图3-8　下载Kettle

本任务选用 Pentaho 8.3 版本。单击后进入该版本下载包列表，如图 3-9 所示。

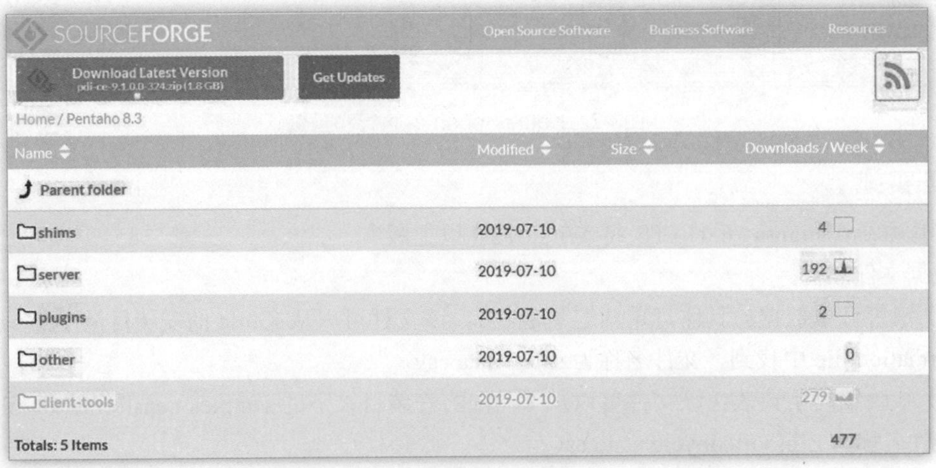

SOURCEFORGE
Open Source Software
Business Software
Resources
Download Latest Version
pdi-ce-9.1.0.0-324.zip (1.8 GB)
Get Updates
Home / Pentaho 8.3
Name
Modified
Size
Downloads / Week
Parent folder
shims
2019-07-10
4
server
2019-07-10
192
plugins
2019-07-10
2
other
2019-07-10
0
client-tools
2019-07-10
279
Totals: 5 Items
477

图3-9　选择 Kettle客户端工具

单击“client-tools”选项进入如图 3-10 所示的界面，选择安装包文件。

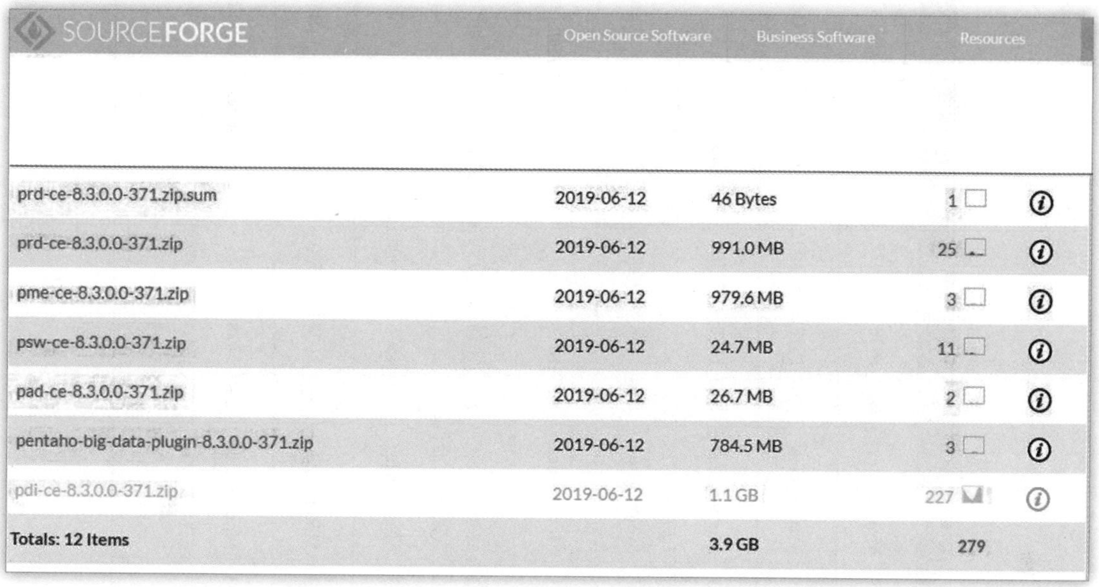

SOURCEFORGE Open Source Software Business Software Resources

prd-ce-8.3.0.0-371.zip.sum	2019-06-12	46 Bytes	1	
prd-ce-8.3.0.0-371.zip	2019-06-12	991.0 MB	25	
pme-ce-8.3.0.0-371.zip	2019-06-12	979.6 MB	3	
psw-ce-8.3.0.0-371.zip	2019-06-12	24.7 MB	11	
pad-ce-8.3.0.0-371.zip	2019-06-12	26.7 MB	2	
pentaho-big-data-plugin-8.3.0.0-371.zip	2019-06-12	784.5 MB	3	
pdi-ce-8.3.0.0-371.zip	2019-06-12	1.1 GB	227	
Totals: 12 Items		3.9 GB	279	

图3-10 选择安装包文件

单击“pdi-ce-8.3.0.0-371.zip”项，选择本地计算机目录，进入下载。下载完成后安装包文件为 pdi-ce-8.3.0.0-371.zip。

使用 UnZip 解压 pdi-ce-8.3.0.0-371.zip，即完成安装。

启动 Spoon 的方法：在 Windows 环境下，启动运行 spoon.bat；在 Linux 环境下，启动运行 spoon.sh。

二、分析数据问题

对原始的销售数据进行详细分析，发现这些数据存在一些问题，见表 3-3。主要有以下两类问题：

1）数值缺失。有些订单数据缺少邮政编码。

2）数据不规范。有些国家名称用了不同的写法。例如，美国就有两种写法：USA 和 United States。

表 3-3　销售订单数据问题

订单号	订购数量	单价	订单明细号	金额	订购日期	状态	季度	月份	年	产品名称	产品型号	邮编	国家	城市
10107	30	95.7	2	2871	2/24/2003	Shipped	1	2	2003	Motorcycles	S10_1678	10022	United States	NYC
10121	34	81.35	5	2765.9	5/7/2003	Shipped	2	5	2003	Motorcycles	S10_1678	51100	France	Reims
10134	41	94.74	2	3884.34	7/1/2003	Shipped	3	7	2003	Motorcycles	S10_1678	75508	France	Paris
10145	45	83.26	6	3746.7	8/25/2003	Shipped	3	8	2003	Motorcycles	S10_1678	90003	USA	Pasadena
10159	49	100	14	5205.27	10/10/2003	Shipped	4	10	2003	Motorcycles	S10_1678		United States	San Francisco
10168	36	96.66	1	3479.76	10/28/2003	Shipped	4	10	2003	Motorcycles	S10_1678	94217	USA	Burlingame
10180	29	86.13	9	2497.77	11/11/2003	Shipped	4	11	2003	Motorcycles	S10_1678	59000	France	Lille
10188	48	100	1	5512.32	11/18/2003	Shipped	4	11	2003	Motorcycles	S10_1678	N 5804	Norway	Bergen
10201	22	98.57	2	2168.54	12/1/2003	Shipped	4	12	2003	Motorcycles	S10_1678		United States	San Francisco
⋮														

三、处理流程设计

针对以上分析出来的问题，设计的数据处理流程为：首先读取销售订单数据文件，然后找出缺邮政编码的数据记录，做补全数据处理。可以采用批量补全的方法，也就是通过一个字典表，即邮政编码，见表 3-4，查出邮政编码，再规范国家名等，最后把处理过的数据输出到一个文件。

表 3-4 邮政编码表

城市	州	邮政编码
ABBEVILLE	AL	36310
ABBEVILLE	LA	70510
ABBEVILLE	MS	38601
ABBOT	ME	4406
ABBOTT	TX	76621
ABBYVILLE	KS	67510
ABERCROMBIE	ND	58001
ABERDEEN	KY	42201
ABERDEEN	MS	39730
⋮		

整个数据处理流程为：读入数据、过滤数据、补缺失值、规范化以及输出到 Excel 文件。整个处理流程中使用的步骤如图 3-11 所示。

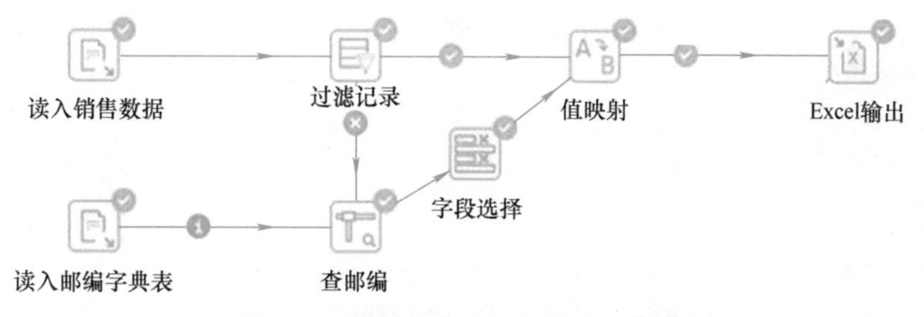

图3-11 数据处理流程中使用的步骤

使用的对象如下：

1）数据输入：使用“CVS 文件输入”对象，读入销售数据和字典表。如果是其他格式的数据文件，则选择其他相应的输入对象。

2）过滤记录：把输入销售数据划分为两个数据流：一个是邮政编码非空的，另一个是邮政编码是空的。

3）流查找：从邮政编码表中匹配出该城市的邮政编码，补全数据。邮政编码表见表 3-4，一个城市对应一个邮政编码。

4）字段选择：把数据流的一个数据列替换为另一个数据列。这里用匹配得到的邮政编码列替换原来数据流中的邮政编码为空的列。

5）值映射：把数据流中的一个值替换为另一个值。这里把“United States”统一映射为“USA”。

6）Excel 输出：把处理好的数据输出到 Excel 文件。

四、读入数据

分别读入销售订单数据和邮政编码字典表。

1. 读入销售订单数据

具体操作方法是：在核心对象树的“输入”节点下找到“CVS 文件输入”对象，将其拖放到工作区，创建一个“读入销售数据”步骤，如图 3-12 所示。

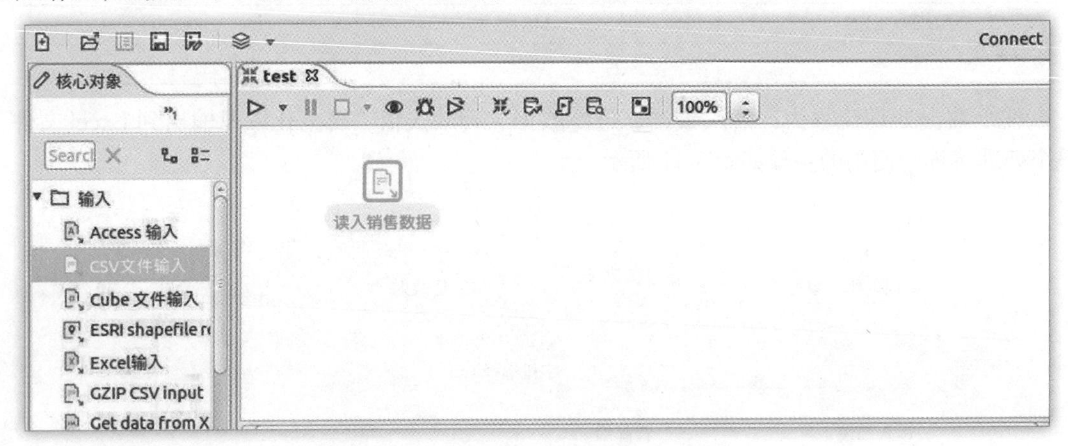

图3-12　添加“读入销售数据”步骤

双击该图标，在弹出的窗口中单击“浏览”按钮，找到销售订单数据文件 sales_data.csv，该文件名即出现在“文件名”文本框里。再单击“获取字段”按钮，系统自动把读入数据的第一行作为数据流的列名，结果如图 3-13 所示。

单击“预览”按钮，可以查看读入的销售订单数据，如图 3-14 所示。

2. 读入邮政编码字典表

在核心对象树的输入节点下找到“CVS 文件输入”对象，将“CVS 文件输入”图标拖放到工作区，创建一个“读入邮编字典”步骤，如图 3-15 所示。

CSV 文件输入

步骤名称 读入销售数据

文件名 sales_data.csv 浏览(B)...

列分隔符 , 插入制表符(TAB)

封闭符 "

NIO 缓存大小 50000

简易转换? ☑

包含列头行 ☑

将文件添加到结果文件中 ☐

行号字段(可选)

并发运行? ☐

字段中有回车换行? ☐

格式 mixed

文件编码 UTF-8

	名称	类型	格式	长度	精度	货币符号	小数点符号	分组符号	去除
1	ORDERNUMBER	Integer	#	15	0	¥	.	,	不去
2	QUANTITYORDERED	Integer	#	15	0	¥	.	,	不去
3	PRICEEACH	Number	#.#	5	2	¥	.	,	不去
4	ORDERLINENUMBER	Integer	#	15	0	¥	.	,	不去
5	SALES	Number	#.#	7	2	¥	.	,	不去
6	ORDERDATE	String		15		¥	.	,	不去
7	STATUS	String		10		¥	.	,	不去

Help 确定(O) 获取字段 预览(P) 取消(C)

图3-13 选择销售订单数据文件

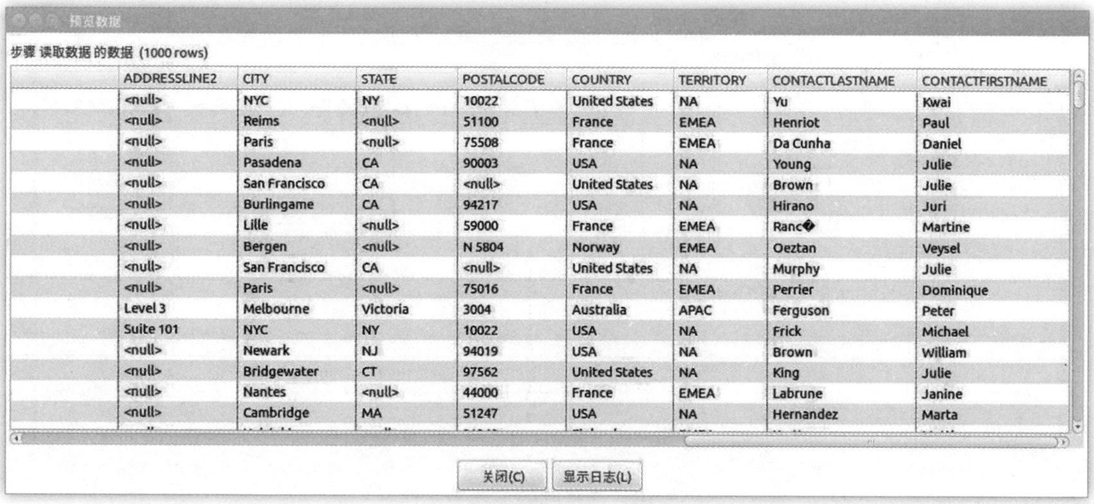

预览数据

步骤 读取数据 的数据 (1000 rows)

ADDRESSLINE2	CITY	STATE	POSTALCODE	COUNTRY	TERRITORY	CONTACTLASTNAME	CONTACTFIRSTNAME
<null>	NYC	NY	10022	United States	NA	Yu	Kwai
<null>	Reims	<null>	51100	France	EMEA	Henriot	Paul
<null>	Paris	<null>	75508	France	EMEA	Da Cunha	Daniel
<null>	Pasadena	CA	90003	USA	NA	Young	Julie
<null>	San Francisco	CA	<null>	United States	NA	Brown	Julie
<null>	Burlingame	CA	94217	USA	NA	Hirano	Juri
<null>	Lille	<null>	59000	France	EMEA	Ranc�	Martine
<null>	Bergen	<null>	N 5804	Norway	EMEA	Oeztan	Veysel
<null>	San Francisco	CA	<null>	United States	NA	Murphy	Julie
<null>	Paris	<null>	75016	France	EMEA	Perrier	Dominique
Level 3	Melbourne	Victoria	3004	Australia	APAC	Ferguson	Peter
Suite 101	NYC	NY	10022	USA	NA	Frick	Michael
<null>	Newark	NJ	94019	USA	NA	Brown	William
<null>	Bridgewater	CT	97562	United States	NA	King	Julie
<null>	Nantes	<null>	44000	France	EMEA	Labrune	Janine
<null>	Cambridge	MA	51247	USA	NA	Hernandez	Marta

关闭(C) 显示日志(L)

图3-14 预览读入的数据

图3-15　添加“读入邮编字典”步骤

双击该图标，在弹出的窗口中单击“浏览”按钮，找到邮编字典文件 Zipssortedbycitystate.csv，该文件名称即出现在“文件名”文本框里。再单击“获取字段”按钮，系统将自动把读入数据的第一行作为数据流的列名，结果如图 3-16 所示。

CSV 文件输入

步骤名称　读入邮编字典
文件名　Zipssortedbycitystate.csv　浏览(B)...
列分隔符　,　插入制表符(TAB)
封闭符　"
NIO 缓存大小　50000
简易转换?　☑
包含列头行　☑
将文件添加到结果文件中　☐
行号字段(可选)
并发运行?　☐
字段中有回车换行?　☐
格式　mixed
文件编码

	名称	类型	格式	长度	精度	货币符号	小数点符号	分组符号	去除空格类型
1	CITY	String		23		¥	.	,	不去掉空格
2	STATE	String		2		¥	.	,	不去掉空格
3	POSTALCODE	Integer	#	15	0	¥	.	,	不去掉空格

Help　确定(O)　获取字段　预览(P)　取消(C)

图3-16　选择邮编字典表文件

单击“预览”按钮，可查看到字典表数据，如图 3-17 所示。

预览数据

步骤 读取邮编表 的数据 (1000 rows)

	CITY（城市）	STATE（州）	POSTALCODE（邮编）
1	ABBEVILLE	AL	36310
2	ABBEVILLE	LA	70510
3	ABBEVILLE	MS	38601
4	ABBOT	ME	4406
5	ABBOTT	TX	76621
6	ABBYVILLE	KS	67510
7	ABERCROMBIE	ND	58001
8	ABERDEEN	KY	42201
9	ABERDEEN	MS	39730
10	ABERDEEN	OH	45101
11	ABERDEEN	SD	57402
12	ABERDEEN PROVING GROUND	MD	21005
13	ABERNATHY	TX	79311
14	ABILENE	KS	67410
15	ABILENE	TX	79602
16	ABILENE	TX	79604
17	ABILENE	TX	79606

关闭(C) 显示日志(L)

图3-17 查看读入的邮政编码字典数据

五、过滤数据

这一步的目的是把读进来的销售订单数据分为两个数据流：一个有邮政编码，另一个没有邮政编码。对于有邮政编码的数据流，直接跳到下一步骤“值映射”；对于没有邮政编码的数据流，跳到“查邮编”步骤去补数据。

过滤数据的具体操作方法是：分别从核心对象树中找到过滤记录、流查找和值映射三个对象，并将其拖放到工作区；然后，修改“流查找”为“查邮编”；再把“过滤记录”连到“值映射”和“查邮编”，连接关系如图3-18所示。

双击“过滤记录”图标，设置过滤条件，参数配置如图3-19所示。

条件设置为“POSTALCODE IS NOT NULL”，即邮政编码非空。

当邮政编码非空时，跳到“值映射”步骤。

当邮政编码为空时，跳到“查邮编”步骤。

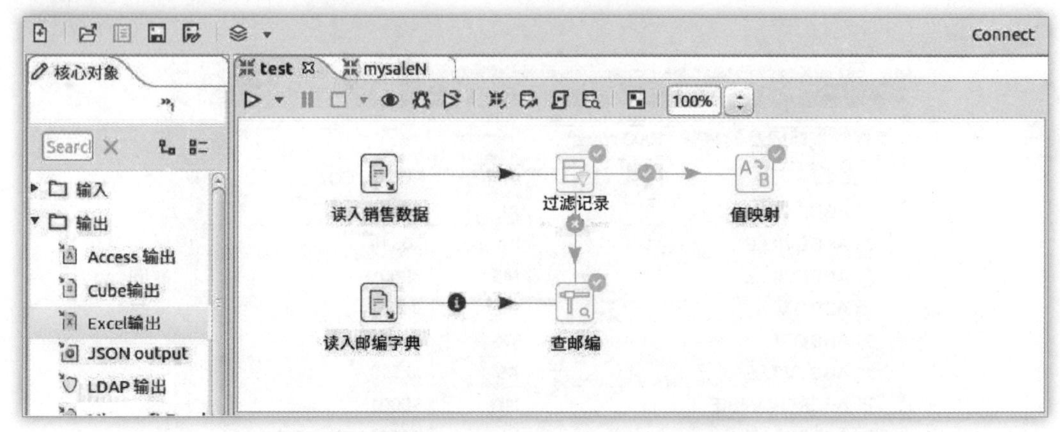

图3-18　添加“过滤记录”“查邮编”和“值映射”步骤

过滤记录

步骤名称　过滤记录

发送true数据给步骤:　值映射

发送false数据给步骤:　查邮编

条件:

POSTALCODE　IS NOT NULL

Help　确定(O)　取消(C)

图3-19　设置过滤条件

六、补缺失值

这一步是利用邮政编码字典表补缺失的邮政编码。

具体操作方法是：双击工作区中的“查邮编”图标，弹出参数配置窗口。在该窗口中设置查询所需要的关键字。其中，“字段”指向源数据的字段，“查询字段”指向目标数据的字段。这里，源数据是指销售订单数据，查询字段是指字典表。由于根据这两个表的CITY（城市）、STATE（州）来查询匹配，因此，“字段”和“查询字段”分别填写 CITY 和 STATE。

数据流里将新增一列匹配到的邮政编码数据，这里，命名为 ZIP_RESOLVED，参数配置如图 3-20 所示。

流里的值查询

步骤名称 查邮编

Lookup step 读取邮编表

查询值所需的关键字:

	字段	查询字段
1	CITY	CITY
2	STATE	STATE

指定用来接收的字段:

	Field	新的名称	默认	类型
1	POSTALCODE	ZIP_RESOLVED		String

保留内存 (消耗CPU)

Key and value are exactly one ir

Use sorted list (i.s.o. hashtable

Help 确定(O) 取消(C) 获取字段 获取查找字段

图3-20 设置查找条件

七、替换数据列

这一步将用新产生的 ZIP_RESOLVED 列替换原来没有邮编的 POSTALCODE 列。这里，用“字段选择”对象来处理。

具体操作方法是：在核心对象树的“转换”节点下，找到“字段选择”对象，并将其拖放到工作区；然后，把“查邮编”连接到“字段选择”，再把“字段选择”连接到“值映射”。连接关系如图 3-21 所示。

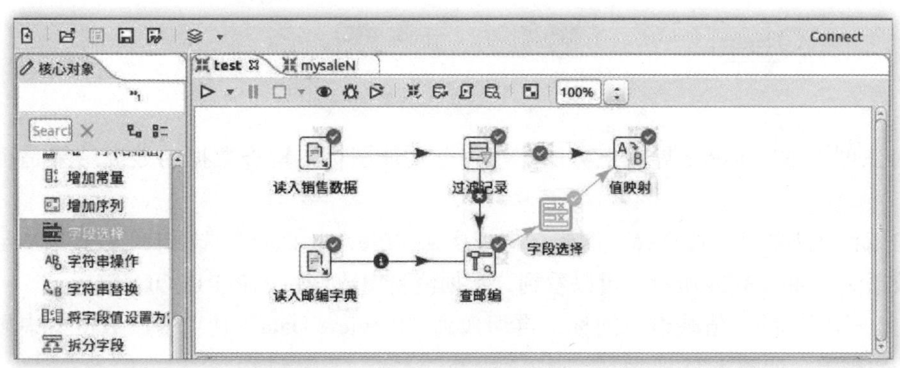

图 3-21 添加“字段选择”步骤

双击“字段选择”图标，切换到“元数据”选项卡，参数设置如图 3-22 所示。

图3-22　设置“字段选择”的参数

八、值映射

规范化用“值映射”对象来处理，将不一致的名称替换为统一的名称，即将“United States”统一替换为“USA”。

具体操作方法是：双击“值映射”图标，在弹出的窗口中配置参数，如图 3-23 所示。

图3-23　设置值映射参数

此时，可以单击 Kettle 界面上方的“执行”功能图标，检查数据的处理结果是否与预期相符。

单击工作区中的“字段选择”图标，再切换到“Preview Data”选项卡，数据窗中显示查邮编后的数据流，如图 3-24 所示。可以看到，数据流新增数据列 ZIP_RESOLVED。

单击工作区中的“值映射”图标，再切换到“Preview Data”选项卡，数据窗中显示字段选择后的数据流，如图 3-25 所示。

执行结果

日志 | 执行历史 | 步骤度量 | 性能图 | Metrics | Preview data

● ${TransPreview.FirstRows.Label} ○ ${TransPreview.LastRows.Label} ○ ${TransPreview.Off.Label}

CITY	STATE	POSTALCODE	COUNTRY	TERRITORY	CONTACTLASTNAME	CONTACTFIRSTNAME	ZIP_RESOLVED
San Francisco	CA	<null>	United States	NA	Brown	Julie	94177
San Francisco	CA	<null>	United States	NA	Murphy	Julie	94177
San Francisco	CA	<null>	United States	NA	Murphy	Julie	94177
San Francisco	CA	<null>	USA	NA	Brown	Julie	94177
San Francisco	CA	<null>	USA	NA	Brown	Julie	94177
San Francisco	CA	<null>	USA	NA	Murphy	Julie	94177
San Francisco	CA	<null>	USA	NA	Brown	Julie	94177
San Francisco	CA	<null>	USA	NA	Murphy	Julie	94177
Los Angeles	CA	<null>	USA	NA	Chandler	Michael	90174
San Francisco	CA	<null>	USA	NA	Brown	Julie	94177
San Francisco	CA	<null>	USA	NA	Brown	Julie	94177
San Francisco	CA	<null>	USA	NA	Brown	Julie	94177
San Francisco	CA	<null>	USA	NA	Murphy	Julie	94177

图3-24　执行查邮编后的数据流

执行结果

日志 | 执行历史 | 步骤度量 | 性能图 | Metrics | Preview data

● ${TransPreview.FirstRows.Label} ○ ${TransPreview.LastRows.Label} ○ ${Tran

CITY	STATE	POSTALCODE	COUNTRY	TERRITORY
San Francisco	CA	94177	United States	NA
San Francisco	CA	94177	United States	NA
San Francisco	CA	94177	United States	NA
San Francisco	CA	94177	USA	NA
San Francisco	CA	94177	USA	NA
San Francisco	CA	94177	USA	NA
San Francisco	CA	94177	USA	NA
San Francisco	CA	94177	USA	NA
Los Angeles	CA	90174	USA	NA

图3-25　执行字段选择后的数据流

九、输出到文件

此步是把处理的结果，即数据流，输出到磁盘文件。

具体操作方法是：在核心对象树的“输出”节点下，找到“Excel 输出”对象，并将其拖到工作区中，创建一个“Excel 输出”步骤，如图 3-26 所示。

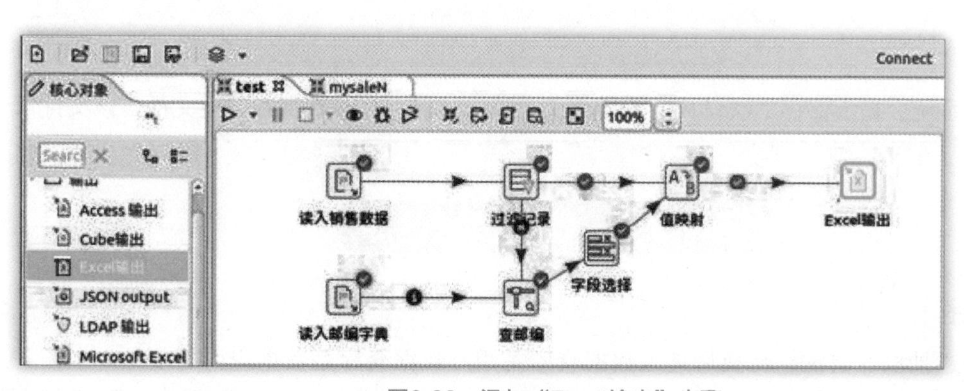

图3-26　添加“Excel输出”步骤

设置数据输出参数包括文件存放路径和文件名称。双击“Excel 输出”图标，在弹出的参数设置窗口中单击“浏览”按钮，选择文件路径，如图 3-27 所示。

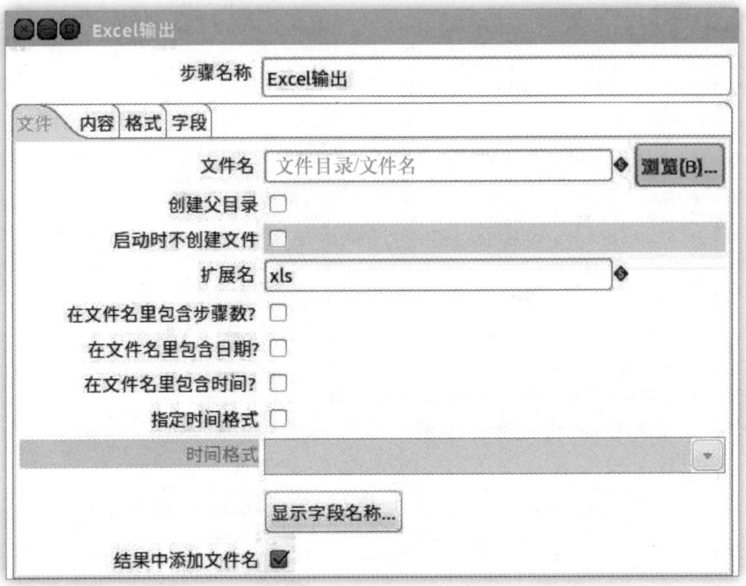

Excel输出
步骤名称 Excel输出
文件 内容 格式 字段
文件名 文件目录/文件名 浏览(B)...
创建父目录
启动时不创建文件
扩展名 xls
在文件名里包含步骤数?
在文件名里包含日期?
在文件名里包含时间?
指定时间格式
时间格式
显示字段名称...
结果中添加文件名

图3-27　设置输出参数

十、执行转换

单击执行功能图标▶，执行数据清洗、转换。

切换到“Preview Data”选项卡预览数据，查看执行结果，注意观察是否正常执行。

打开输出的 Excel 文件，查看订单数据是否达到清洗、转换的要求。

十一、保存转换文件

运行前系统会提示保存本次设计的转换文件。单击“保存”按钮保存转换文件，该文件可供以后使用。

任务 3-2　建立数据仓库

【任务描述】

数据经过抽取、清洗、转换后进入数据仓库备用。数据仓库是数据应用的基础。本任务要求，在大数据平台 Hadoop 上安装数据仓库工具 Hive，使用 Hive 创建数据表，并把经过任务 3-1 清洗和处理的数据加载到数据仓库中。

【相关知识】

一、数据库

按照数据组织结构的不同，数据库可分为关系数据库和非关系数据库。

（一）关系数据库

关系数据库是指采用了关系模型来组织数据的数据库，它以行和列的形式存储数据。关系模型可以简单地理解为二维表格模型。一个关系数据库就是由二维表及其之间的关系组成的一个数据组织。

例如，表 3-5 所示的设备订单表就是一个关系数据库表。

表 3-5　设备订单表

	订单号	产品名称	产品型号	购买数量	单价	金额	订购日期
	10107	Motorcycles	S10_1678	30	95.7	2871	2/24/2003
	10121	Classic	S10_1949	34	81.35	2765.9	5/7/2003
记录	10134	Motorcycles	S10_2016	41	94.74	3884.34	7/1/2003
	⋮						

关系数据库的几个基本概念如下：

1）关系：一张二维表，每个关系都具有一个关系名，也就是表名。

2）字段：二维表中的一列，在数据库中被称为字段。

3）记录：二维表中的一行，在数据库中被称为记录。

4）关键字：可以唯一标识一行记录的字段，在数据库中称为主键，由一个或多个字段组成。

（二）非关系数据库

非关系数据库，也称为 NoSQL 数据库，指数据库结构不固定，每一个记录可以有不一样的字段。依据结构化方法以及应用场合的不同，非关系数据库主要有以下几种。

1. 键值数据库

键值数据库是一种以键值对（Key-value）存储数据的数据库。每个键对应一个唯一的值。“值”是数据库存储的一块数据，可以是任意类型的数据，如二进制数、文本、JSON 和 XML 等。“键”是数据块的索引，通常用哈希来实现。可以通过“键”查找“值”。

2. 文档数据库

在文档数据库中，文档是处理信息的基本单位。一个文档可以很长、很复杂、无结构。一个文档相当于关系数据库中的一条记录。其优点是对数据结构要求不严格，表结构可变，不需要像关系数据库那样要预先定义表结构。

3. 图形数据库

图形数据库使用图结构存储实体之间的关系信息，其存放的是关系，例如，社交网络中人与人的关系。这种关系采用传统关系数据库存储效果不好，查询复杂且缓慢，而图形数据库弥补了这个缺陷。图形数据库主要用于社交网络、推荐系统等，专注于构建关系图谱。其优点是可利用图结构的相关算法。

4. 列数据库

列数据库以列簇式存储，将一列数据存储在一起，主要用于分布式文件系统。其优点是查找速度快、可扩展性强，更容易进行分布式扩展。

二、数据仓库

（一）数据仓库的概念和特点

数据仓库（Data Warehouse，DW），简称数仓，是由数据仓库之父比尔·恩门（Bill Inmon）在1991年出版的《建立数据仓库》一书中提出的。其给出的定义是：数据仓库是一个面向主题的、集成的、相对稳定的、反映历史变化的数据集合，用于支持管理决策。

数据仓库面向分析决策，是数据综合、归类并进行分析利用的应用。数据仓库收集了企业相关的内部和外部各个业务系统的数据源、归档文件等一系列历史数据，最后转化成企业需要的战略决策信息。数据仓库的建设需要大量的业务数据作为积累，并将这些宝贵的历史信息经过加工、整理，最后提供给决策分析人员，这是数据仓库建设的根本目的。数据仓库在应用中所处的位置如图3-28所示。

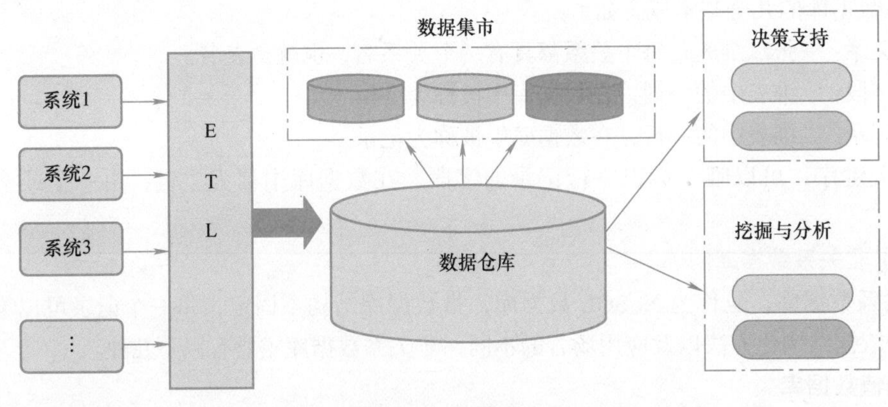

图3-28　数据仓库

数据仓库具有以下特点。

1. 面向主题

主题是在较高层次上将企业信息系统中的数据综合、归类并进行分析利用的抽象。数据仓库的数据一般根据分析目标划分为不同的主题域，每一个主题域对应一个宏观的分析领域。每个主题域所包含的数据内容不同。

例如，客户主题域可以包括客户基本信息、客户信用信息和客户资源信息等内容；商品主题域可以包括商品的采购情况、商品的销售情况和商品的存储情况等；仓库主题域可以包括仓库存储情况、仓库管理情况等。

2. 集成性

数据仓库中的数据是经过数据的抽取、清洗、转换得到的，进行了统一编码和汇总等处理，保证了数据的一致性，并消除了许多冗余数据。

3. 稳定性

数据仓库中的数据反映的是历史时期的数据内容，它的主要目的是查询与分析。数据进入到数据仓库后，一般情况下会被长期保留，当超过规定的期限才会被删除。通常，数据仓库需要做的工作就是加载、查询和分析，一般不进行修改操作。数据为企业决策分析所用。

4. 反映历史变化

数据仓库不断地从其他数据源获取变化的数据，所以数据仓库中的数据表一般都含有时间属性，以表明数据产生的时间。通过这些历史信息可以对趋势做出分析和预测。

（二）数据仓库与数据库的区别

数据库的操作一般称为联机事务处理（On-Line Transaction Processing，OLTP），是针对具体的业务在数据库中的联机操作，具有数据量较少的特点，通常对少量的数据记录进行查询与修改。

数据仓库的操作一般称为联机分析处理（On-Line Analytical Processing，OLAP），是针对某些主题（综合数据）的历史数据进行分析，支持管理决策。数据仓库是依照分析需求、分析维度的分析指标进行设计的，可容纳更加庞大的数据集。

表 3-6 列出了数据仓库与数据库在数据范围、数据变化、应用场景、设计理论和处理量几方面的不同点。

表 3-6 数据仓库与数据库的不同点

功能	数据仓库	数据库
数据范围	存储历史的、完整的、反映历史变化的数据	当前数据状态
数据变化	可添加，无删除、无变更	频繁地增加、删除
应用场景	面向分析、决策支持	面向日常的事务处理
设计理论	适当冗余，不遵循范式	遵循范式，避免冗余
处理量	非频繁，大批量，高吞吐，有延时	频繁，小批量，高并发，低延时

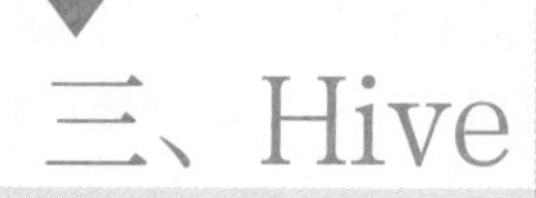

三、Hive

Hive 是一个基于 Hadoop 的大数据查询与分析工具，能对存储在文件系统 HDFS 中的数据进行操作、查询和分析，可以用于创建基于 Hadoop 的数据仓库。

（一）Hive 的基本概念

Hive 存储数据的基本单元有数据库（Database）、内部表（Table）、外部表（External Table）、分区（Partition）和分桶（Bucket）。

1. 数据库

在 HDFS 文件系统中，数据库（Database）是 Hive 目录下的一个文件夹。

2. 内部表和外部表

Hive 的数据表分为内部表（Table）和外部表（External Table）。

内部表由 Hive 自身管理。一个内部表对应 HDFS 数据库目录下的一个文件夹。

外部表由文件系统 HDFS 管理。外部表数据的存放位置可以在任意指定路径。

3. 分区

Hive 的数据能够按照分区（Partition）来管理，即按照数据的某列或某些列分为多个区存放。在创建表时指定分区的空间。分区可以极大地提高数据查询的效率。

例如，要收集某个设备的监控数据。如果设备每天的监控数据存在同一张表上，由于每天产生大量的监控数据，导致这张数据表占用的存储空间非常大，在查询时耗费的资源巨大，查询速度缓慢。如果按照监控日期对这张数据表进行分区，把每一天的监控数据存放在一个分区中，在查询时只需指定查询的分区，大大提高了查询监控数据的效率。

【例 3-1】创建分区，并将本地文件 device.txt 中的数据加载到该分区中。

1）创建一个表 deviceLog，通过关键字 partitioned by 声明该表是分区。该分区按日期字段 date 来分区，同一天的数据都放在同一个分区中。语句如下：

```
hive>create table deviceLog (id int, status int)
partitioined by (date string)
row format delemited fields terminated by'\t';
```

2）把文件 device.txt 里的数据加载进分区。要通过关键字 partition（name= “date”）声明数据要添加到哪个分区。这里，把数据添加到日期为 20200801 的分区。语句如下：

```
hive>load data local inpath '/home/hadoop/data/device.txt'
into table deviceLog
partition(date='20200801');
```

当要查询数据时，可以直接指定分区。例如：

```
hive>select id,status
from deviceLog
where name='20200801';
```

4. 分桶

对于每一个数据表或者分区，Hive 可以进一步拆分成桶（Bucket）。也就是说，分桶是相对分区进行更细粒度的划分，就是把大表化成了“小表”。分桶将整个数据内容按照某列属性值的哈希值进行区分。在 HDFS 中表现为同一个表目录下由哈希散列（Hash）之后得到的多个文件。

例如，要按照 part 属性分为 3 个桶，就是将 part 的哈希散列值对 3 取模，按照取模结果对数据分桶。如果取模结果为 0，则将数据存放到第一个桶文件；若取模为 1，则将数据存放到第二个桶文件；若取模为 2，则将数据存放到第三个桶文件。

数据分桶的方法如下：

1）分桶之前要在 Hive 执行如下设置命令：

```
hive>hive.enforce.bucketing=true;
```

2）创建分桶。使用关键字 clustered by 指定依据哪一列数据来分桶，还要指定分为多少桶。例如，创建一个数据表 partLog，按照数据记录序号 id 列分为 3 桶。语句如下：

```
hive>create table partLog(id int,status int)
```

```
clustered by (id) into 3  bucktes
row format delemited fields terminated by '\t';
```

3）向桶中插入数据。假定要插入的数据在 infofile 中，则语句如下：

```
hive>insert overwrite table partLog
select * from infofile;
```

当要查询数据时，可以指定查询的桶，用关键字 tablesample。例如：

```
hive>select * from partLog tablesample (bucket 1 out of  3 on id);
```

（二）用 Hive 建立数据仓库

1. 创建数据库

```
hive>create database [if not exists] database_name
[comment database_comment]
[location hdfs_path]
[with dbproperties (property_name=property_value,...)];
```

其中，comment 表示注释行，为可选项；location 表示数据库所在的实际文件路径，如果不指定，则放在默认目录下，为可选项；with dbproperties 表示设定该数据库的某些属性，为可选项。

2. 创建数据表

```
hive>create [external] table [if not exists] table_name
    [(col_name data_type  [comment col_comment],...)]
    [comment table_comment]
    [partitioned by (col_name data_type [comment col_comment],...)]
    [clustered by (col_name, col_name,...)]
    [stored by (col_name [ASC|DESC],...)] into num_buckets buckets]
    [row format row_format]
    [stored as file_format]
    [location hdfs_path]
```

其中，create table 表示创建一个指定名称的表；if not exists 表示如果相同名称的表已经存在，则抛出异常，可以用选项来忽略这个异常，为可选项；external 表示创建一个外部表，为可选项；partitioned by 表示数据按某些属性分区存放，为可选项；clustered by 表示数据按某些属性分桶存放，为可选项；stored by 表示分桶时的排序顺序；row format 表示数据行间隔方式，为可选项；stored as 表示数据存储格式，如 txtfile，为可选项。

【例 3-2】创建一个用户浏览网页的记录表 par_table，数据按浏览日期和用户所在地分区存放。语句如下：

```
hive>create table par_table (
viewTime          int,comment          '浏览时间'
userid            bgint,comment        '用户 ID'
page_url          string,comment       '页面 URL 地址'
referrer_url      string,comment       '来源 URL 地址'
ip  string,comment  'IP 地址'
)
    comment        '浏览记录表'
```

```
partitioned  by (date string, pos string)    '按日期和地区分区存放'
row format delimited '\t'
fields terminated by '\n'
stored as SEQUENCEFILE;
```

3. 将数据加载进表

```
hive>load data [local] inpath 'filepath'[overwrite] into table tablename
[partition (partcol1=val1, partcol2=val2...)]
```

其中，local 表示源数据文件在本地的文件系统，为可选项；filepath 表示目标数据存放的文件路径；overwrite 表示如果有同名的数据表，则覆盖原有数据，为可选项；partition 表示分区，为可选项。

【例 3-3】把本地的 products.txt 文件中的数据加载进表 proTable。

```
hive>load data local inpath '/home/hadoop/products.txt' overwrite
into table  proTable;
```

【任务实施】

一、下载并安装 Hive

1）环境要求：操作系统 Ubuntu 16.04 LTS。

2）大数据平台：Hadoop 2.10.1，伪分布模式。

1. 下载并解压 Hive

在浏览器地址栏中输入下载地址 https://downloads.apache.org/hive/。页面列出了 Hive 的各个版本，如图 3-29 所示。

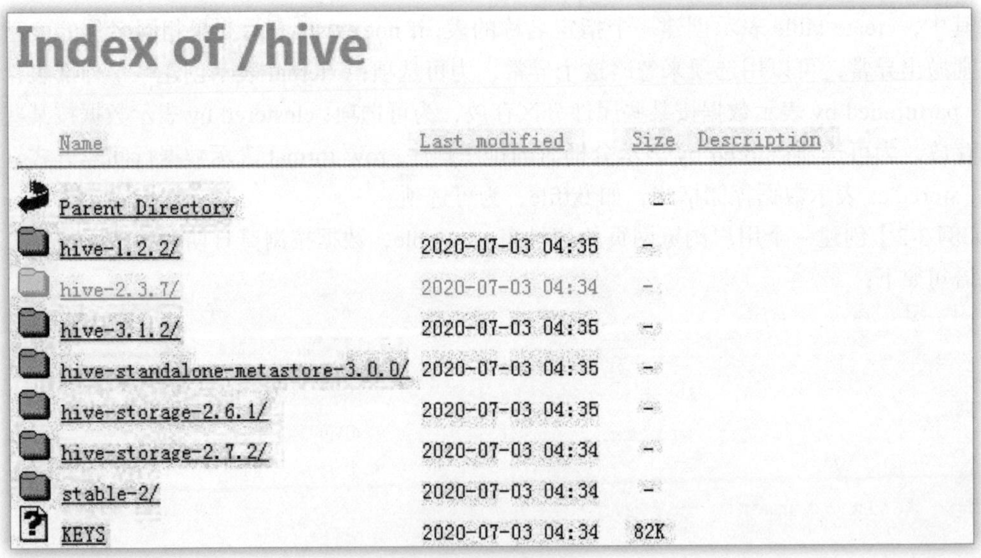

Index of /hive

Name	Last modified	Size	Description
Parent Directory		-	
hive-1.2.2/	2020-07-03 04:35	-	
hive-2.3.7/	2020-07-03 04:34	-	
hive-3.1.2/	2020-07-03 04:35	-	
hive-standalone-metastore-3.0.0/	2020-07-03 04:35	-	
hive-storage-2.6.1/	2020-07-03 04:35	-	
hive-storage-2.7.2/	2020-07-03 04:34	-	
stable-2/	2020-07-03 04:34	-	
KEYS	2020-07-03 04:34	82K	

图3-29　下载Hive

选择 hive-2.3.7 目录下的安装包“apache-hive-2.3.7-bin.tar.gz”，下载保存到 /usr/local 目录下。语句如下：

```
$ sudo tar -zxvf ./apache-hive-2.3.7-bin.tar.gz -C /usr/local
$ cd /usr/local/
$ sudo mv apache-hive-2.3.7-bin hive          # 将文件夹名改为 hive
$ sudo chown -R hadoop:hadoop hive            # 修改文件夹权限为 hadoop 用户
```

2. 配置环境变量

为了方便使用，把 Hive 命令加入到环境变量中去，编辑 ~/.bashrc 文件。语句如下：

```
$ vim ~/.bashrc
```

在最前面一行添加语句：

```
export HIVE_HOME=/usr/local/hive
export PATH=$ PATH:$ HIVE_HOME/bin
```

保存文件退出后，运行语句如下：

```
$ source ~/.bashrc  # 使配置立即生效
```

3. 修改 /usr/local/hive/conf 下的 hive-site.xml

```
$ vim /usr/local/hive/conf /hive-site.xml
```

修改后的文件内容如下：

```
<?xml version="1.0" encoding="UTF-8" standalone="no"?>
<?xml-stylesheet type="text/xsl" href="configuration.xsl"?>
<configuration>
  <property>
    <name>javax.jdo.option.ConnectionURL</name>
<value>jdbc:mysql://localhost:3306/hive?createDatabaseIfNotExist=true</value>
    <description>JDBC connect string for a JDBC metastore</description>
  </property>
  <property>
    <name>javax.jdo.option.ConnectionDriverName</name>
    <value>com.mysql.jdbc.Driver</value>
    <description>Driver class name for a JDBC metastore</description>
  </property>
  <property>
    <name>javax.jdo.option.ConnectionUserName</name>
    <value>hive</value>                                    Hive 账号
    <description>username to use against metastore database</description>
  </property>
  <property>
    <name>javax.jdo.option.ConnectionPassword</name>
    <value>hive</value>                                    Hive 密码
    <description>password to use against metastore database</description>
  </property>
</configuration>
```

二、安装并配置 MySQL

```
$ sudo apt-get update                          # 更新软件源
$ sudo apt-get install mysql-server            # 安装 MySQL
```

启动并进入 MySQL。语句如下：

```
$ service mysql start
$ mysql -u root -p
```

创建 hive 用户并授权：

```
mysql>create user'hive'@'localhost'identified by'hive';
mysql>grant all privileges on *.* to'hive'@'localhost'identified by 'hive';
```

退出 mysql，以 hive 用户进入 mysql，创建 hive 数据库：

```
mysql>exit;
$ mysql-uhive -phive
mysql>create database  hive;
退出 mysql：
mysql>exit;
```

三、启动 Hive

首先启动 Hadoop。语句如下：

```
$ start-dfs.sh              # 启动 Hadoop
```

再启动 Hive 远程服务。语句如下：

```
$ hiveserver2               # 启动 Hive 远程服务
```

四、创建数据库

在 Hadoop 中创建数据库，准备用来装载数据。

进入 Hive 后，创建一个名为“target”的数据库。语句如下：

```
hive>create database target;
```

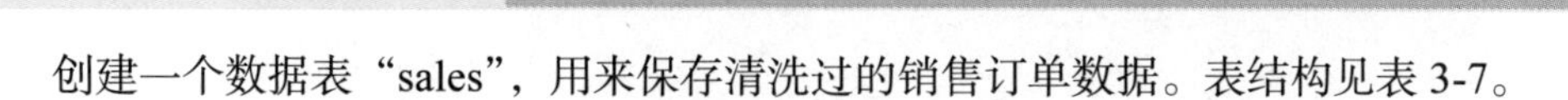

五、创建数据表

创建一个数据表“sales”，用来保存清洗过的销售订单数据。表结构见表 3-7。

表 3-7 销售订单数据表结构

序号	列名	列类型	描述
1	ordernumber	string	订单号
2	orderlinenumber	string	订单明细号
3	quantityordered	int	订购数量
4	priceeach	double	单价
5	sales	double	金额
6	qtr_id	string	季度
7	month_id	string	月
8	year_id	string	年
9	productline	string	产品名称
10	productcode	string	产品型号
11	status	string	订单状态
12	country	string	国家

在 Hive 中输入以下语句：

```
hive>create table if not exists sales(
        ordernumber                string,
        orderlinenumber            string,
        quantityordered            int,
        priceeach                  double,
        sales                      double,
        qtr_id                     string,
        month_id                   string,
        year_id                    string,
        productline                string,
        productcode                string,
        status                     string,
        country                    string
)
row  format  delimited,
fields terminated by '\t';
```

由于数据存储在大数据平台里是以文件格式保存在 HDFS 中的，所以要指定数据列和数据行的分割符号。以“\t”制表符为行分割。

查看建表结果。查看 sales 表结构，检查是否符合要求。语句如下：

```
hive>desc sales;
```

可以看到，已经建好 sales 数据表的结构，如图 3-30 所示。

```
hadoop@tzl-Inspiron-N311z: ~
hive> desc sales;
OK
ordernumber             string
orderlinenumber         string
quantityordered         int
priceeach               double
sales                   double
orderdate               date
qtr_id                  string
month_id                string
year_id                 string
productline             string
productcode             string
status                  string
country                 string
Time taken: 0.387 seconds, Fetched: 13 row(s)
hive>
```

图3-30　查看表结构

六、加载数据

把任务 3-1 完成清洗的数据加载到数据库中。

假设前面清洗过输出的文件为 sales.xls，先将文件格式转换为 .txt 格式，再在 Hive 里执行导入数据命令。例如：

```
hive>load data local inpath '/home/hadoop/sales.txt' overwrite
into table sales;
```

将本地文件 sales.txt（在目录 \home\hadoop 下）导入 sales 数据表。

任务 3-3　查询工业大数据

【任务描述】

完成任务 3-1 和任务 3-2 后，清洗过的数据已经存储在大数据平台 Hadoop 的 HDFS 文件系统里。本任务要求采用大数据查询分析工具 Hive，对这些数据进行查询和统计。具体内容是：分析某产品在某个年份售往各个国家的情况，找出销售量排前的国家。通过实际操作，学生可掌握大数据查询方式中一般的查询方法。

【相关知识】

Hive 的查询语言

结构化查询语言（Structured Query Language，SQL）是一种数据库访问和处理语言。SQL 既可以查询数据库中的数据，也可以添加、更新和删除数据库中的数据，还可以对数据库进行管理和维护操作。SQL 已成为国际标准，可以对不同类型的数据库系统进行操作。

Hive提供了类似SQL的结构化查询语言。它的语法与标准SQL类似，能让数据库工程师快速地对存储在大数据文件系统HDFS中的数据进行查询与分析，是Hadoop生态系统中非常重要的一个工具。

简单来说，Hive就是在Hadoop上构建了一层SQL接口，可以将SQL翻译成MapReduce在Hadoop上执行。Hive将结构化的数据文件映射为一张张数据库表，将SQL语句转换为MapReduce任务运行。即使人们不熟悉MapReduce的使用，也可以很方便地利用Hive提供的HiveSQL语言查询、汇总和分析数据。

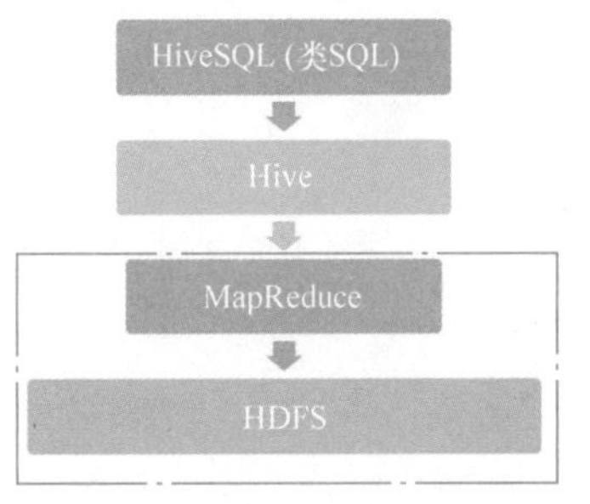

图3-31 Hive、MapReduce和HDFS之间的关系

Hive、MapReduce和HDFS之间的关系如图3-31所示。可见，一般的数据查询都可通过Hive的HivSQL完成，不用再直接与MapReduce打交道。

Hive适合应用于基于大量静态数据、历史数据的批处理作业，用来对一段时间内的数据进行分析与查询。

以下是Hive的查询语句语法，与标准SQL有些差异。为了便于理解，语句中的方括号表示该项是可选项，粗体字表示关键字。

```
hive>select  [ all | distinct] select_expr, select_expr,...
from          table_reference
[where        where_condition]
[group by     col _list [having condition]]
[cluster by     col _list
[distribute by  col_list] [sort by | order by col_list]
]
[limit number];
```

说明：

all表示查询所有数据。默认是all。

distinct表示去掉重复的数据行。

from表示查询的数据表。

where表示查询条件。

group by表示查询的分组条件。

distribute by控制Map的输出分发，可以保证相同关键字的数据被划分到同一个Reduce节点去处理。它一般与sort by一起使用，对数据进行排序。例如，将同一台设备的数据送到同一个Reduce去处理，并按采集数据的时间排序，使用以下语句：

```
hive>select*from deviceData distribute by deviceID sort by data_time
```

cluster by是distribute by和sort by的结合。

order by表示全局排序，对所有Reduce输出结果进行一次总排序。

sort by表示局部排序，为可选项。如果指定了sort by，则会在每个Reduce端输出结果进行排序。

limit限制查询结果数据行。

如果要将查询结果输出到文件，可使用以下语句：

```
hive>insert overwrite local directory directory
```

```
select_statement from from_statement;
```

【例 3-4】把 proTable 的数据输出到 path/to 目录下的 data 文件。

```
hive>insert overwrite local directory"/path/to/data"
select* from proTable;
```

【任务实施】

一、准备工作

服务器端需要以下环境：

操作系统为 Ubuntu 16-04 LTS；大数据平台为 Hadoop 2.10.1，配置为伪分布式；数据仓库工具为 Hive 2.3.7；数据库系统为 MySQL。

二、启动 Hive

首先，启动 Hadoop。语句如下：

```
$ start-hdfs.sh   #启动 Hadoop
```

启动 Hive。语句如下：

```
$ hive            #启动 Hive
```

三、打开数据库

```
hive>use target;
```

四、查询

查询销售表 sales 中所有国家的销售情况。在 Hive 下输入查询语句：

```
hive>select country, sales from sales;
```

五、分组统计

按国家分组统计每个国家的销售总额。

使用分组子句“group by”，并且用累计函数 sum（ ）计算销售额。语句如下：

```
hive>select country, sum(sales) as total
from   sales
group  by  country;
```

六、排序 1

按国家的销售总额排序。使用排序子句“order by”。语句如下：

```
hive>select country, sum(sales) as total
from     sales
group by country
order by total;
```

七、排序 2

按国家的销售总额排序，按降序排。

除了使用排序子句“order by”外，还加上了“desc”，表示按降序排。

```
hive>select country, sum(sales) as  total
from       sales
group  by  country
order  by  total
desc;
```

八、条件查询

加上查询条件，查询年份为 2004 年的销售情况。

这里，使用“Where”子句，指定条件为“year=2004”。

```
hive>select country, sum(sales)  as  total
from   sales
where  year_id = 2004;
```

九、输出文件

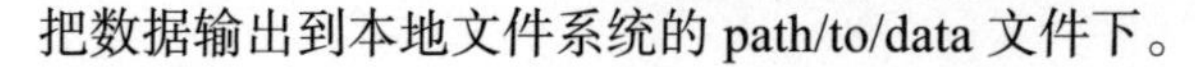

把数据输出到本地文件系统的 path/to/data 文件下。

```
hive>insert overwrite '/path/to/data';
```

拓展知识

一、数据仓库的建模

如果把数据看作图书馆里的书，人们希望看到它们在书架上分门别类地放置，这样可以很容易地找到想要的书。同理，将数据有序地组织和存储起来之后，数据才能得到高性能、低成本、高效率、高质量的使用，才能帮助人们快速查询所需要的数据，提高使用数据的效率。

数据仓库建模就是指按照一定的结构来定义数据之间的关系，以根据各业务部门的需要提供跨部门的、完全一致的业务数据，生成对业务具有指导性作用的信息，为决策提供数据支持。

在业务需求分析之后，第一步就是建立数据仓库模型。良好的数据仓库模型可以有助于更好地存储数据、更有效率地获取数据，保证数据间的一致性。

1. 维度建模法

数据仓库的建模方法有多种，目前业界较为流行的建模方法是维度建模法。

维度建模法由数据仓库和商务智能领域的权威专家 Ralph Kimball 最先提出。维度建模法主张从分析决策的业务需求出发构建模型，为分析需求服务。其最简单的描述就是，按照事实表、维度表来构建数据仓库。维度建模的典型代表是星形模型。星形模型的中间为事实表，四周为维度表，类似星星形状。图 3-32 所示为星形模型的维度结构关系。

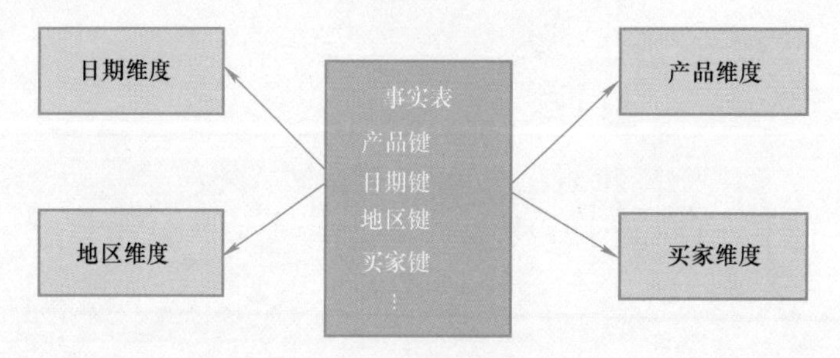

图3-32　数据仓库星形模型

保存事实数据的表称为事实表。每个数据仓库都包含一个或者多个事实表。事实表包含业务数据，如商品销售订单数据、设备运行监测数据和产品质检数据等。

维度是人们观察业务的角度。保存分析维度数据的表称为维度表，如销售地区、销售时间等。

从图 3-32 可以看出，星形模型由一个事实表和一组维度表组成，且具有以下特点：

1）以事实表为核心，维度表围绕事实表呈星形分布。

2）维度表只与事实表关联，维度表之间没有关联。

3）每个维度表的主键为单列，且该主键放置在事实表中，作为两边连接的外键。

2. 维度建模法的应用

下面举例说明使用维度建模法来构建数据仓库的过程。

【例 3-4】某汽车零部件生产厂商的市场部门提出，需要了解最近一个月企业生产的汽车零部件在各个城市的销售总额排名前三位的零件名称，分析各个城市的客户购买力，最终目的是通过分析实现精准营销，提升销售量。

数据仓库建模的关键是针对业务需求分析，确定主题内容，汇总什么（度量）、根据什么汇总（维度）以及汇总的范围多大（粒度）。可以按照以下步骤完成仓库建模。

1）确定主题内容。主题是与传统数据库的面向应用相对应的，是一个抽象概念，是在较高层次上将企业信息系统中的数据综合、归类并进行分析利用的抽象。每一个主题对应一个宏观的分析领域。面向主题的数据组织方式，就是在较高层次上对分析对象数据的一个完整并且一致的描述，能刻画各个分析对象所涉及的企业各项数据以及数据之间的联系。一个主题的数据需要抽象提炼，并长期维护更新。

企业围绕生产活动，一般有营销、供应链、质量和服务等数据分析需求。本例中，分析汽车零部件销售情况就是一个销售主题，其数据主要来源于销售有关的销售订单、产品和客户信息等。

2）确定度量（汇总什么）。度量就是统计分析的指标，包括汇总数、最大值、最小值和均值等。例如，销售量、库存量、设备故障时间和次品率等，这样的数据称为度量。

本例的销售主题要求从销售时间、销售地区这两方面来分析汽车零部件的销售情况。那么，汽车零部件的销售量、销售额就是度量。

3）确定维度（根据什么汇总）。维度是指分析的角度。例如，按照地区或者按照产品类目等进行数据分析，那么这里的维度就是地区、产品类目。

在本例中，地区就是维度。维度和事实的关系见表 3-8。

表 3-8　维度和事实的关系

维度—

时间 地区	2020 年 1 月 1 日	2020 年 1 月 2 日	2020 年 1 月 3 日	……
广东省佛山市				
浙江省杭州市		订单数据		
江苏省扬州市				
山东省济南市				
⋮				

—事实

维度表里面的数据是对事实各个方面的描述。例如地区维度表，它里面的数据就是省、市、县等数据。本例中，将销售地区设计为地区维度表，由地区键码和地区名称组成，见表 3-9。

表 3-9 地区维度表

地区键码	地区名称	地区键码	地区名称
10100	广东省	10200	浙江省
10101	广东省佛山市	10201	浙江省杭州市
10102	广东省湛江市	⋮	⋮
⋮	⋮		

4）确定数据粒度。确定业务分析涉及的最细节级别是什么，即数据需要汇总的程度。例如查看报表，是按季度还是按月份，或者按周，再甚者按天。如果要按季度或者按月来查看报表，这里的数据粒度就是“月”。再如，工厂监控机器运行的数据统计，按照小时或者分钟来查看报表，那么这里的数据粒度就是“分钟”。也就是说，应按最细的数据粒度保存数据。

在本例中，按月份和地区（市）分析汽车零部件销售情况。那么，最小数据粒度可以是原始订单明细数据，最大数据粒度是按月、市的汇总，而不能是年、省的汇总。

5）创建事实表。保存数据的表称为事实表，它是数据仓库的核心。事实表中的数据来自经过集成、清洗与转换后的数据。事实表的数据作为历史数据保存，可以用来查询和汇总。

按照数据粒度的粗细不同，事实表又分为明细事实表和汇总事实表。在本例中，可根据销售订单创建一个明细事实表，见表 3-10。

表 3-10 明细事实表

订单号	产品号	单价	订购数量	金额	买家号	时间	地区键码
0000001	P0103	100	2	200	00010	20200101	10101
0000002	P0201	150	5	750	00022	20200102	10102
0000003	P0203	100	3	300	10040	20200105	10103
⋮	⋮	⋮	⋮	⋮	⋮	⋮	⋮

事实表的每一条数据都是若干条维度表的数据和指标值交汇而得到的。销售地区用对应的维度键代替，按月汇总订购数量和金额。

按时间、地区汇总订购数量和金额，汇总事实表见表 3-11。

表 3-11 汇总事实表

ID	时间	地区键码	累计订购数量	累计金额
0001	202001	10101	1000	20000
0002	202001	10102	1200	24000
0003	202001	10103	1300	35000
⋮	⋮	⋮	⋮	⋮

二、数据仓库的分层

当数据关系较为复杂时，数据仓库模型可以按照分层的理念建立。一般分为三层，自下而上分别为：数据引入层（ODS）、数据公共层（CDM）和数据应用层（ADS）。

数据仓库的分层和各层级用途如图 3-33 所示。

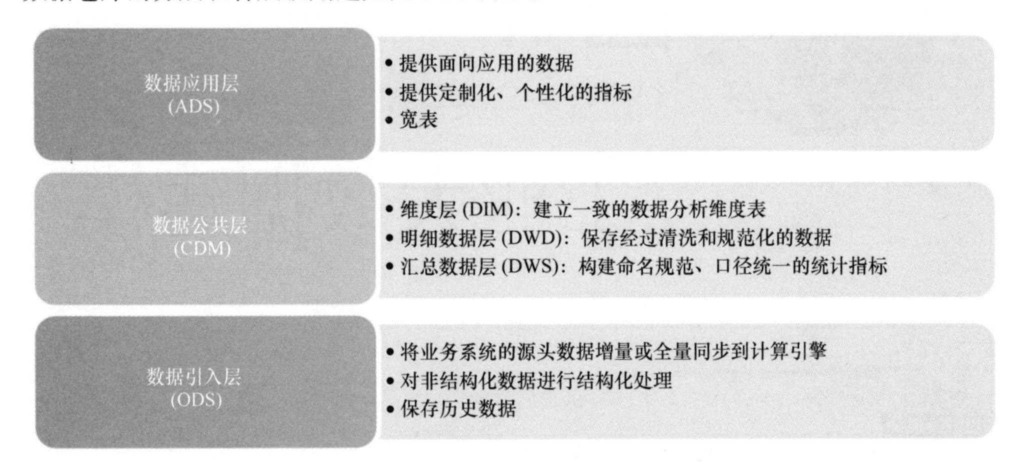

图3-33 数据仓库的分层和各层级用途

1）数据引入层（ODS）也称为数据运营层，它相当于一个数据准备区，存放未经过处理的原始数据。其主要作用是把基础数据引入，同时记录基础数据的历史变化。

2）数据公共层（CDM）提供数据公共服务，其下又细分为维度层（DIM）、明细数据层（DWD）和汇总数据层（DWS）。它的主要作用是完成数据加工与整合、建立一致性的维度、构建可复用的面向分析和统计的明细事实表以及汇总公共粒度的指标。它由维度表、明细事实表和汇总事实表组成。

3）数据应用层（ADS）用于存放数据产品个性化的统计指标数据，根据 CDM 层与 ODS 层加工生成。

具体数据仓库的分层情况需要结合业务场景、数据场景和系统场景进行综合考虑。

整体的数据流向如图 3-34 所示，ODS 层采用离线的 ETL 处理到 DWD 层，处理完成后会同步到 DWS 层和 ADS 层。

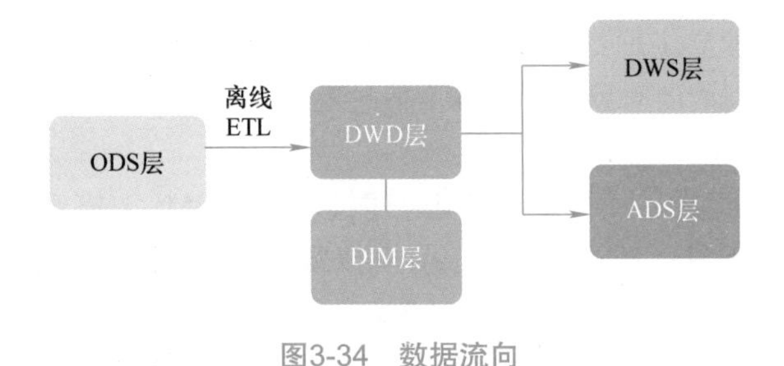

图3-34 数据流向

项目4

工业大数据建模

【知识目标】

1. 理解统一建模语言（UML）类图的表示方法。
2. 掌握 UML 描述信息模型的基本方法。

【技能目标】

1. 掌握 UML 工具 StarUML 的使用方法。
2. 能够使用 StarUML 绘制车间设备的信息模型。
3. 能够使用 StarUML 绘制生产过程的信息模型。

【项目背景】

数据模型是对现实世界的抽象。数据建模的目的是管理和分析数据，从海量数据中发现新知识。工业互联网产业联盟发布的《中国工业大数据技术与应用白皮书》总结了工业大数据建模的内容，提出大数据建模是指根据工业实际元素与业务流程，在设备物联数据、生产经营数据、外部互联相关数据的基础上，构建设备、产线、工厂和工艺等有关的数字模型，并结合数据分析需要提供可视化、知识库及数据分析工具等。可见，工业大数据建模涵盖的内容广泛，主要有两个方面：一是建立工厂物理对象的数字模型，二是建立数据分析的算法模型。设备、产线和工厂等数字模型在面向对象分析里称为信息模型。信息模型建立的好坏直接影响大数据的应用。

本项目由三个任务组成。任务 4-1 用统一建模语言（UML）描述物理世界的基本方法，并学习使用 UML 绘制工具；任务 4-2 以一个模拟数字化车间为对象，学习使用 UML 工具 StarUML 绘制该车间的设备信息模型；任务 4-3 以一个模拟数字化车间为对象，学习使用 UML 工具 StarUML 绘制该车间的生产过程信息模型。

任务 4-1　使用 UML 建模工具

【任务描述】

信息模型是对现实世界的抽象描述，是面向对象分析和设计的基础。本任务介绍面向对象的建模语言——UML，并使用一种 UML 建模工具，以学校为建模对象，用类图描述教师、学生、课程、班级及其之间的关系。

【相关知识】

一、UML

统一建模语言（Unified Modeling Language，UML）是一种面向对象分析与设计的建模工具，独立于任何具体程序设计语言，于1997年被对象管理组（OMG）批准为标准。UML广泛吸收了其他领域的建模方法，并根据建模的一般原理，结合软件的特点制定而成，因此具有坚实的理论基础和广泛性。UML可以建立需求模型、逻辑模型和设计模型等。UML采用一组图形符号来描述模型，这些图形符号具有简单、直观和规范的特点，学习和掌握起来比较容易。目前，车间应用层面的管理系统软件里的信息模型基本上均可用UML来描述。

在UML中，使用图形来描述信息模型。UML 2.0规范定义了14种图，包括用例图、类图、顺序图和状态图等。不同类型的图应用于不同的场景。

其中，类图是面向对象建模中最常用和最重要的图，是定义其他图的基础。类图主要是用来表示系统中的类、接口以及它们之间关系的一种静态模型，可描述系统中的对象以及对象之间的关系。

在UML里，“类”是具有相同属性和方法的对象的集合，可以是生产线、规则及动作等任何事物。类具有唯一性，类与类之间通过“关系”进行关联。类在UML里的表示是一个包含三个垂直堆叠的隔间的矩形，分别表示类的三个基本要素：类名、属性和方法。

以一种电动拧紧机为例，拧紧机有编号、名称、型号、标准扭矩、最大扭矩、最小扭矩、标准角度、最大角度和最小角度等固有属性，还有反映拧紧机工作时的动态属性，如监测到的实时扭矩、角度、转速和噪音等。拧紧机的操作一般有启动、关停、安装、维修以及拆除等。用类图表示拧紧机如图4-1所示。

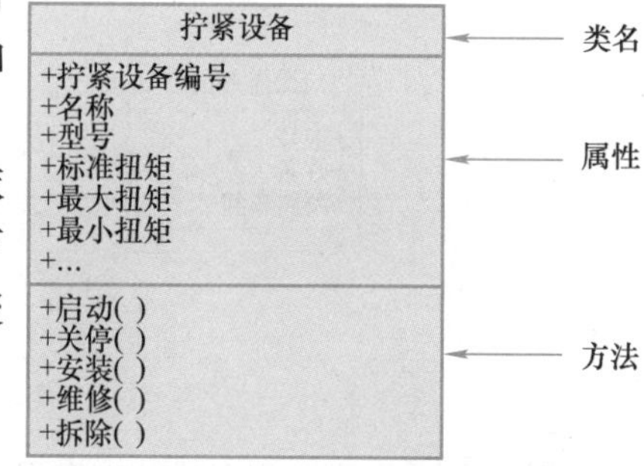

图4-1 UML类的示例

对象之间的关系主要有泛化、关联、聚合、组合、依赖和接口等。其中，聚合和组合属于关联关系的特例。下面分别详细介绍与建立信息模型有关的泛化、关联、聚合、组合和依赖关系。

1. 泛化

泛化（Generalization）是一种表示对象间一般与特殊的关系。例如，在一个组装车间里，设备按照功能的不同可分为拧紧设备、喷漆设备和打孔设备等，它们都属于车间设备的一类，每一类设备既有共性，也有自己的特性。因此，设备就是父类（也称为超类），具体的拧紧设备、喷漆设备和打孔设备等是子类，他们之间的关系就是泛化关系。用UML类图描述泛化关系如图4-2所示。

【箭头及指向】：带三角箭头的实线，箭头指向父类。

2. 关联

关联（Association）是一种拥有关系。例如，操作设备的人员和设备之间的关系。关联有两个端点，每个端点可以有一个基数，表示这个关联的类可以有几个实例。含义如下：

1）0：1 表示可以有 0 个或者 1 个实例。

2）0：* 表示实例的数目没有限制。

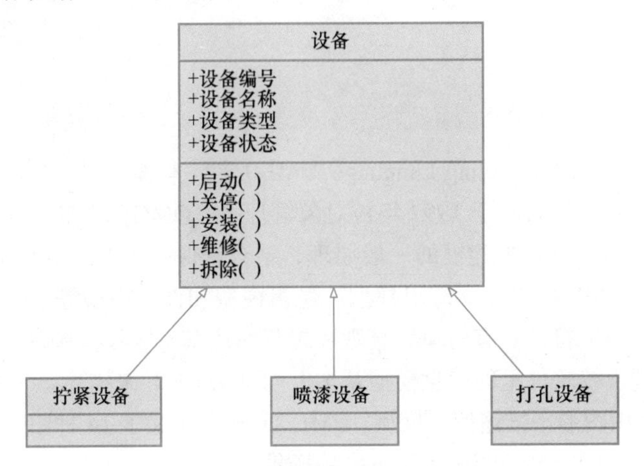

图4-2　用UML类图描述泛化关系示例

3）1 表示只能有 1 个实例。

4）1：* 表示至少有 1 个实例。

【箭头及指向】：关联可以是双向的，也可以是单向的。双向的关联可以有两个箭头或者没有箭头；单向的关联有一个箭头，是带普通箭头的实心线，表示指向被拥有者。关系名可标识在连线旁。

如图 4-3 所示，操作人员端的 0：* 表示一台设备受 0 个或多个操作人员管理。设备端的 1，表示 1 个操作人员只能操作 1 台设备。

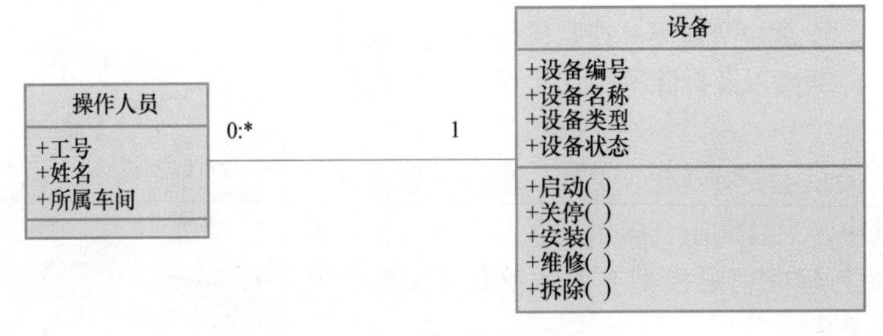

图4-3　UML的关联关系示例1

关联关系也可以用于描述对象及其动态信息之间的关系，如设备与设备运行监测点信息的关系。例如，一台电动拧紧机，假如每间隔 1min 采集一次信息，得到一条监测数据，包含实时的扭矩、角度、转速、噪音和拧紧时间等。这个监测点信息是一个时间序列的数据。拧紧机与监测点信息这两个对象就是一对多的关联关系。用 UML 类图描述如图 4-4 所示。

3. 聚合

聚合（Aggregation）是部分与整体的关系，且部分可以离开整体而单独存在。例如，一个车间的生产线，每个工位是独立的个体，离开某条生产线工位也可以存在，不同的工位组合可以形成不同的生产线。图 4-5 所示是一个用 UML 类图描述的机械加工车间的生产线模型。该车间有焊接、钻孔、装配和质检等工位。根据不同的产品类型，有几条不同的生产线，生产线与工位的关系就是聚合关系。

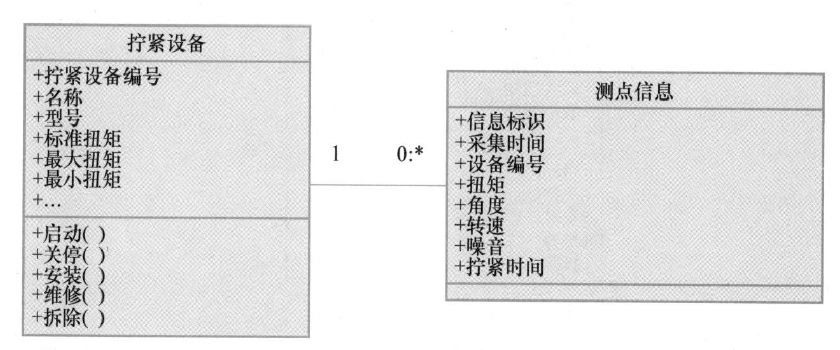

图4-4　UML的关联关系示例2

【箭头及指向】: 带空心菱形的实心线，菱形指向整体。

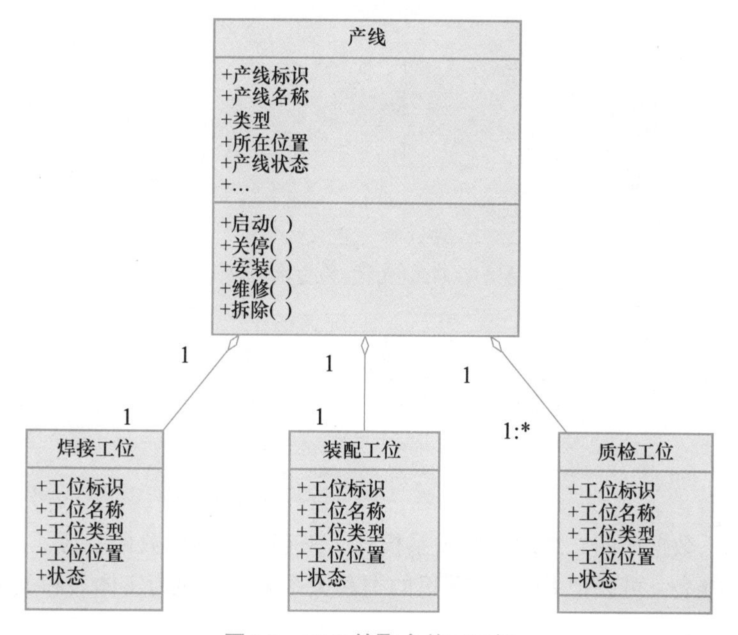

图4-5　UML的聚合关系示例

4. 组合

组合（Composition）关系是部分和整体的关系，但部分不能离开整体而单独存在。例如，一种电动拧紧机由伺服电动机、减速机、机身、控制器和传感器等多个部件组成。那么，拧紧机与这些组成部件就是整体和部分的组合关系。用 UML 描述其信息模型的类图如图 4-6 所示。

【箭头及指向】: 带实心菱形的实心线，菱形指向整体。

5. 依赖

依赖（Dependency）关系是一种使用的关系，即一个类的实现需要另一个类的协助。例如，电动汽车与电的关系，电动汽车离不开电，依赖于电。用 UML 描述其信息模型的类图如图 4-7 所示。

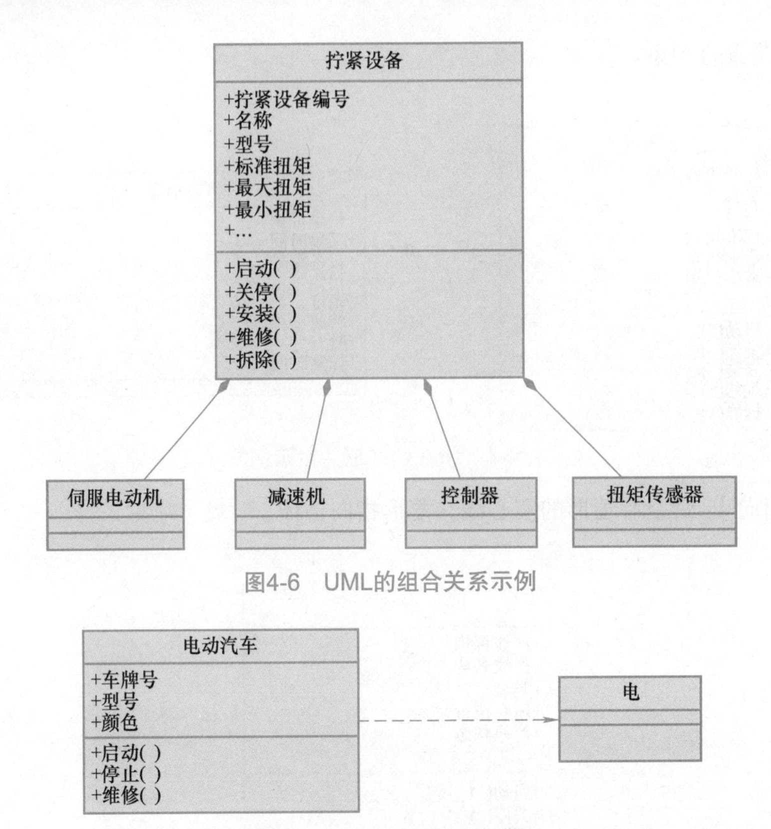

图4-6 UML的组合关系示例

图4-7 UML的依赖关系示例

二、转换至关系模式

一般采用关系数据库的二维表（即关系模式）来存储结构化数据。为了把UML类图表示的模型转换为二维表，可以把UML类图里的类和关系分别转换为实体表和关系表。下面举例说明转换方法。

1.“类”的转换

UML类图中的类可以直接转换为一个实体表。如图4-8所示，可以把“操作人员”类转换为操作人员实体表，“设备”类转换为设备实体表。

2.“关系”的转换

除了把类转换为实体表，还需要把类之间的关系转换为关系表。在UML类图中，类之间的关联归纳起来有一对一关系、一对多关系和多对多关系。

1）“一对一关联”或“一对多关联”的转换。对于一对一和一对多的关联，可以在多方添加另一方的主键进行关联。例如，假定操作人员与设备的关系是一对多关联（见图4-3），一个操作人员只能操作一台设备，一台设备可以由多个不同的操作人员操作。那么，在操作人员实体表中，加入设备编号，就可以把这个关联表示出来。修改后的操作人员实体表如下：

操作人员（工号，姓名，所属车间，设备编号）

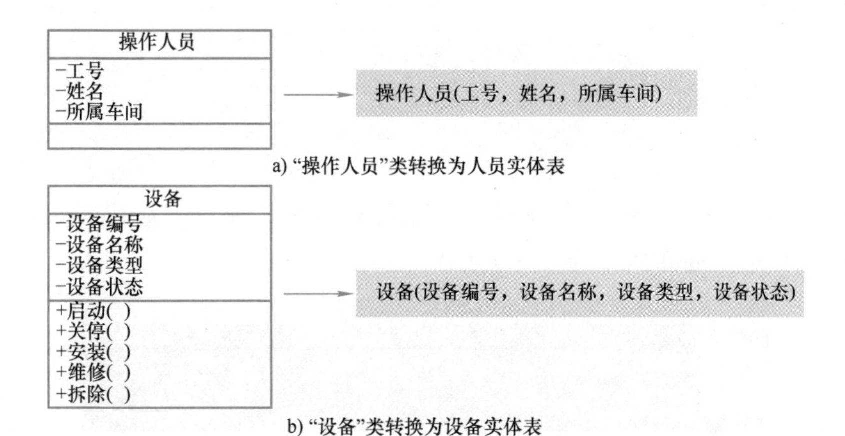

图4-8　类转换为二维表

2）“多对多关联”的转换。对于多对多的关联关系，可以建立一个中间关系表，把两方的主键加入这个中间表里。例如，假定生产线和检测工位是多对多关联，一个检测工位为多个生产线共用，一条生产线有多个检测工位，那么，可以建立一个生产线工位关系表，这个关系表的属性由生产线实体关系和工位实体关系各自的主键（编号）组成。生产线、工位及其关联转化为如下关系模式。

生产线实体表如下：

生产线（生产线标识，生产线名称，类型，所属位置，生产线状态）

工位实体表如下：

工位（工位标识，工位名称，类型，所属位置，工位状态）

生产线与工位关系表如下：

生产线工位（生产线标识，工位标识）

三、UML 工具

常用的 UML 建模工具有 Rational Rose、PowerDesigner、Visio 和 StarUML 等。Rational Rose 专业性较强，能从图生成代码框架；PowerDesigner 侧重于数据库建模，不是专门的 UML 工具；Visio 简单易用，主要用于图形语义的描述，也不是专门的 UML 工具。

StarUML 是一款开源的 UML 专业建模工具。本任务以 StarUML 为例，介绍 UML 工具的使用方法。

【任务实施】

一、安装 StarUML

打开网页浏览器，在地址栏中输入 StarUML 的下载地址，如 https://sourceforge.net/projects/staruml/files/staruml/5.0/，如图 4-9 所示。

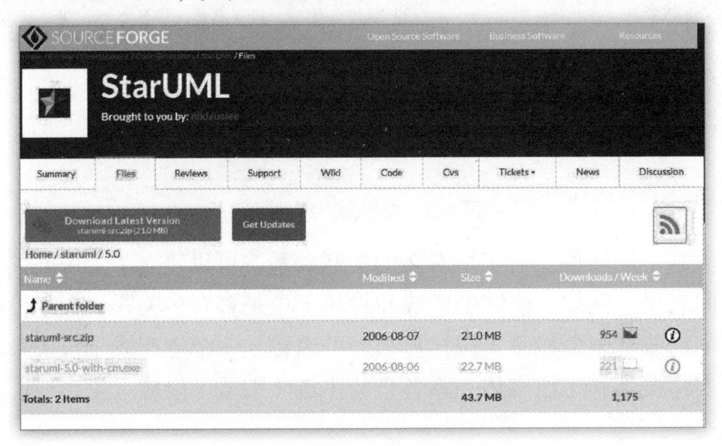

图4-9　StarUML下载页面

单击“StarUML 5.0-with-cm.exe”安装程序，下载安装包文件，保存到本地计算机磁盘。找到下载的安装包文件“StarUML 5.0-with-cm.exe”，双击它运行安装。

二、新建工程

启动 StarUML 后，进入初始界面，选中“Default Approach”项，新建工程，如图 4-10 所示。

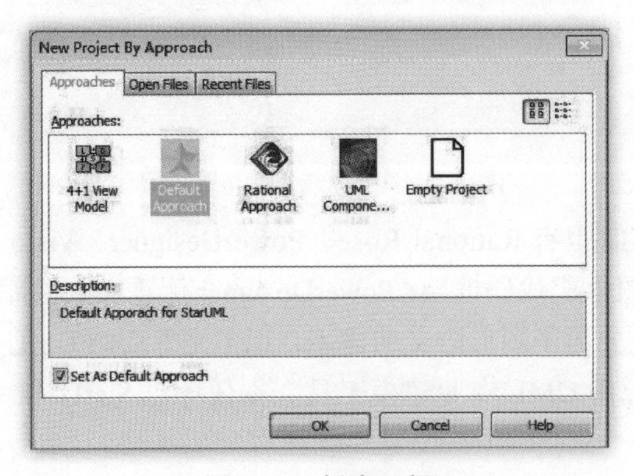

图4-10　新建工程

三、操作界面

进入 StarUML 操作界面，如图 4-11 所示。

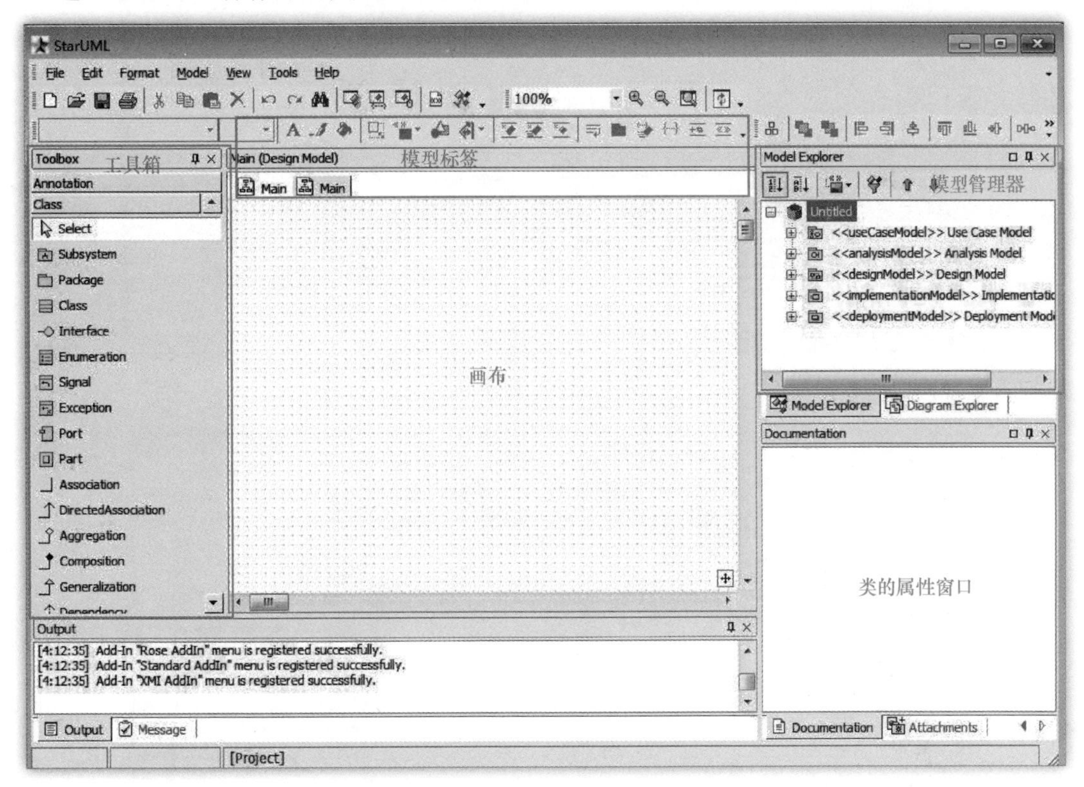

图4-11 StarUML的操作界面

左侧是工具箱。默认打开的工具是类图工具，包括 Package（包）、Class（类）和 Interface（接口）等绘制类图用到的各种组件。

中间的画布是做图区域。先选择工具箱里的组件，然后在画布上单击鼠标左键，即可添加组件到画布上。

右侧是模型管理器，它按目录分类管理绘制的所有模型。这里，默认按照分析模型、设计模型等来分类。单击目录展开按钮，可以看到在该目录下创建的各种对象。例如，在“Design Model”目录下创建了一个“学生”类，打开“Design Model”目录后，可以看到该目录下有一个名为“学生”的类，如图 4-12 所示。

右侧下部显示对象属性，如图 4-13 所示。单击画布中的某个对象，在这里可以查看该对象的属性，还可以修改该对象的属性值。

画布上面是模型的标签，显示所有打开的模型名称，以及所属模型管理器的目录。单击标签可切换为当前模型。

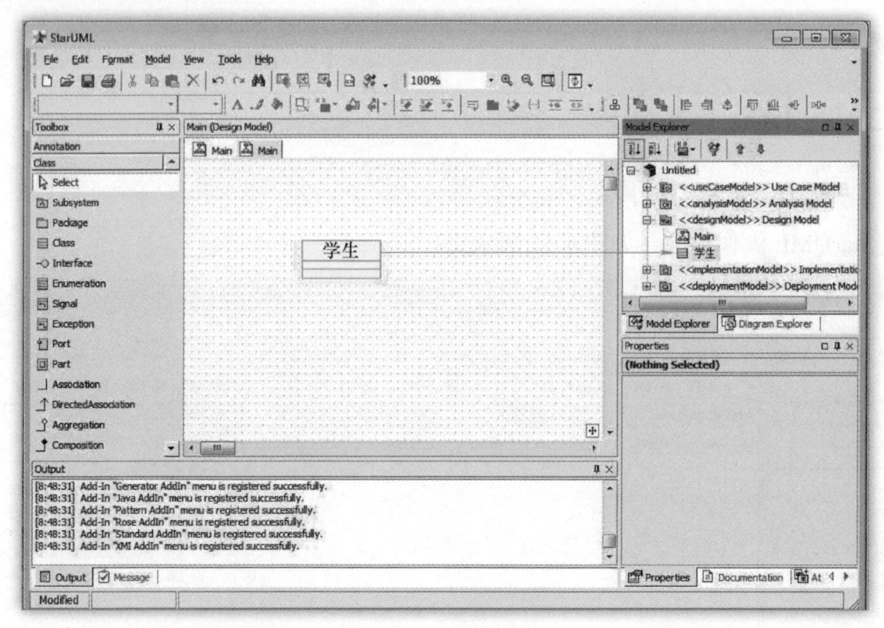

图4-12　模型视图

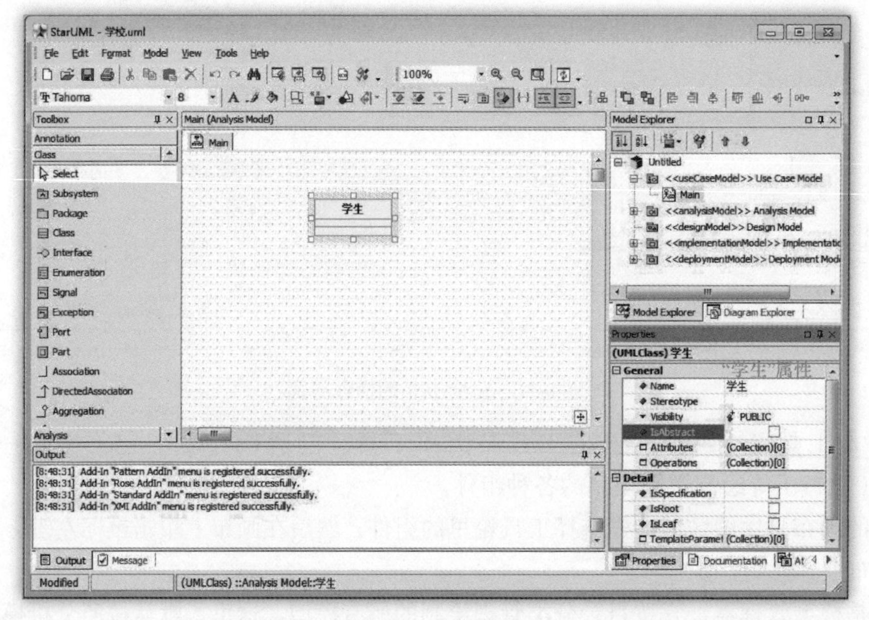

图4-13　类的属性

四、基本操作

（一）添加类图

在模型管理器中新建一个模型分类，或选中现有分类，如“Analysisy Model”，右击，在弹出的快捷菜单中选择 Add Diagram>Class Diagram 命令，如图 4-14 所示。

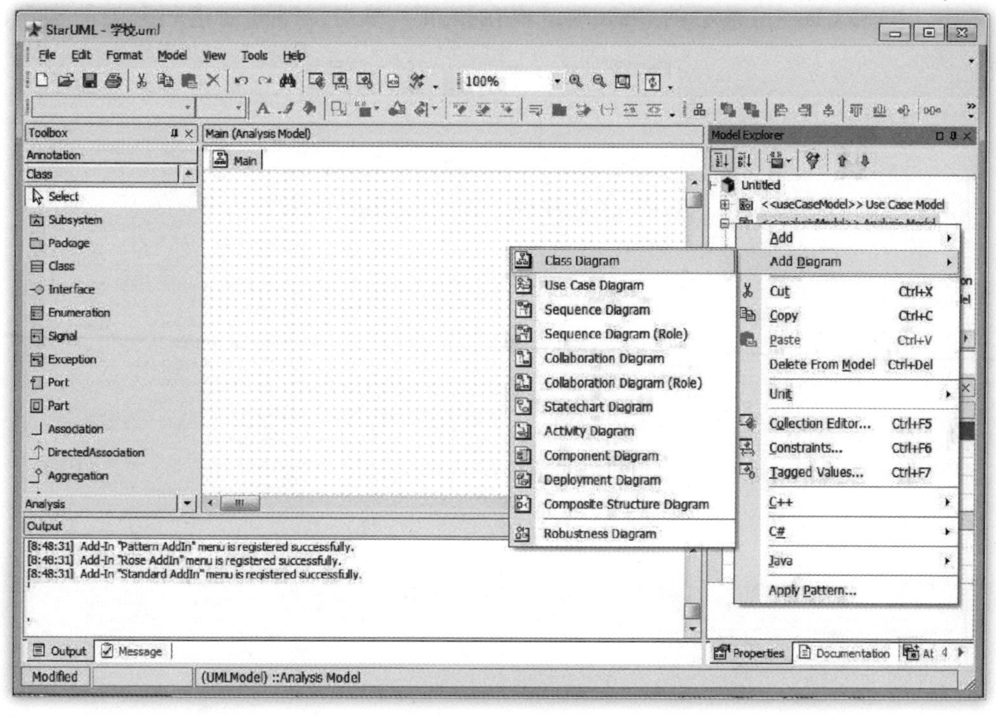

图4-14 添加类图

添加类图后，当前类图出现在模型标签上，如图 4-15 所示。可在此处修改该类图的名称。

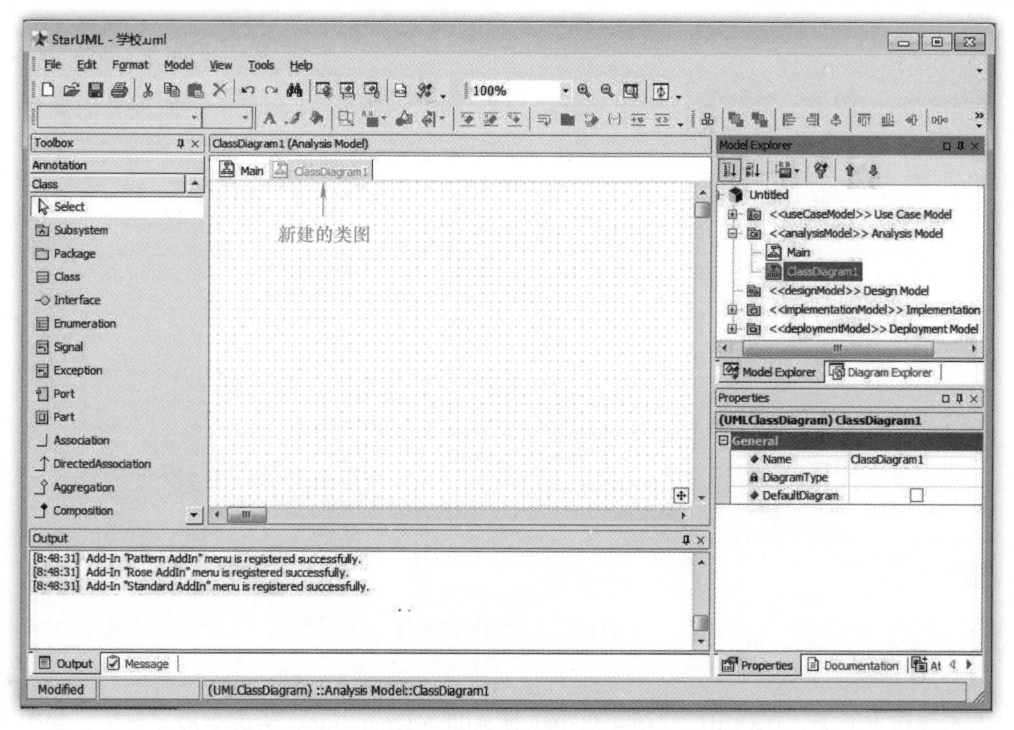

图4-15 类图添加成功

（二）添加类

单击工具箱 Class 目录下的 Class 项，再在画布上单击，即可创建一个类的实例，如图 4-16 所示。

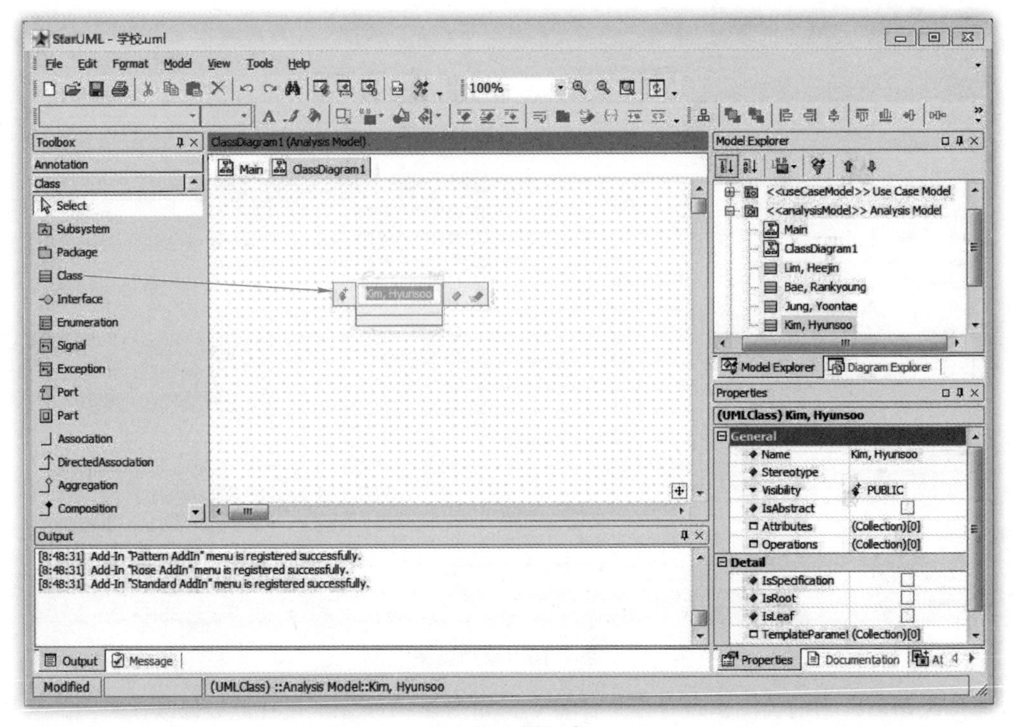

图4-16　添加类

（三）添加类的属性

右击画布中的类，在弹出的快捷菜单中选择 Add > Attribute 命令，添加该类的属性，如图 4-17 所示。

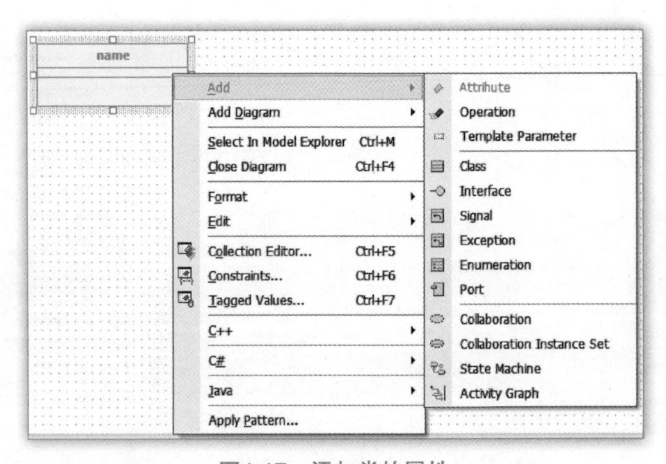

图4-17　添加类的属性

（四）添加类的方法

右击画布上的类，在弹出的快捷菜单中选择 Add > Operation，给该类添加方法，如图 4-18 所示。

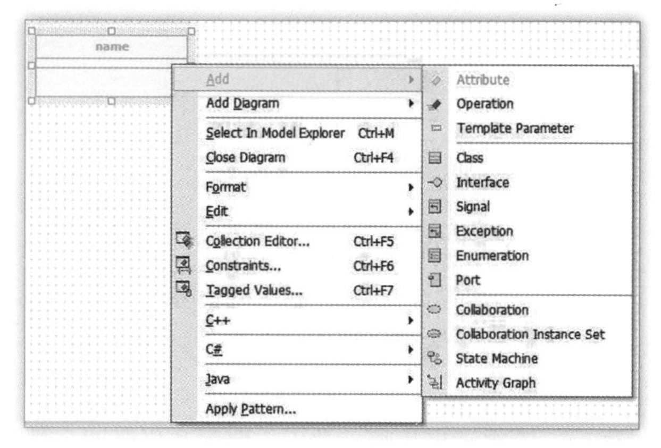

图4-18　添加类的方法

（五）修改类、属性和方法的名称

双击画布上的类，可修改类名。同样，双击属性名或方法名，可以修改名称，如图 4-19 所示。

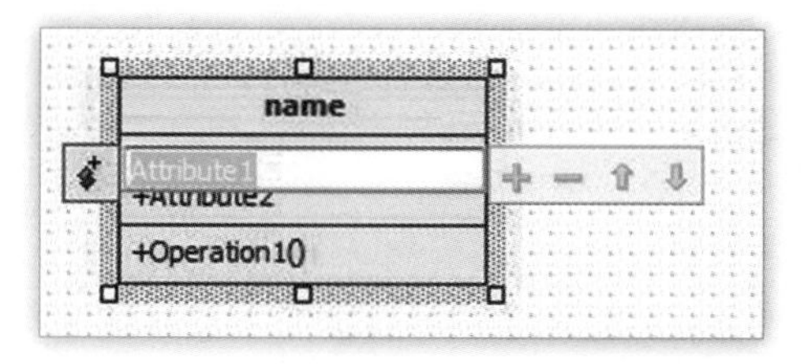

图4-19　修改类、属性和方法的名称

（六）添加关系

选择工具箱里的关系，例如，关联关系 Association，在画布上单击一个类，拖动至一个与之关联的类，如图 4-20 所示。

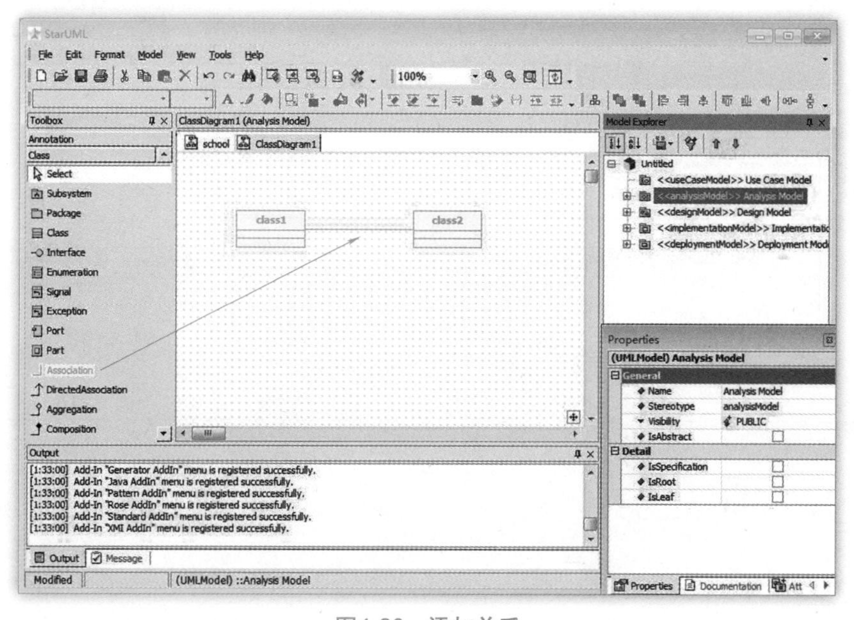

图4-20　添加关系

（七）保存工程

选择 File >Save 命令，保存新建的工程文件。

五、画类

熟悉以上的基本操作后，依次画出教师、学生、课程和班级四个类，并添加相应的属性，如图 4-21 所示。

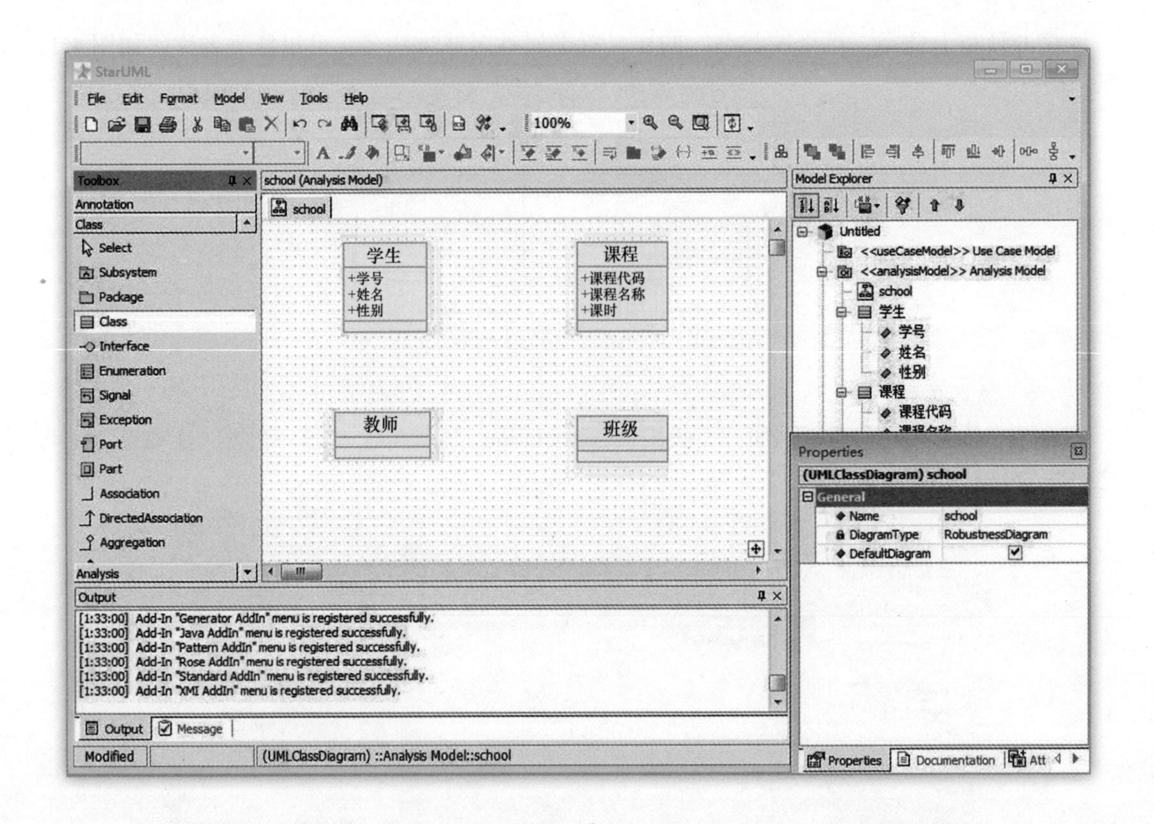

图4-21　画出所有的类

六、画关系

分析类之间的关系，连线画出关系，并注释关系。例如，学生和教师的关系，一位教师教

授多名学生，一名学生有多个教师。具体注释如图 4-22 所示。

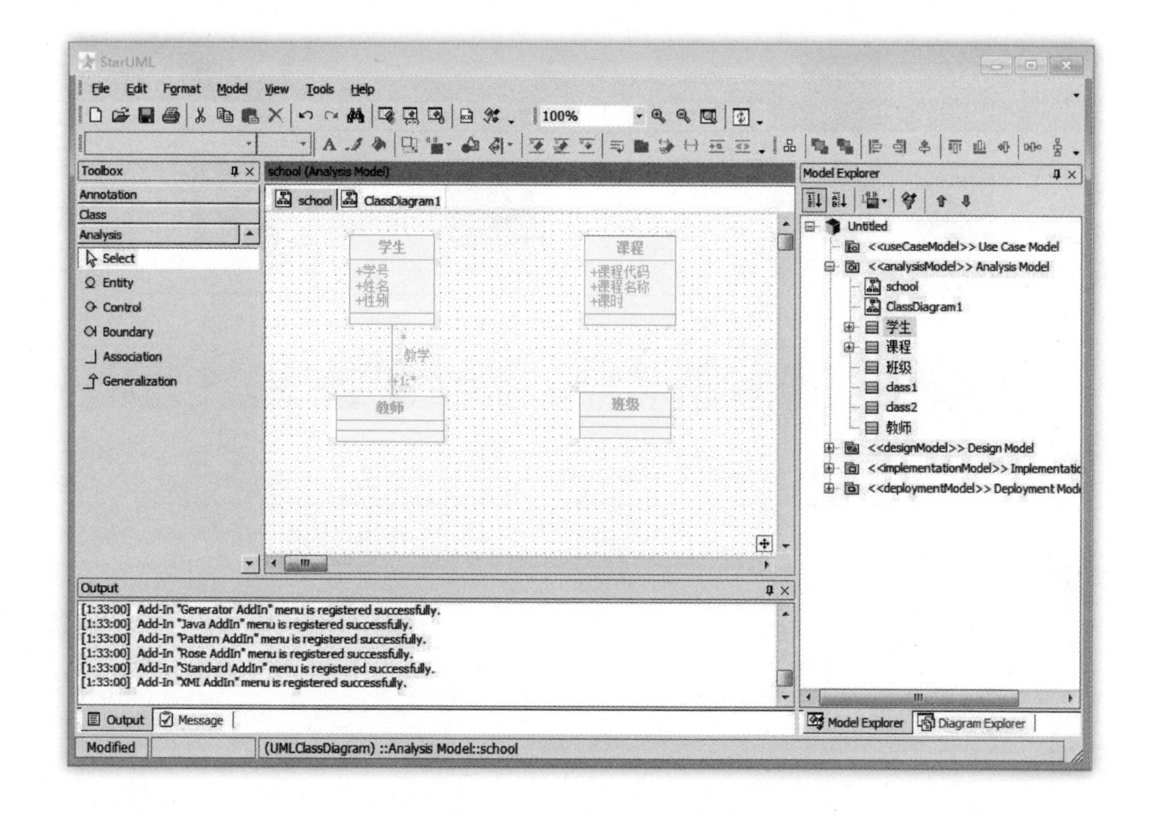

图4-22 画关系

任务 4-2 建立设备信息模型

【任务描述】

设备信息模型可以用来有序地组织和存储海量的设备信息。本任务介绍生产车间设备的有关概念，以一个模拟的机械加工生产线为实验对象，使用 UML 描述该生产线的设备信息模型，并将信息模型转换为二维表结构。

在机械加工生产过程中，往往把加工设备按加工工艺依次排列，并用传输装置将它们连为一个整体。被加工工件按工艺规程顺序地经过各个加工设备，完成加工的全部过程。

模拟的机械加工生产线是一条生产五彩棒的生产线。生产过程如图 4-23 所示。加工工件有螺栓、不同材质的四个螺母、五彩棒和包装盒。生产设备有焊机、涂胶机、拧紧机、称重仪和打标机等。其中，拧紧机处设置有监测点，可采集的检测数据包括拧紧机的扭矩和角度。

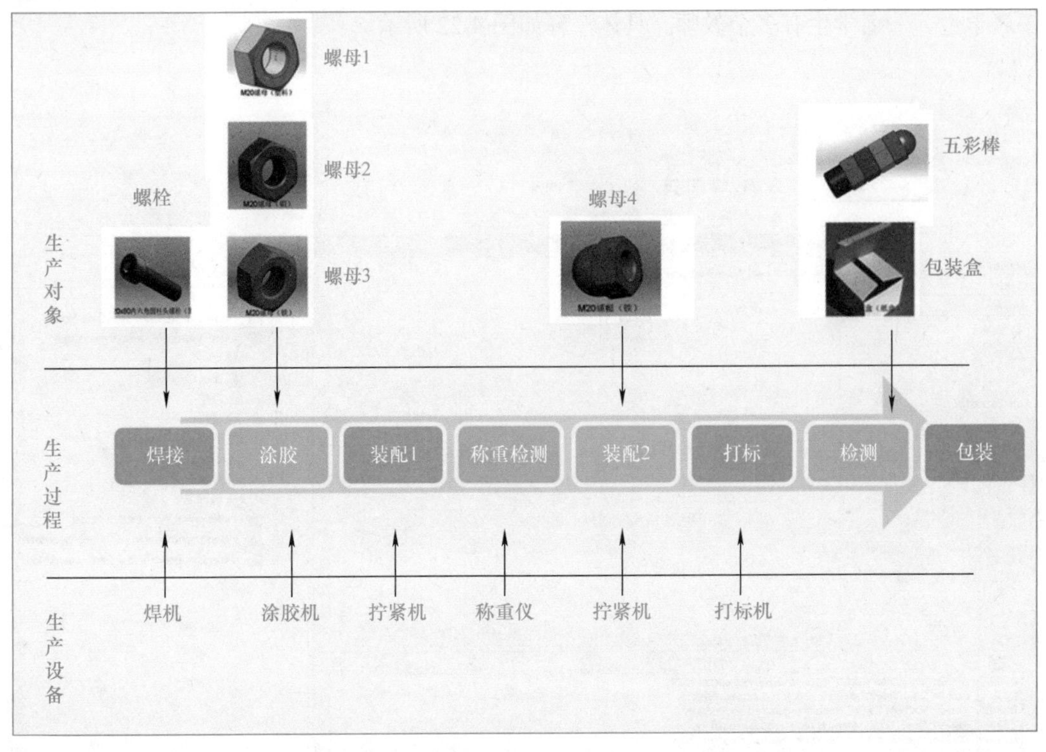

图4-23 模拟数字化车间的生产工艺流程

【相关知识】

一、信息模型

信息模型是对物理对象的描述，反映物理对象及其之间的关系。信息建模的目的是用面向对象的方法描述企业的信息需求，是企业信息应用的依据。信息模型建模过程是将经过分析后抽象得到的概念模型转化为物理模型，最终在数据库中建立表和表的关联关系，用来存储数据，供查询和分析。

信息模型有三要素，即对象、对象属性和对象关系。

生产车间由生产活动、物流活动、质量活动、维护活动，以及生产要素（人员、设备、物料、半成品及产品等）组成。这些生产活动和生产要素可以被看作一个个对象。例如，对象可以是产品、零部件、车床、工具、工人，也可以是工位、生产线、工艺流程等。通常把对象的共有特性称为属性。例如，工人有工号、姓名等属性，机床有编号、定位精度、移动精度、进给速率和转轴转速等属性，锅炉有燃料量、蒸汽流量等属性。工人操作机床就是对象之间的一种关系。

在信息模型中，信息具有静态和动态之分。静态信息表示在定义之后不发生改变或者变化缓慢的信息数据，在车间中具体表现为资产类数据，如设备信息、物料数据等。动态信息表示随生产过程实时产生、消失或发生变化的数据，如设备运行期间的监测数据、产品物流信息等。

在建立信息模型时，主要考虑和解决以下四个问题：

1）定义哪些对象？

2）对象有哪些属性？

3）对象之间有何种关系？

4）用什么形式描述信息模型？

信息模型用两种基本的形式描述：一种是文本说明形式，包括所有的对象、关系的描述与说明；另一种是图形表示形式，如UML类图描述信息模型里的对象、对象属性和对象关系。

二、设备信息

设备是生产要素的一种。设备信息是车间生产调度、设备维护管理业务的基础。以机械加工为例，设备信息的构成如图4-24所示。

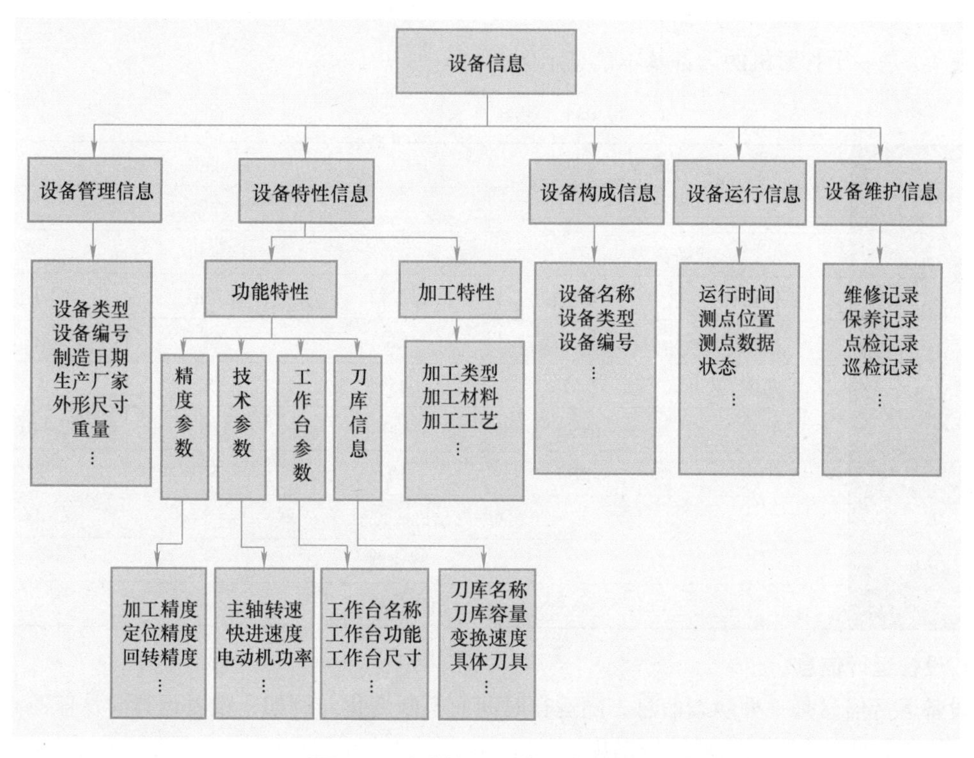

图4-24　机械加工设备信息的构成

从图4-24可见，设备信息可以归纳为以下五个方面的内容。

1. 设备管理信息

设备管理信息包括设备类型、设备编号、制造日期、生产厂家、外形尺寸和重量等信息。

设备分属于不同的设备类型，如焊接设备、喷漆设备及钻孔设备等。每一个类型的设备含有若干单体设备，如焊机有 1 号焊机、2 号焊机等。将具有类似功能特性的生产设备归为同一个设备类型，每个类型的设备都有一组相同的功能特性，便于管理。

2. 设备特性信息

设备特性包括设备的功能特性和设备的加工特性等。

1）设备的功能特性。设备的功能特性可以用一组值描述，包括度量单位、标准值、最大值和最小值等，属于设备固有的属性，如机床的精度参数、技术参数、工作台参数和刀库信息等。其中，精度参数有加工精度、定位精度和回转精度等；技术参数有主轴转速、快进速度和电动机功率等；工作台参数有工作台名称、工作台功能和工作台尺寸等；刀库信息有刀库名称、刀库容量、变换速度以及机床设备对应的具体刀具。

2）设备加工特性。加工设备的加工范围体现了设备的加工能力，具体包括可以加工零件的类型、适合加工的材料、加工类型以及加工工艺等。例如，加工零件的类型大概有轴类、箱体类和齿轮类等，加工材料如铸铁、碳素结构钢和合金结构钢等，常用的加工类型有螺纹、平面等，常见的加工工艺有车、铣、镗、磨等。

3. 设备构成信息

设备构成信息一般描述设备包含的部件。例如，拧紧机由数控系统、伺服电动机和传感器等组成。

表 4-1 是一个拧紧机的设备基本信息示例。

表 4-1　设备基本信息示例

<table>
<tr><td rowspan="3">设备管理信息</td><td colspan="2">设备编号</td><td colspan="3">D_0301</td></tr>
<tr><td colspan="2">设备名称</td><td colspan="3">1 号拧紧机</td></tr>
<tr><td colspan="2">设备类型</td><td colspan="3">拧紧机</td></tr>
<tr><td rowspan="5">设备功能特性</td><td>特性名称</td><td>度量单位</td><td>标准值</td><td>最大值</td><td>最小值</td></tr>
<tr><td>扭矩</td><td>N · m</td><td>1.8</td><td>2.4</td><td>1</td></tr>
<tr><td>角度</td><td>（°）</td><td>45</td><td>35</td><td>55</td></tr>
<tr><td>转速</td><td>r/min</td><td>300</td><td>250</td><td>340</td></tr>
<tr><td>噪声</td><td>dB</td><td>10</td><td>5</td><td>15</td></tr>
<tr><td rowspan="3">设备构成信息</td><td colspan="5">伺服电动机，型号 ×××</td></tr>
<tr><td colspan="5">减速器</td></tr>
<tr><td colspan="5">扭矩传感器</td></tr>
</table>

4. 设备运行信息

设备运行信息是一种动态信息，随运行时间而不断变化。例如，设备运行时从监测点采集到的运行参数是一个时间序列的数据集。

假定一条汽车总装生产线上的某个电动拧紧机设置了五个监测点，通过传感器可以持续获取这五个监测点的数据。表 4-2 所示为某日该拧紧机的监测点数据。可见，获取的监测数据是一个时间序列的数据。

5. 设备维护信息

设备维护信息包括设备故障维修记录、设备保养记录、设备点检和巡检记录等。

表 4-2 设备运行信息示例

采集时间（时间字段）	扭矩 /（N · m）	角度 /（°）	转速 /（r/min）	噪声 /（dB）	拧紧时间
00 : 00 : 00	1.2	42	301	9	00 : 00 : 00
00 : 10 : 00	1.3	40	321	10	00 : 10 : 00
00 : 20 : 00	1.2	39	322	8	00 : 20 : 00
00 : 30 : 00	1.9	35	310	10	00 : 30 : 00
⋮	⋮	⋮	⋮	⋮	⋮

【任务实施】

工具准备：UML 绘图工具 StarUML。

一、新建工程

启动 StarUML 后，进入 UML 初始界面，选中“Default Approach”选项，新建 UML 工程。

二、添加类图

在模型管理器中新建一个模型分类，或选择现有分类，如“Analysisy Model”，右击，在弹出的快捷菜单中选择 Add Diagram>Class Diagram 命令。

三、画类

画出模拟数字化车间的所有设备类，包括焊机、喷涂机、涂胶机、钻孔机、称重仪、拧紧机和打包机等。

四、添加属性

参照表 4-1 和表 4-2，分析以上各类设备的特性信息，分别给以上各类添加属性。

任务 4-3 建立生产过程信息模型

【任务描述】

企业在产品全生命周期管理中有一系列的活动，包括生产活动、质量活动、物流活动和维护活动等。优化生产过程活动对提高产品生产效率和质量起关键作用。可以对生产过程数字化，实现从物理产线到虚拟产线的映射，并通过大数据技术优化、智能化生产过程，从而提升生产效率。

本任务以一个模拟的机械加工生产线为例，使用 UML 定义其生产过程信息模型。模拟生产线的生产过程如图 4-23 所示。生产过程经过焊接、喷涂、装配 1、称重、装配 2、检测和包装共七道工序后，形成产品。生产线上每一道工序只有一台设备。零部件在一台设备上加工完毕后，由传输装置输送到下一台设备，直至打包下线。

【相关知识】

一、生产过程

由设计图样变为产品，要经过一系列的过程。将原材料或半成品转变成为产品所经过的劳动过程的总和称为生产过程，主要包括原材料的运输与管理、生产的准备工作、毛坯的制订、零件的加工，部件和产品的装配、检验、油漆和包装等。

生产过程相关的主要信息包括生产线、工序、工艺和零部件等信息。

（一）生产线

生产线是指生产某种产品的物理产线。一个工厂往往由多个车间组成，而一个车间里可以配有多条生产线，每一条生产线由多台设备有序构成。

一条生产线的生产任务是将毛坯或者半成品经过加工转换为成品。生产线一般包括各种所需的加工设备、物流设备、存储设备和缓冲区等一整套设备。

生产线信息包括生产线编号、生产线名称、所属车间、加工零部件类型，以及该生产线下的所有设备与设备状态（如故障、维修和停机）等。

例如，在机械加工过程中，对于一些加工工序比较多的工件，为保证加工质量、提高生产率和降低成本，往往把加工设备按照一定的顺序依次排列，并用一些输送装置与辅助装置将它们连接成一个整体，使之能够完成指定的加工过程。这就是机械加工生产线。

（二）工序

工序是组成生产过程的基本单位，指一个（或一组）工人在一个工作地对一个（或几个）劳动对象连续进行生产活动的综合。例如，一个工人在一台车床上完成车外圆、端面、退刀槽、螺纹以及切断是一个工序，一组工人对一批零件去除毛刺也是一个工序。将工序再细分，就是工步。

如图 4-25 所示，以机械加工为例，一道工序信息由工序编号、工序名称、工序内容、工装（设备）以及若干工步组成。每一个工步中的信息包含工步编号、刀具编号、切削参数和 NC 程序等内容。其中，切削参数包括进给速度、转速、*X* 轴方向加工余量、*Y* 轴方向加工余量和 *Z* 轴方向加工余量等；刀具参数包括刀具编号、刀具名称、刀长和直径等。

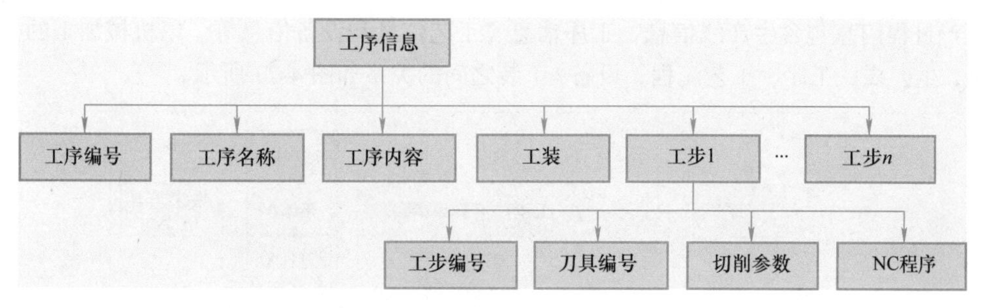

图4-25　机械加工的工序信息构成

（三）工艺

工艺信息指的是在加工制造过程中涉及的工艺数据。工艺信息规定了工艺路线，以及每道工序、工步的技术参数。

工艺路线（也称为工艺流程）指生产一个产品要经过的所有加工步骤，以及这些加工步骤的顺序关系。若干工序组成产品生产加工过程。工艺路线通常被画成一张工序顺序图，也就是生产工艺流程图。一种产品的生产对应一个生产工艺流程。

（四）零部件

零部件信息是生产车间最为重要的基础信息。零部件信息是告诉生产人员要生产什么，一般由管理信息、几何信息和工艺信息组成，具体构成如图 4-26 所示。零部件管理信息主要包括零部件编号、零部件名称、零部件类别、零部件图号、设计人员和设计日期等。零部件几何信息主要包含零部件的形状、尺寸等。零部件工艺信息包括精度、材料和处理技术等。

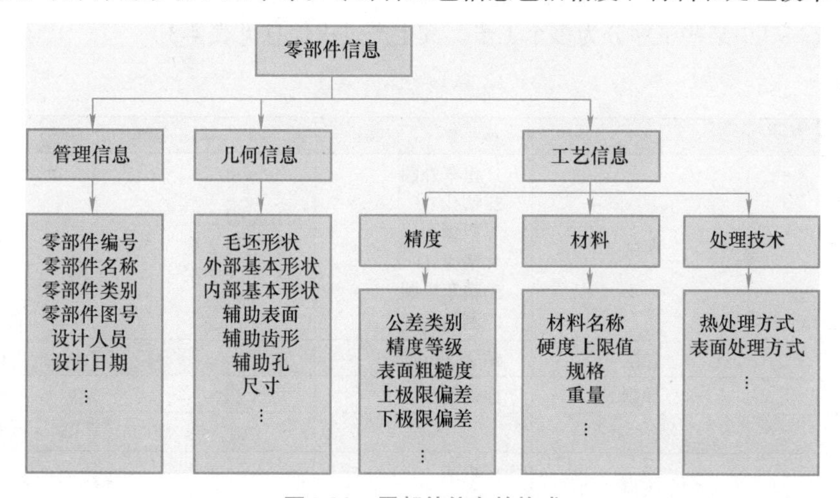

图4-26　零部件信息的构成

二、生产过程信息示例

生产过程信息包含生产线信息、工序信息、工艺信息和设备信息等。以机械加工的生产过程为例，生产线、工序、工艺流程、设备 / 工装之间的关系如图 4-27 所示。

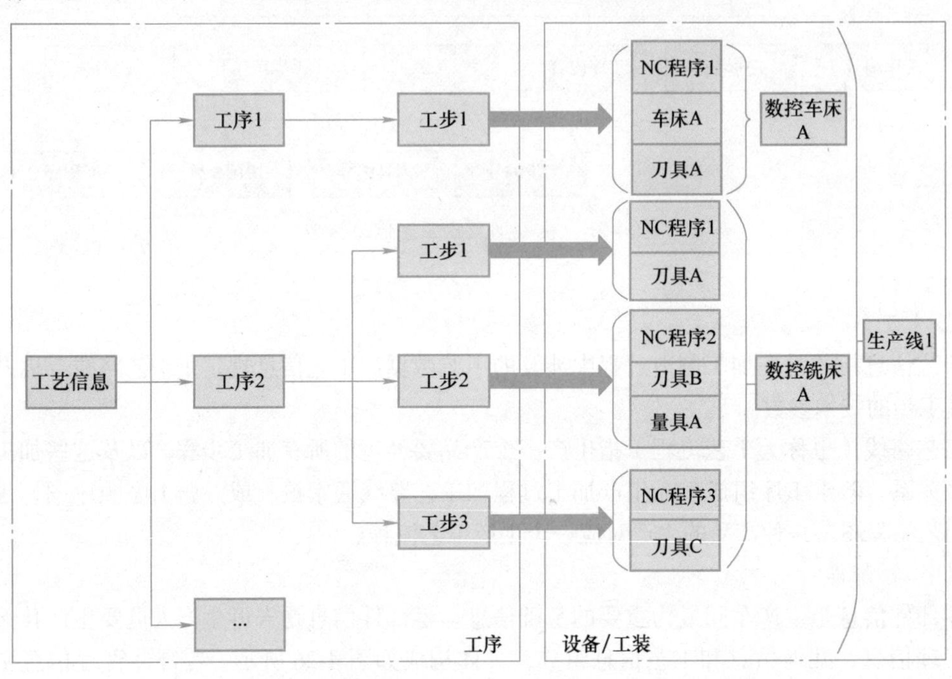

图4-27　机械加工的生产线、工序、工艺流程、设备/工装之间的关系

例如，一个小批量的齿轮加工过程包含六道工序，分别是车削、钻削、插削、磨平面、滚齿和齿面淬火。其中某些工序分为多个工步。其生产过程信息见表 4-3。

表 4-3　齿轮生产过程信息示例

工序号	工序内容	工步	工艺	工装 / 设备
1	车削	1. 粗车外圆 2. 钻孔 3. 粗镗孔 4. 精镗孔 5. 精车外圆 6. 倒角	1. 走刀 2 次 2. 走刀 2 次 3. 走刀 2 次	车床
2	钻削	钻 ϕ12mm 孔		钻床
3	插削	插键槽	若干次	刨床
4	磨平面			磨床
5	滚齿	1. 粗滚 2. 精滚		滚齿机
6	齿面淬火			

【任务实施】

工具准备：UML 绘图工具 StarUML。

一、新建工程

启动 StarUML 后，进入 UML 初始界面，选中“Default Approach”选项，新建 UML 工程。

二、添加类图

在模型管理器中新建一个模型分类，或选择现有分类，如“Analysisy Model”，右击，在弹出的快捷菜单中选择 Add Diagram>Class Diagram 命令。

三、画类

1）画出模拟数字化车间的生产线组成，包括焊接、喷涂、装配 1、称重、装配 2、打标和包装七道工序。

2）画出模拟数字化车间的设备类。

四、添加属性

为每一道工序添加属性，以描述该道工序的工艺要求。

五、添加关系

为设备与工序建立关系。

拓展知识

数字孪生

数字孪生思想最早由密歇根大学的 Michael Grieves 博士提出，并命名为“信息镜像模型”，而后演变为“数字孪生”（Digital Twins）。数字孪生也被称为数字双胞胎、数字映射、数字镜像。

数字孪生就是在一个设备或系统的基础上，创造一个数字版的“克隆体”。这个“克隆体”，也被称为“数字孪生体”。它被创建在信息化平台上，是虚拟的，可以理解为是在计算机虚拟空间存在的、与物理实体完全等价的信息模型。

相比于设计图样，数字孪生体最大的特点在于，它是对实体对象的动态仿真。也就是说，数字孪生体是会“动”的。如果需要做系统设计改动，或者想要知道系统在特殊外部条件下的反应，工程师们可以在孪生体上进行“实验”。这样一来，既避免了对实体对象的影响，也可以提高效率、节约成本。数字孪生可以通过建立预测模型来实时跟踪物理对象，从而提高生产效率、减少停机时间，并在产品发布之后可以持续改进产品。例如，特斯拉为每一辆出厂的汽车都配备了数字孪生模型，并根据物联网传感器接收到的数据，对汽车程序进行实时更新，以改善其性能。

可以认为数字化车间是虚、实两个版本的镜像车间。实体车间就是一条真实的生产线，虚拟车间就是一系列软件（如产品设计、工程设计和生产仿真）。两条生产线的生产对象和生产过程一模一样，如图 4-28 所示。

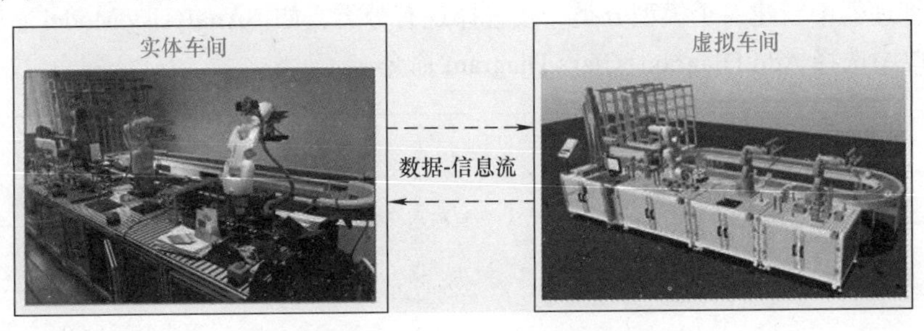

图4-28　生产流程数字孪生模型

在工业领域，数字孪生将现实世界中复杂的产品研发、生产制造和生产线维护映射到了虚拟世界中的一系列数字化模型，通过虚实连接、数据的不断迭代、模型的不断优化，不断提升制造业的生产效率。

在产品研发过程中，数字孪生可以虚拟构建产品数字化模型，对其进行仿真测试和验证。数字孪生能够有效提升产品的可靠性和可用性，同时降低产品研发和制造的风险。

在产品生产阶段，数字孪生可以将生产流程数字化，结合运筹学理论调试并优化虚拟生产线模型，从而提升工厂的生产效率，发挥隐藏的产能潜力。

在产品维护阶段，数字孪生也能发挥重要作用。采用数字孪生技术，通过对运行数据进行连续采集和智能分析，可以预测维护工作的最佳时间点，也可以提供维护周期的参考依据。数字孪生体也可以提供故障点和故障概率的参考。

数字孪生给工业制造带来了显而易见的效率提升和成本下降，使几乎所有的工业巨头趋之若鹜。以美国通用公司（GE）为例，他们称已经为每个引擎、每个涡轮、每台核磁共振设备创造了一个数字孪生体（截至 2018 年，GE 已经拥有 120 万个数字孪生体）。通过这些仿真的数字化模型，工程师们可以在虚拟空间进行调试与试验，能够让机器的运行效果达到最佳。

项目5

工业大数据分析

【知识目标】

1. 认识大数据的分析过程。
2. 理解机器学习的相关概念。
3. 理解两种不同预测算法的应用场景。

【技能目标】

1. 掌握数据分析工具的安装和使用方法。
2. 掌握两类常见的回归和分类预测方法。
3. 能够使用数据分析工具进行分类预测分析。

【项目背景】

随着物联网技术在工业领域的广泛应用，大量与工业生产活动相关的数据被实时采集并存储到企业的信息系统中。对这些数据进行分析，有助于改进生产工艺、提高生产效率、降低生产成本。大数据分析是一个从海量数据中挖掘知识的过程，常用的手段是数据挖掘和机器学习。

本项目由三个任务组成：任务 5-1 介绍了认识数据分析工具 Weka 的安装方法、操作界面和使用方法，任务 5-2 介绍了使用 Weka 工具通过回归算法预测计算机 CPU 的性能，任务 5-3 介绍了使用 Weka 工具通过分类算法预测玻璃质量等级。

本项目采用 Weka 自带的两个示例数据集 cpu.arff 和 glass.arff。这两个数据文件可以在 Weka 安装目录的 data 子目录下找到。

任务 5-1　使用大数据分析工具

【任务描述】

Weka 是一款开源的大众化数据分析软件，集成了大量前沿的、能够承担数据分析任务的机器学习算法，可以对数据进行预处理、分类、回归、聚类、关联分析以及可视化分析。由于易于使用，Weka 作为入门数据分析和机器学习的实践工具，主要用于科研和教育领域。Weka 除了提供大量机器学习算法之外，还提供了适应范围很广的数据预处理工具，能够通过一个统一界面操作各种组件，比较不同的机器学习算法，找出能够解决问题的最有效算法。

本任务介绍安装、运行 Weka，认识 Weka 的基础功能模块 Explorer 的界面和操作方法。通过实践，学生应掌握数据挖掘工具的使用方法。

【相关知识】

一、大数据分析过程

大数据分析是对海量数据进行探索和分析，揭示隐藏的、未知的或验证已知的规律性，并进一步将其模型化的过程，也就是建立经验模型。其过程不难理解，与烹饪的过程非常相似，如图 5-1 所示。

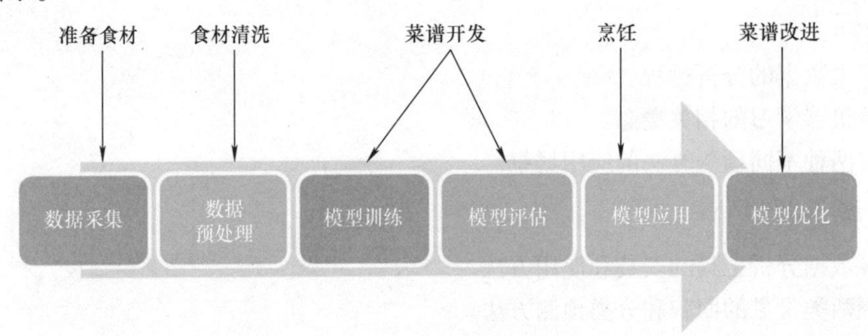

图5-1　大数据分析的建模过程

大数据分析可以简单分为以下五个步骤。

1. 准备食材（数据采集）

海量的工业数据就是工厂中的食材，采集到的数据需要新鲜（实时）、丰富（全维）、料足（全量）。数据采集要求不影响正常生产，因此，采集过程可采用小步推进的方式，先从历史数据与离线数据入手，当数据不足以支撑模型训练时，再对关键设备升级改造，逐步开放更多关键数据，补足缺失的数据维度。从而实现从最初的离线数据再到实时数据。

2. 食材清洗（数据预处理）

收集上来的食材（数据）并不能直接用于烹饪，需要进行清洗，包括过滤“脏”数据与噪声、解决数据的多源异构、找回丢失的数据以及修正错误的数据。接下来，还要根据用途对食材（数据）进行分割、分解及分类，以便为下一步的“烹饪”（建模）做好准备。

对于丢失的数据，可以采用替代法（估值法），利用已知的经验值代替缺失值。标准化可以将不同性质、不同量级的数据进行指数化处理，调整到可以类比的范围。例如，性别的取值是 0 或 1，但是收入取值可能就是 0 ~ 100 万，跨度较大，需要进行标准化。一般可以采用最小 - 最大标准化（Min-max 标准化）法将数值定在 0 ~ 1 之间，便于计算。

3. 菜谱开发（模型训练 / 评估）

在烹饪过程中，随着温度的变化，食材之间以及与调味料之间会产生不同的化学反应。食材与调味料的配比以及对火候的把握决定了菜肴最终的味道。食材不同配比的调试也就是菜谱开发的过程。

生产过程也同样如此。例如炼钢过程中的炉温控制，只有分析出煤气热值、压力波动空燃比等关键参数间的最优关系，并通过实时的参数调节，才能有效降低能耗，提升轧钢的质量稳定性。因此，需要以数据关键变量为基础，外加对锅炉燃烧机理的认知，通过锅炉燃烧数据模型与最优算法找出最优的参数组合，这就是一个建模的过程。

4. 烹饪（模型应用）

食材和菜谱都准备好后，就可以按照菜谱来烹饪了。模型应用也一样，如果模型经评估在可接受的范围内，就可以将它应用于真实的业务场景。应用模型过程中，还需要对比业务预测结果与真实的业务结果，以检验模型在真实的业务场景中的效果，并可用于后续的模型优化。

5. 菜谱改进（模型优化）

用新菜谱做出的菜肴需要小范围试吃，收集顾客的反馈，以做进一步改进。同理，基于模型推导出的最优参数，需要回归到实际生产环境中，以小批量生产来验证效果，进行模型的效益分析与评估，并根据生产反馈做进一步参数优化，直至可以应用到大规模生产当中。

如果在评估模型时发现模型欠拟合（预测与实际相差过大）或者过拟合（预测与实际吻合度过高），则模型不可用，需要优化模型。可以在模型中增加新的考虑因素，尝试调整模型中的阈值到最优，或者尝试对原始数据进行更多的预处理，如派生新变量等。对于不同的模型，其模型优化的具体方法也不一样。例如，对于回归模型的优化，可能要考虑异常数据对模型的影响；再如，对于分类模型的优化，主要是一些阈值的调整，以实现精准性与通用性的均衡。

总之，在数据的基础上，通过算法构建出模型并对模型进行评估。评估的性能如果达到要求，就用该模型来测试其他的数据；如果达不到要求，就要调整算法来重新建立模型，再次进行评估。如此循环往复，最终获得满意的经验模型。

二、大数据分析的关键

在大数据分析过程中，模型的建立有以下几个关键环节：

1）算法选择。目前，已有大量的能够承担数据分析任务的机器学习算法，可以利用这些已有的算法来建模，根据要解决的具体业务问题来选择算法，而不必从头开始研究。例如，预测产品销量，可以选择回归算法；预测生产出来的成品是否是次品，可以选择分类算法，如决策树、神经网络等。不同的算法模型适用于不同类型的问题。针对同一个问题，往往也有多种算法模型供选择，这就需要数据分析人员勤于实践、敏于思考、勇于创新，通过数据分析和性能比较选择最优的解决方案。

2）模型训练。模型开发过程是一个从数据中学习得到模型的过程，称为“训练”或“学习”。模型有一定的通用性和可变部分。模型中可以适当变化的部分，一般叫作参数。所谓模型训练，就是要基于真实的业务数据来确定最合适的模型参数。模型训练好了，也就意味着找到了最合适的参数，这时模型才能使用。

3）数据集划分。算法建模用到的数据集一般分为两个部分：一部分用于训练模型的，叫作训练集；另一部分用于评估模型的，叫作验证集或测试集。原则上不用训练集作为验证集。

4）模型评估。模型评估是指用验证集来判断训练得到的模型是否适用。如果在训练集和验证集上的预测效果差不多，就表示模型质量尚好，可直接使用；如果发现训练集和验证集上的预测效果相差太远，说明模型还有优化的余地。

三、基于大数据的机器学习

机器学习就是通过算法使机器能从历史数据中学习到规律，从而对新的样本能做出智能识别或预测。

由于技术和单机存储的限制，传统的机器学习算法只能在少量数据上使用，即以前的机器学习依赖于抽样数据。但实际应用中的样本往往很难做到随机，导致模型不准确。

基于大数据的机器学习是对全量数据或海量数据的建模，已经在许多方面发挥作用。常见的应用如下：

1）预测类场景：设备故障预测、降雨预测和产品质量预测等。

2）营销类场景：商品推荐、用户群体画像和广告精准投放等。

3）金融类场景：贷款发放预测、金融风险控制、股票走势预测和黄金价格预测等。

4）社交关系挖掘：社交关系链分析和微博粉丝领袖分析等。

5）文本类场景：新闻分类、关键词提取、文章摘要和文本内容分析等。

6）非结构化数据处理场景：图片分类、图片文本内容提取等。

1. 机器学习的相关术语

1）模型：是指从数据中学习得到的结果。

2）学习：是指通过数据得到模型的过程，也称为训练。

3）训练集：是指训练模型过程中使用的数据集。

4）验证集：是指验证模型过程中使用的数据集。

5）特征：特征是区分事物的关键属性。当对事物进行分类或者识别时，实际上就是提取事物的“特征”，通过特征的表现进行判断。例如，人脸识别时，需要提取人的脸部特征、五官信息等作为识别特征。

6）特征选择：是指从原始特征集合中剔除不相关或不重要的特征，保留有用特征。

7）降维：是指减少特征的数量。当特征的维数过高时，会增加机器训练的负担和存储空间，降维的目的就是希望去除冗余的特征，用更少的维数来表示特征。

8）泛化能力：是指模型适用于新的数据样本的能力。

2. 机器学习的类型

依照训练数据是否拥有标签信息的划分，机器学习可以分为三类，即有监督学习（Supervised Learning）、无监督学习（Unsupervised Learning）和强化学习（Reinforcement Learning）。

1）有监督学习。有监督学习，也称为预测学习，其目标是在给定一系列输入/输出样本（实例）构成的数据集的条件下，学习输入 x 到输出 y 的映射关系。

有监督学习的样本数据是带有标签的，每一个样本数据都含有已知结论，其主要做法是使用有标签的样本数据来训练得到模型。

以产品质量等级评判为例。首先，根据人工经验评判样本的质量等级，样本数据记录了每一个产品的特征和质量等级，如砂眼数、气泡数、焊渣、焊疤数、毛刺数、缺陷数、庇点数以及质量等级（一级品、二级品、三级品……）等。然后，利用这组数据和算法来训练得到一个判定模型。有了这个判定模型，机器便可以自动判别一个新产出的产品的质量等级。

在上述例子中，砂眼数、气泡数和焊渣等是特征；质量等级则是标签，可以看作是结论。当结论是离散型时，这类判定问题称为分类；当结论是连续的数值时，称为回归。

2）无监督学习。无监督学习，也称为描述学习，其目标是在给定一系列仅由输入样本（实例）构成的数据集的条件下，发现数据中的模式。无监督学习有时候也被称为知识发现，这类问题并没有明确定义，因为需要寻找什么样的模式是未知的，也没有明显的误差度量可供使用。

无监督学习的样本数据没有任何标签，而是直接从数据本身发现一些潜在的规律。

例如，对于电商网站上的客户信息，假定事先并没有划分客户群，也没有标识客户属于哪个客户群，而是期望通过算法自动划分出客户群。算法得到的结果可能是按购物偏好、地域或性别等各种因素考虑进去后形成的不同群体。这就是无监督学习与有监督学习的根本性区别，无监督学习是通过算法自动提取有效信息来探索数据的内在结构和规律的。

3）强化学习。强化学习是指一个系统和外界环境不断地交互，获得外界反馈，然后决定自身的行为，达到长期目标的最优化。其典型案例就是阿尔法围棋（AlphaGo）和无人驾驶。

【任务实施】

一、下载并安装 Weka

Weka 可以在 Windows 或 Linux 操作系统下运行。本任务以 Windows 操作系统下的 Weka 3.8.4 版本为例。此版本要求的运行环境是 64 位的 Windows 操作系统，如 Windows 8、Windows 10。

1. 检查计算机操作系统的版本

首先确认计算机的操作系统是否为 64 位的。方法：右击桌面的“计算机”图标，在弹出的快捷菜单中选择“属性”命令，在打开的窗口中可以查看本计算机操作系统的具体信息，如图 5-2 所示。

图5-2 检查计算机操作系统版本

2. 下载 Weka

打开浏览器，在地址栏中输入 Weka 的下载地址，如 https://waikato.github.io/weka-wiki/downloading_weka/。在打开的页面中找到当前最新的稳定版本，单击下载链接。

找到 Windows 下的安装包，单击“here”文字链接，如图 5-3 所示。

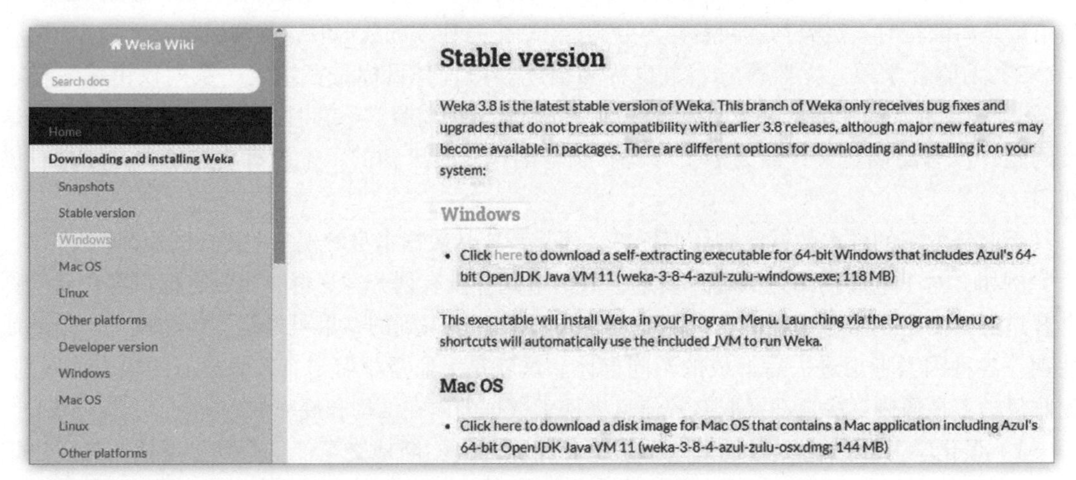

图5-3　Windows下的安装包

单击下载链接后，将自动跳转到如图 5-4 所示的页面。

图5-4　下载Weka

最后，选择本地计算机保存安装包的路径，单击“下载”按钮，等待下载完成即可。

3. 安装 Weka

找到下载的安装包文件，文件名为 weka-3-8-4-azul-zulu-windows.exe。双击运行该文件。系统弹出如图 5-5 所示的安装界面，单击“Next”按钮。后面按默认设置安装，安装完成后单击“Finish”按钮完成安装。

图5-5 安装Weka

二、Weka 的操作界面

启动 Weka 后，可以看到如图 5-6 所示的主界面。

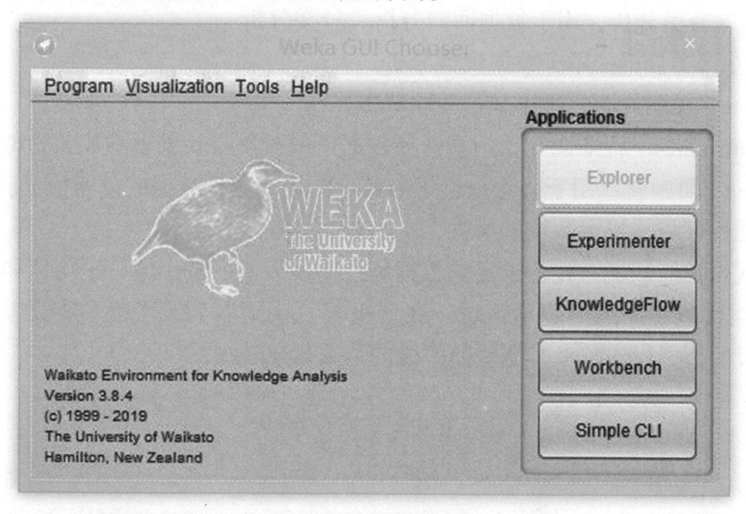

图5-6 Weka的主界面

Weka 提供了五个模块供用户选择，分别是 Explorer（探索者）、Experimenter（实验者）、KnowledgeFlow（知识流）、Workbench（工作台）和 Simple CLI（简单命令窗模式）。

其中，Explorer 是使用方法最简单的，有图形化界面。下面介绍 Explorer 的使用方法。在主界面单击“Explorer”按钮，进入 Explorer 后的界面如图 5-7 所示。

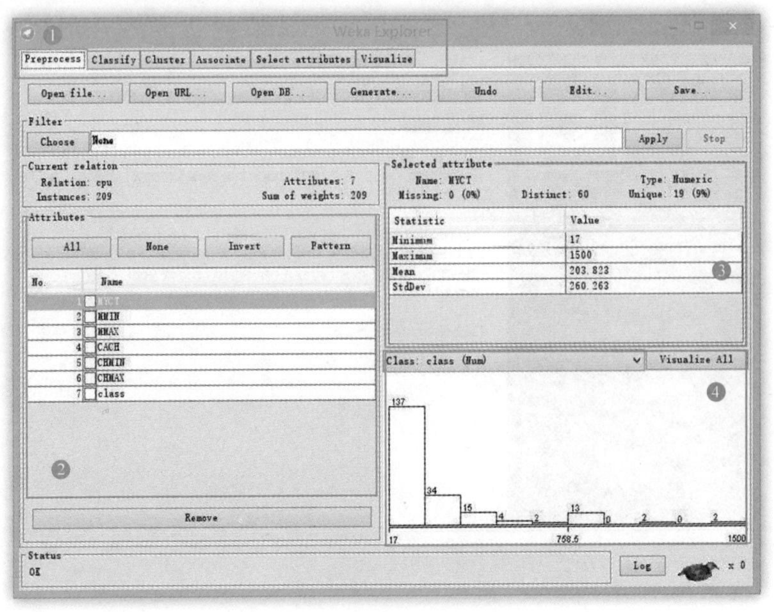

图5-7　Explorer 界面

区域①在窗口的顶部，有六个选项卡，从左到右依次是 Preprocess、Classify、Cluster、Associate、Select attributes 和 Visualize。单击相应的标签可切换到不同功能的选项卡面板。各选项卡的功能如下：

1）Preprocess：数据预处理，可从文件、URL 或数据库中加载数据集；可以根据实际要求或领域知识过滤掉不需要进行处理或不符合要求的数据；可对数据进行预处理，如离散化、标准化等。此外，这里还提供了一些方法帮助用户筛选特征，提高准确率。

2）Classify：分类分析，用于数据回归分析、分类分析。

3）Cluster：聚类分析，用于数据聚类分析。

4）Associate：关联规则，用于数据关联分析。

5）Select attributes：特征选择，用于选择数据集中对预测效果影响较大的特征。

6）Visualize：可视化，用于查看数据集的散点图等，分析数据的分布情况。

区域②是属性区域，显示数据的属性。

区域③是属性概貌区域，显示选定的数据属性的最大值、最小值、平均值和标准差值。

区域④是属性概貌的图形表示区域，在这里可直观地看到某个属性的数据分布情况，例如，哪些数值段的数据行比较多，哪些数值段的数据行比较少。

三、Weka 的数据及类型

Weka 的数据集类似数据库里的表或电子表格，格式如图 5-8 所示。一行称作一个实例（Instance），相当于统计学中的一个样本，或者数据库中的一条记录。列称作属性（Attribute），也就是特征。

Relation: Glass

No.	1: RI Numeric	2: Na Numeric	3: Mg Numeric	4: Al Numeric	5: Si Numeric	6: K Numeric	7: Ca Numeric	8: Ba Numeric	9: Fe Numeric	10: Type Nominal
1	1.51...	12.79	3.5	1.12	73.03	0.64	8.77	0.0	0.0	build wind float
2	1.51...	12.16	3.52	1.35	72.89	0.57	8.53	0.0	0.0	vehic wind float
3	1.51...	13.21	3.48	1.41	72.64	0.59	8.43	0.0	0.0	build wind float
4	1.51...	14.4	1.74	1.54	74.55	0.0	7.59	0.0	0.0	tableware
5	1.53...	12.3	0.0	1.0	70.16	0.12	16.19	0.0	0.24	build wind non-float
6	1.51...	12.75	2.85	1.44	73.27	0.57	8.79	0.11	0.22	build wind non-float
7	1.51...	13.64	3.65	0.65	73.0	0.06	8.93	0.0	0.0	vehic wind float
8	1.51...	13.14	2.84	1.28	72.85	0.55	9.07	0.0	0.0	build wind float
9	1.51...	14.14	0.0	2.68	73.39	0.08	9.07	0.61	0.05	headlamps
10	1.51...	13.19	3.9	1.3	72.33	0.55	8.44	0.0	0.28	build wind non-float

图5-8 Weka的数据格式

数据属性有两种类型：定性和定量。例如，“天气”取值为（阴、晴、雨、多云）中的一种，那么天气就是定性属性；“气温”和“湿度”取值为数值，就是定量属性。

四、Weka的文件格式

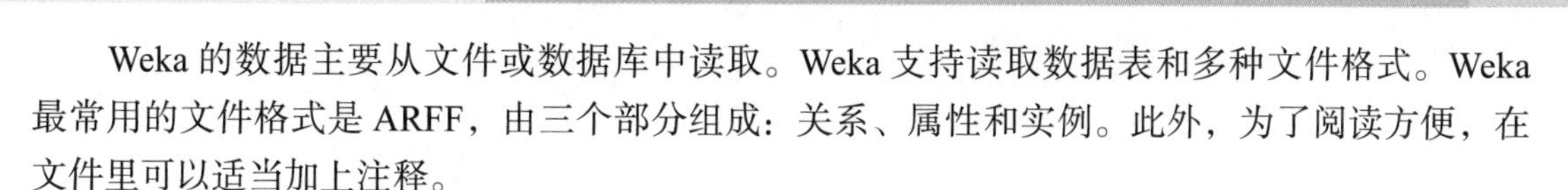

Weka 的数据主要从文件或数据库中读取。Weka 支持读取数据表和多种文件格式。Weka 最常用的文件格式是 ARFF，由三个部分组成：关系、属性和实例。此外，为了阅读方便，在文件里可以适当加上注释。

下面是一个 ARFF 文件的示例。

```
% ARFF weather
@relation weather
@attribute temperature real
@attribute humidity real
@attribute windy {TRUE, FALSE}
@attribute play {yes, no}
@data
29,85,FALSE,no
26,90,TRUE,no
28,86,FALSE,yes
21,96,FALSE,yes
```

说明：

1）第 1 行中的“%”表示注释，一般说明数据集的来源、用途等。

2）第 2 行中的“@relation”表示数据集名称，这里是 weather。

3）第 3 ~ 6 行中的“@attribute”表示数据集的属性。这里有 4 行，分别定义了 temperature（气温）、humidity（湿度）、windy（风）和 play（玩）4 个属性。并且每个属性还指定了数据类型，如 real 表示是实数型。{ } 表示该属性是定性的，即该属性只能是括号里的有限个值之一。例如，windy 只能是 { TRUE，FALSE } 中的一种。

其中，第 6 行是目标属性，放在所有属性的最后，表示要预测的变量。这里要预测 play 是 yes 还是 no，即天气是否适宜外出游玩。

4）第 7 行中的“@data”表示之后的是数据行，每行是一条数据样本，构成数据集。

注意：由于 ARFF 文件是 Weka 特有的文件格式，采集得到的数据可以先保存为 CSV 格式，再通过 Weka 读入后转换为 ARFF 格式。

任务 5-2　使用回归算法预测

【任务描述】

使用数据分析工具 Weka 对已知的一组计算机 CPU 的配置数据通过回归分析预测未知的一个 CPU 的处理能力。处理能力用数值表示，数值越大表示 CPU 的处理能力越高。

数据文件是 Weka 自带的 cpu.arff，共 209 条不同 CPU 的配置数据，如图 5-9 所示。

						能力值
MYCT	MMIN	MMAX	CACH	CHMIN	CHMAX	class
125	256	6000	256	16	128	198
29	8000	32000	32	8	32	269
29	8000	32000	32	8	32	220
29	8000	32000	32	8	32	172
29	8000	16000	32	8	16	132
26	8000	32000	64	8	32	318
23	16000	32000	64	16	32	367
23	16000	32000	64	16	32	489
23	16000	64000	64	16	32	636
23	32000	64000	128	32	64	1144
400	1000	3000	0	1	2	38
400	512	3500	4	1	6	40
60	2000	8000	65	1	8	92
50	4000	16000	65	1	8	138
350	64	64	0	1	4	10
200	512	16000	0	4	32	35
167	524	2000	8	4	15	19
143	512	5000	0	7	32	28
143	1000	2000	0	5	16	31
110	5000	5000	142	8	64	120
143	1500	6300	0	5	32	30
143	3100	6200	0	5	20	33

图5-9　CPU样本数据

MYCT 表示 CPU 的周期时间，MMIN 和 MMAX 分别表示内存的最小值和最大值，CACH 表示高速缓存容量，CHMIN 和 CHMAX 分别表示通道数的最小值和最大值，class 表示 CPU 的处理能力。

数据文件从 Weka 安装目录下的 data 子目录里获取，文件名为 cpu.arff。

【相关知识】

一、分类预测

分类在日常生活中很普遍。人们在路上看见了一辆车，大脑能够根据车的大小和形状将其区分为卡车、小轿车和面包车等，这就是一个分类的过程。分类就类似大脑在给车这个大范畴里面对各种车型进行打标签的过程。

通俗地讲，分类预测就是利用算法从样本数据中学习并推导出判断模型，从而对未知的数据进行识别。分类预测包括回归分析和分类分析两类算法。

1）回归分析：输入变量（特征）与输出变量（结果）均为连续变量的预测问题。例如，预测明天的气温是多少度（定量），这是一个回归任务。

2）分类分析：输出变量（结果）为有限个离散变量的预测问题。例如，预测明天是阴、晴还是雨（定性），这是一个分类任务。

事实上，回归分析和分类分析的本质是一样的，都是从特征到结果之间的映射。不同之处在于，回归分析得到的结果是连续值，分类分析得到的结果是离散值。

回归分析和分类分析都可用于预测，两者的目的都是从历史数据中自动推导出对给定数据的推广描述，都是在已有数据的基础上学习出一个分类函数或构造出一个分类模型，这就是通常所说的分类器（Classifier）。该函数或模型能够把数据集中的数据映射到某个给定的类别，从而用于数据预测。

综上所述，回归分析的输出目标是连续值，而分类分析的输出目标是离散值，回归分析和分类分析可归为同一类的问题：都是要构建能对目标进行预测的分类器。

二、回归分析

回归分析是一种预测性的建模技术。它通过大量的试验或观测来发现变量之间的规律，常用于数值预测问题的建模。例如，某企业积累了大量能源消耗历史数据，而这些数据没有一定规律，较为分散，但随时间的推移呈现出某种变化的规律性倾向。要根据这些历史数据预测未来该企业的能源消耗时，可以用回归分析。

回归分析的思想是：给定一个自变量 x，以及一个因变量 y，用历史数据样本，拟合得到一条直线或曲线。如图 5-10 所示，这条直线能够使所有样本数据点与拟合直线之间的距离最短，即误差最小。这条误差最小的直线就是回归线。从回归线上可以获得其截距和斜率，从而预测 x 轴上的某个点的 y 值，例如未来某个时间的能源消耗量。

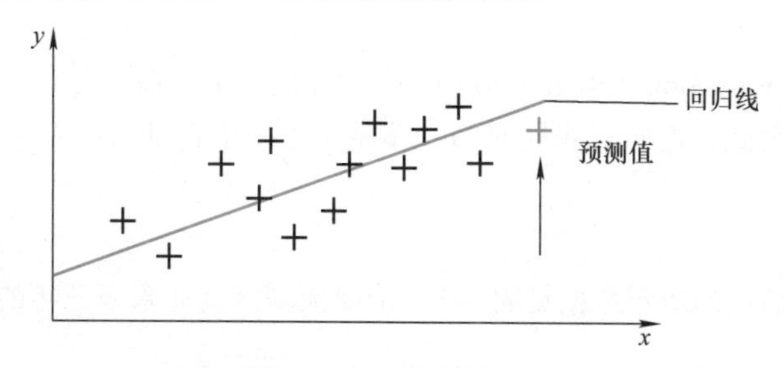

图5-10　回归分析图例

1. 回归分析的变量

在回归分析中，变量分为以下两种：

1）因变量：通常是实际问题中被关心的一类指标，常用 y 来表示。例如，研究能源消耗与某些因素关系中，能源消耗就是因变量。

2）自变量：影响因变量取值的变量称为自变量，常用 x 来表示。例如，研究能源消耗与时间的关系中，时间就是自变量。

2. 模型的评估

在回归分析中，一般使用相关系数和回归系数评估模型的好坏。

1）相关系数：用来度量变量之间相关的紧密程度。该系数的取值范围为 −1~1。越靠近 ±1，表明两个变量之间的线性关系越明显；越接近 0，表明两个变量之间的线性关系越小；当其为 0 时，说明两个变量之间不存在线性关系。

2）回归系数：假定 x 是自变量，y 是因变量，回归系数越大表示 x 对 y 的影响越大，正回归系数表示 y 随 x 的增大而增大，负回归系数表示 y 随 x 的增大而减小。

3. 回归分析的步骤

1）确定自变量和因变量。明确要预测的具体目标，也就是确定因变量。例如，预测目标是下一年度的能源消耗量，那么能源消耗量 y 就是因变量。寻找与预测目标相关的影响因素，并从中选出主要的影响因素，这些主要影响因素就是自变量。

2）选择回归算法。通常可以在建模工具或工具包中选择一种回归算法，如简单线性回归、线性回归等。可以预先用样本数据做出可视化的散点图，更好地观察数据的关系。

3）进行相关性分析：以相关系数的大小来判断自变量和因变量的相关程度。只有当自变量与因变量确实存在某种关系时，回归分析才有意义。因此，作为自变量的因素与作为因变量的预测对象是否有关、相关程度如何，以及判断这种相关程度的把握性多大，是回归分析的关键。

4）检验回归模型，计算预测误差。得到的回归模型是否可用于实际预测，取决于对模型的检验和对预测误差的计算。只有通过各种检验，且预测误差较小，才能作为预测模型进行应用。

5）计算并确定预测值。利用回归模型计算预测值，并对预测值进行综合分析，确定最后的预测值。

4. 回归算法的选择

依据自变量和因变量之间相关关系的不同，可分为线性回归和非线性回归。

1）线性回归（Linear Regression）。在这种技术中，回归线的性质是线性的。线性回归使用最佳的拟合直线，也就是回归线在因变量（y）和一个或多个自变量（x）之间建立一种关系。

2）非线性回归（Polynomial Regression）。在这种技术中，最佳拟合线不是直线，而是一个拟合数据点的曲线，因此，也叫非线性回归。其模型是一个自变量的指数大于 1 的多项式回归方程。

5. 线性回归实例

已知某企业能源消耗的历年数据见表 5-1。希望预测该企业未来三年的能源消耗量。

表 5-1　某企业能源消耗的历年数据

年份	能源消耗量 / 吨标煤	年份	能源消耗量 / 吨标煤
2005	1060	2008	3560
2006	3490	2009	6460
2007	4990	2010	9760

（续）

年份	能源消耗量 / 吨标煤	年份	能源消耗量 / 吨标煤
2011	15290	2016	24540
2012	23020	2017	30820
2013	21930	2018	30820
2014	18640	2019	31060
2015	23680	2020	36990

这里，自变量是年份，因变量是能源消耗量，用表 5-1 所示的历史数据拟合得到一条直线，如图 5-11 所示。据此就可以估算出 2021 年、2022 年和 2023 年的能源消耗量。

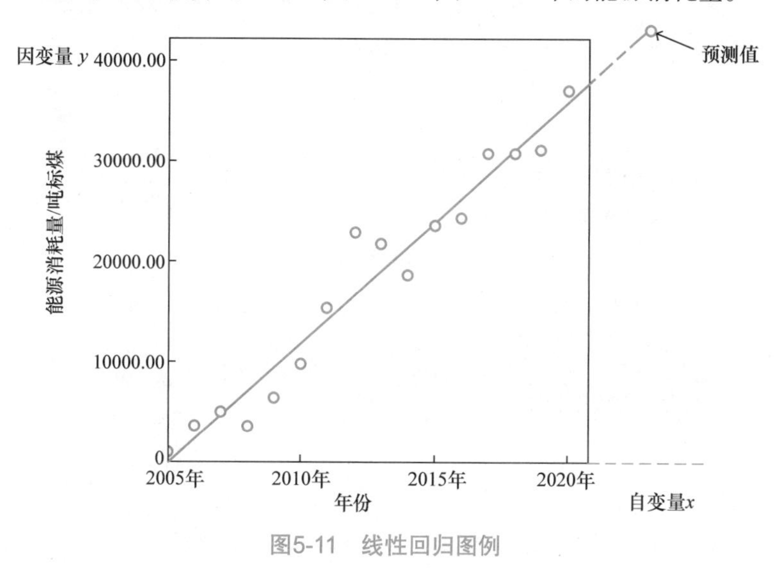

图5-11　线性回归图例

【任务实施】

一、导入 CPU 样本数据

启动 Weka，进入 Explorer（探索者）模块，在 Preprocess（预处理）选项卡中，单击“Open file”按钮，打开 cpu.arff 文件。数据导入后的界面如图 5-12 所示，可以看到 CPU 相关的高速缓存、通道数和处理能力等信息。

数据共有 209 行（Instances：209），7 个特征（Attributes：7），分别是 MYCT、MMIN、MMAX、CACH、CHMIN、CHMAX 和 class。

在左侧 Attributes 列表中，单击特征名，可以在右侧的属性概貌区域看到该特征数值的最大值、最小值、平均值和方差，如图 5-12 所示。例如，对于 MYCT，最小值是 17，最大值是 1500，平均值是 203.823，均值方差是 260.263。

直方图直观地给出了某特征的数值分布情况。例如，对于 MYCT，有 137 条数据的值在低位处。

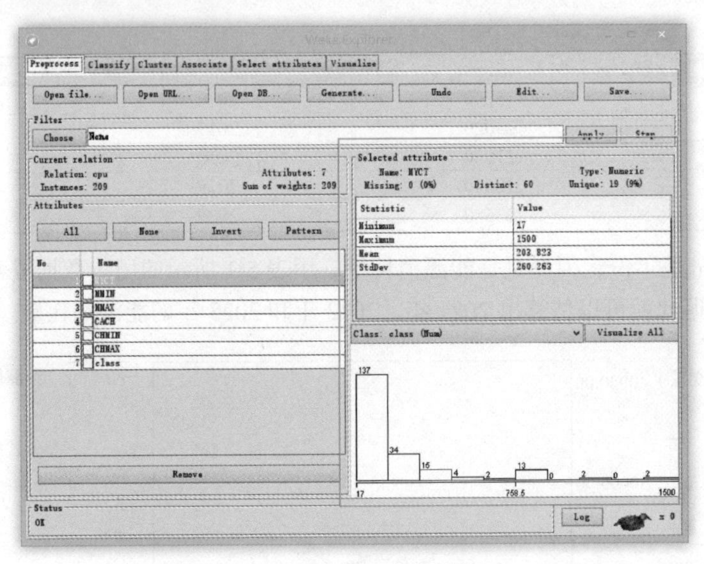

图5-12　CPU数据集整体情况

单击界面右上方的“Edit”按钮，可查看导入的数据集情况，如图 5-13 所示。

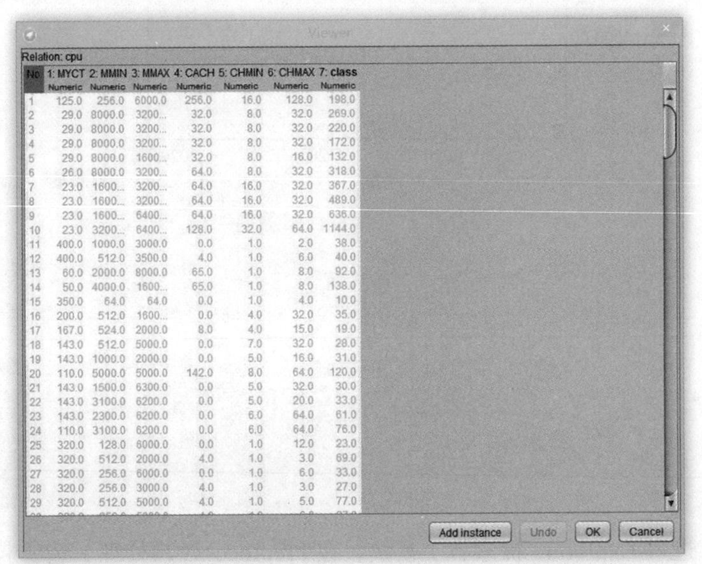
Relation: cpu

No.	1: MYCT Numeric	2: MMIN Numeric	3: MMAX Numeric	4: CACH Numeric	5: CHMIN Numeric	6: CHMAX Numeric	7: class Numeric
1	125.0	256.0	6000.0	256.0	16.0	128.0	198.0
2	29.0	8000.0	3200...	32.0	8.0	32.0	269.0
3	29.0	8000.0	3200...	32.0	8.0	32.0	220.0
4	29.0	8000.0	3200...	32.0	8.0	32.0	172.0
5	29.0	8000.0	1600...	32.0	8.0	16.0	132.0
6	26.0	8000.0	3200...	64.0	8.0	32.0	318.0
7	23.0	1600...	3200...	64.0	16.0	32.0	367.0
8	23.0	1600...	3200...	64.0	16.0	32.0	489.0
9	23.0	1600...	6400...	64.0	16.0	32.0	636.0
10	23.0	3200...	6400...	128.0	32.0	64.0	1144.0
11	400.0	1000.0	3000.0	0.0	1.0	2.0	38.0
12	400.0	512.0	3500.0	4.0	1.0	6.0	40.0
13	60.0	2000.0	8000.0	65.0	1.0	8.0	92.0
14	50.0	4000.0	1600...	65.0	1.0	8.0	138.0
15	350.0	64.0	64.0	0.0	1.0	4.0	10.0
16	200.0	512.0	1600...	0.0	4.0	32.0	35.0
17	167.0	524.0	2000.0	8.0	4.0	15.0	19.0
18	143.0	512.0	5000.0	0.0	7.0	32.0	28.0
19	143.0	1000.0	2000.0	0.0	5.0	16.0	31.0
20	110.0	5000.0	5000.0	142.0	8.0	64.0	120.0
21	143.0	1500.0	6300.0	0.0	5.0	32.0	30.0
22	143.0	3100.0	6200.0	0.0	5.0	20.0	33.0
23	143.0	2300.0	6200.0	0.0	6.0	64.0	61.0
24	110.0	3100.0	6200.0	0.0	6.0	64.0	76.0
25	320.0	128.0	6000.0	0.0	1.0	12.0	23.0
26	320.0	512.0	2000.0	4.0	1.0	3.0	69.0
27	320.0	256.0	6000.0	0.0	1.0	6.0	33.0
28	320.0	256.0	3000.0	4.0	1.0	3.0	27.0
29	320.0	512.0	5000.0	4.0	1.0	5.0	77.0

图5-13　查看数据集

二、初步分析数据变化趋势

首先，初步观察数据的变化趋势。这里，可利用数据可视化功能画出散点图，观察是否大致符合线性分布。

单击“Visualize”选项卡。将 CACH 作为自变量 x，class 作为因变量 y，散点图如图 5-14 所示。从图中可以看出 CACH 与 class 呈线性关系。同理，将 NMAX 作为自变量 x，class 作为

因变量 y，散点图如图 5-15 所示。从图中可以看出 NMAX 与 class 呈线性关系。因此，可以采用线性回归模型来进行预测。

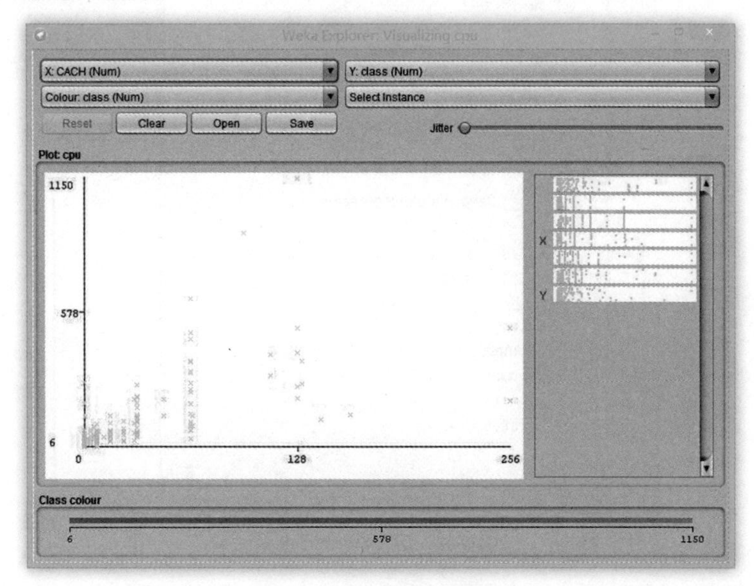

图5-14　查看数据散点图1

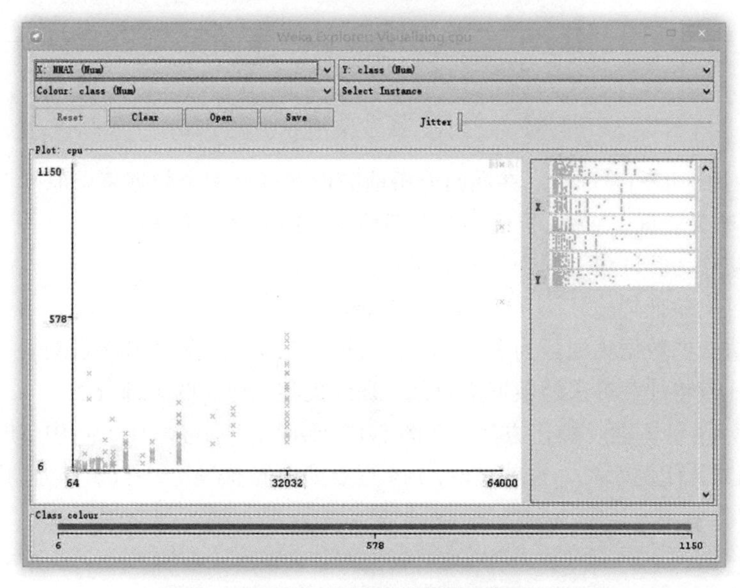

图5-15　查看数据散点图2

三、选择回归算法

从预处理“Preprocess”选项卡切换到“Classify”分类选项卡。在该界面中单击“Choose”按钮，选择 functions 下的线性回归算法“LinearRegression”，如图 5-16 所示。

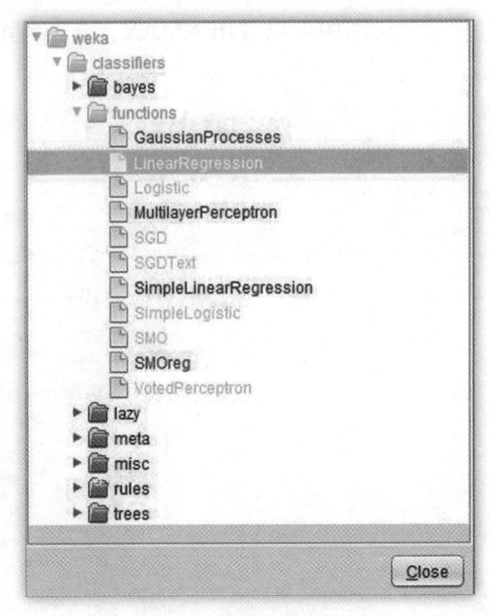

图5-16　选择回归算法

四、设置训练集和验证集

数据集分为训练集和验证集。在回归分析前需设置好这两个数据集。原则上，训练集和测试集不重叠，可交叉验证。Weka 提供了如下四种数据集的设置方法：

1）将训练集作为验证集。两个数据集相同。

2）选定另外的验证集。

3）将加载进来的数据集划分为多组，交叉验证，轮换做训练集和验证集。

4）按一定比例将加载进来的数据集划分为训练集和验证集两个部分。

这里采用第 4）种方法。操作方法：在图 5-17 所示的选项区域中，选中“Percentage split”单选按钮，采用默认比例 66%。也就是说，144 行数据中的 66%（95 行）作为训练集，34%（49 行）作为验证集。

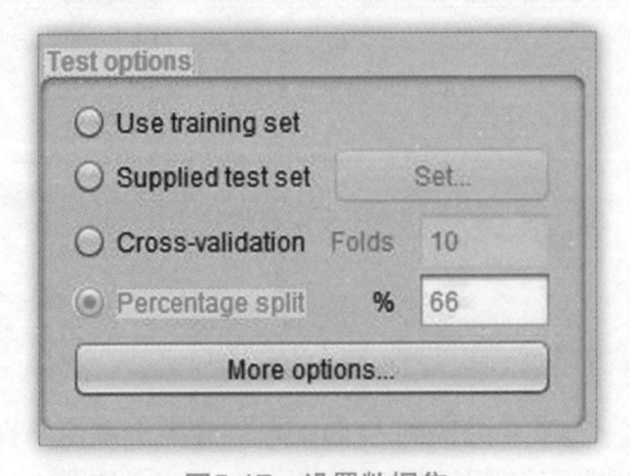

图5-17　设置数据集

五、执行训练

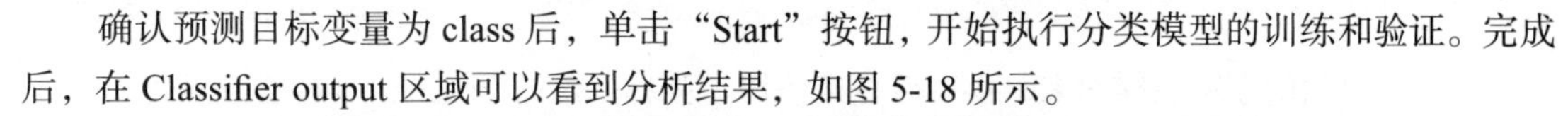

确认预测目标变量为 class 后，单击“Start”按钮，开始执行分类模型的训练和验证。完成后，在 Classifier output 区域可以看到分析结果，如图 5-18 所示。

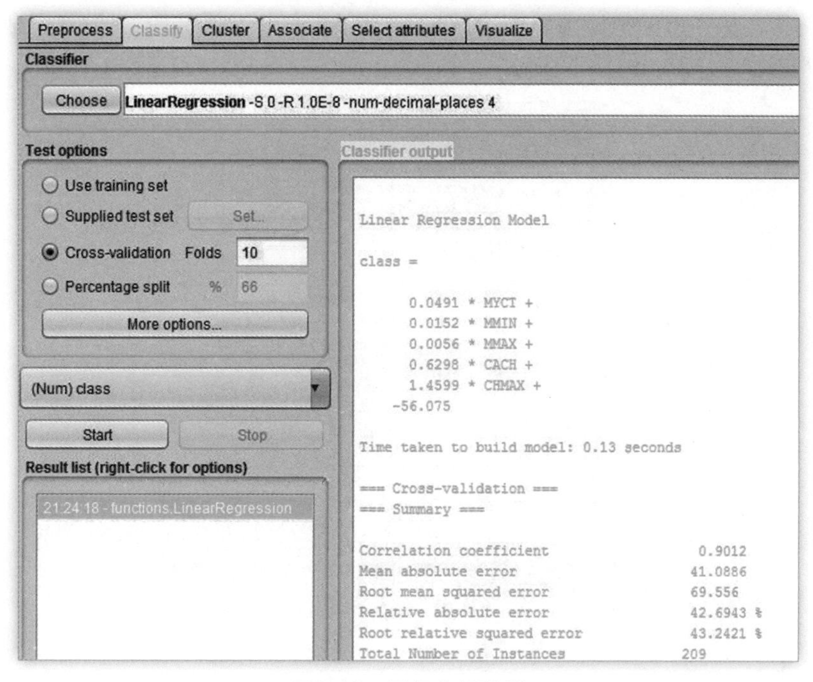

图5-18 回归分析结果

六、分析误差

接下来查看分析结果。首先看相关度，观察 class 是否跟选取的这些特征是线性相关的。根据相关系数 Correlation coefficient 的值判断，该数值越接近 1 越好。这里显示是 0.9012，表示这几个自变量与因变量高度线性相关。

再来分析模型误差。以下指标可作为误差判断参考：Mean absolute error（平均绝对误差）、Root mean squared error（平均根误差）、Relative absolute error（相对误差）和 Root relative squared error（方根相对误差）。

根据模型可得到如下公式：

$$class = 0.0419 \times MYCT + 0.0152 \times MMIN + 0.0056 \times MMAX + 0.6298 \times CACH + 1.4599 \times CHAMX - 56.075$$

根据该预测公式，假定一个新 CPU，已知其 MYCT、MMIN、MMAX、CACH、CHMIN

和 CHMAX 的值，就可以预测得到这个新的 CPU 的处理能力。

七、保存模型

把训练得到的模型保存起来，供以后直接使用。在右下角的 Results list 模型列表窗口，右击列表中的模型，从弹出的快捷菜单中选择 Save model 命令（图 5-19）。设置模型名称和保存模型的文件路径后，单击“保存”按钮。

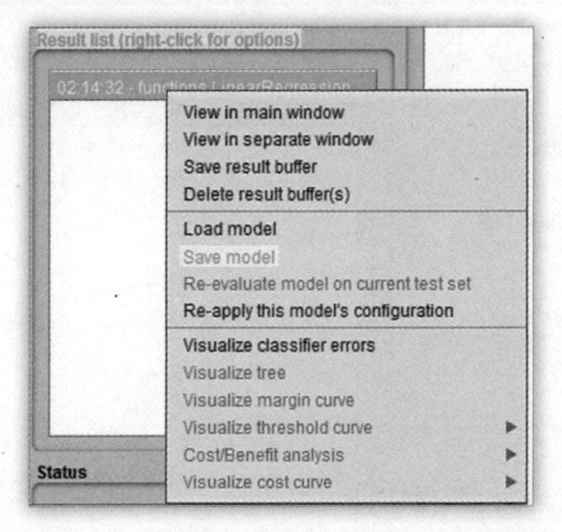

图5-19　保存模型

任务 5-3　使用分类算法预测

【任务描述】

使用 Weka 根据给定的一组玻璃元素含量数据建立元素含量与用途类别之间关系的分析模型，用该模型来预测未知玻璃的用途类别。

数据文件为 glass.arff，共 209 条玻璃数据，如图 5-20 所示。

RI	Na	Mg	Al	Si	K	Ca	Ba	Fe	Type
1.51793	12.79	3.5	1.12	73.03	0.64	8.77	0	0	'build wind float'
1.51643	12.16	3.52	1.35	72.89	0.57	8.53	0	0	'vehic wind float'
1.51793	13.21	3.48	1.41	72.64	0.59	8.43	0	0	'build wind float'
1.51299	14.4	1.74	1.54	74.55	0	7.59	0	0	tableware
1.53393	12.3	0	1	70.16	0.12	16.19	0	0.24	'build wind non-float'
1.51655	12.75	2.85	1.44	73.27	0.57	8.79	0.11	0.22	'build wind non-float'
1.51779	13.64	3.65	0.65	73	0.06	8.93	0	0	'vehic wind float'
1.51837	13.14	2.84	1.28	72.85	0.55	9.07	0	0	'build wind float'
1.51545	14.14	0	2.68	73.39	0.08	9.07	0.61	0.05	headlamps
1.51789	13.19	3.9	1.3	72.33	0.55	8.44	0	0.28	'build wind non-float'
1.51625	13.36	3.58	1.49	72.72	0.45	8.21	0	0	'build wind non-float'
1.51743	12.2	3.25	1.16	73.55	0.62	8.9	0	0.24	'build wind non-float'
1.52223	13.21	3.77	0.79	71.99	0.13	10.02	0	0	'build wind float'
1.52121	14.03	3.76	0.58	71.79	0.11	9.65	0	0	'vehic wind float'
1.51665	13.14	3.45	1.76	72.48	0.6	8.38	0	0.17	'vehic wind float'
1.51707	13.48	3.48	1.71	72.52	0.62	7.99	0	0	'build wind non-float'
1.51719	14.75	0	2	73.02	0	8.53	1.59	0.08	headlamps
1.51629	12.71	3.33	1.49	73.28	0.67	8.24	0	0	'build wind non-float'
1.51994	13.27	0	1.76	73.03	0.47	11.32	0	0	containers
1.51811	12.96	2.96	1.43	72.92	0.6	8.79	0.14	0	'build wind non-float'
1.52152	13.05	3.65	0.87	72.22	0.19	9.85	0	0.17	'build wind float'
1.52475	11.45	0	1.88	72.19	0.81	13.24	0	0.34	'build wind non-float'

图5-20　玻璃样本数据示例

玻璃的属性有RI（折射率）、Na（钠）、Mg（镁）、Al（铝）、Si（硅）、K（钾）、Ca（钙）、Ba（钡）、Fe（铁）和Type（类型）共10个。

玻璃在汽车中按用途分为7类，分别是build wind float、build wind non-float、vehic wind float、vehic wind non-float、tableware、headlamps和containers。

数据文件从Weka安装目录下的data子目录里获取，文件名为glass.arff文件。

【相关知识】

一、分类算法概述

分类分析是指通过对历史数据进行测算，实现对未知数据的分类。与回归分析不同的是，分类分析输出的结果是有限数量的离散变量。

例如，在设备运行监控中已获取到设备部件的各项参数，包括扭矩、转速、角度和噪声共4项。通过对以往监控数据的分析，发现部件参数值与设备状态的关联关系。如果获取了当前设备部件的参数值，就可以推断（预测）出设备当前处于优、良、一般、差里的哪一种状态。这样的问题就是分类分析问题。

应用比较广的分类算法有决策树（Decition Tree）、随机森林（Random Forest）、梯度提升决策树（GBDT）、极端梯度提升决策树（XGBoost）、轻梯度提升决策树（LightGBM）、贝叶斯（Bayes）、人工神经网络（ANN）和支持向量机（SVM）等。

下面以决策树为例，说明分类算法的基本思想。

决策树就是根据训练数据集构造一个类似树形的分类决策模型，然后用这个模型来辅助决策。决策树在分类、预测和规则提取等领域有着广泛的应用。

决策树分为分类树（Classification Tree）和回归树（Regression Tree）两种。

图5-21所示为一个简单的判定某设备运行状态好坏的分类决策树。

从顶部的扭矩参数开始判定，当扭矩小于标准值10时，再根据转速值判定。如果转速值大于标准值30，则判定设备运行状态为优；否则，为良。

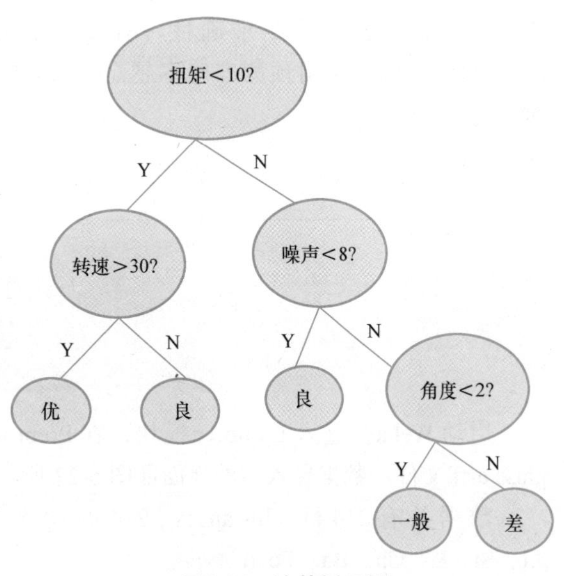

图5-21 决策树示例

这棵决策树就像一棵倒长的树。决策树最顶部的节点是根决策节点，底部的节点是叶节点。每个叶节点表示一种结果（分类）。整个决策的过程从根决策节点开始，从上到下。每个叶节点都是因变量的取值，其他节点都是自变量。

上述决策树是二分叉的，即每个非叶节点

刚好有两个叉。决策树也可有多分叉的。决策树节点上的变量可能是各种形式的（连续、离散、有序、分类变量等），一个变量也可以重复出现在不同的节点。

回归树的根节点为连续的因变量在这个分叉上的平均取值。分类树和回归树合起来也叫作CART（Classification And Regression Tree）。

二、模型的评估

分类器一般采用查准率、查全率、ROC 曲线以及 AUC 来评估其性能。为了便于理解，假设有一个分类器，它的作用是识别产品是正品还是次品，结果会有识别出真正正品、次品当正品（假正品）、正品当次品（假次品）以及真正次品 4 种可能。计算公式如下：

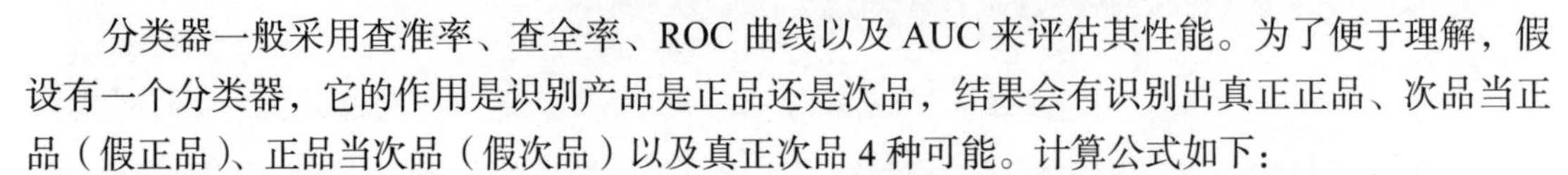

1）查准率（准确率）= 正确识别正品的个数 /（真正品数 + 假正品数）

2）查全率（召回率）= 正确识别正品的个数 /（真正品数 + 假次品数）

三、ROC 和 AUC

ROC（Receiver Operating Characteristic）曲线。横坐标 x 轴为假正品率（FPR），x 值越接近零准确率越高；纵坐标 y 轴为真正品率（TPR），y 值越大代表越准确。

如图 5-22 所示，根据曲线位置，把整个图划分成两部分，曲线下与坐标轴围成的面积称为 AUC（Area Under Curve），用来表示预测准确性。AUC 介于 0.1 ~ 1 之间，AUC 的值越大，说明预测准确率越高。当 0.5 < AUC < 1 时，优于随机猜测。

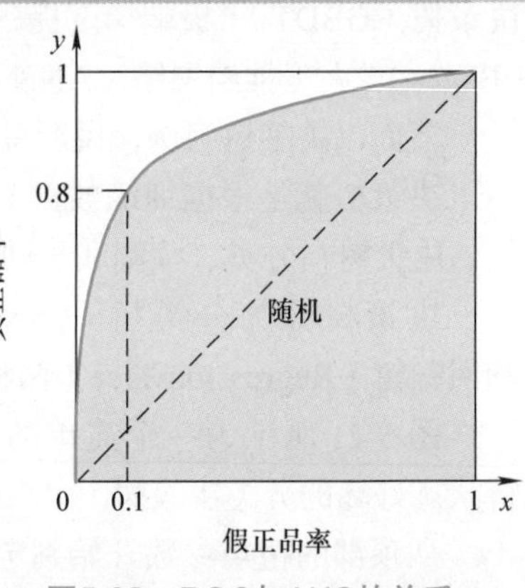

图5-22　ROC与AUC的关系

【任务实施】

一、导入玻璃数据

启动 Weka，进入 Explorer 模块，在 Preprocess 选项卡中，单击“Open file”按钮，打开 glass.arff 文件。数据导入后的界面如图 5-23 所示，显示了有关玻璃元素含量信息。

数据共有 214 行（Instances：214），10 个特征（Attributes：10），分别是 RI、Na、Mg、Al、Si、K、Ca、Ba、Fe 和 Type。

在 Attributes 列表中，单击某个元素名称，可以在右侧的属性概貌区域中看到该元素的最大值、最小值、平均值和方差。例如，单击 RI 特征，可以看到 RI 的最小值是 1.511、最大值是 1.534、平均值是 1.518、均方差是 0.003。

直方图直观地给出了该数据集的总体分布情况。例如，RI 的数据值主要分布在 1.516 ~ 1.518 之间，有 84 条数据在此范围。

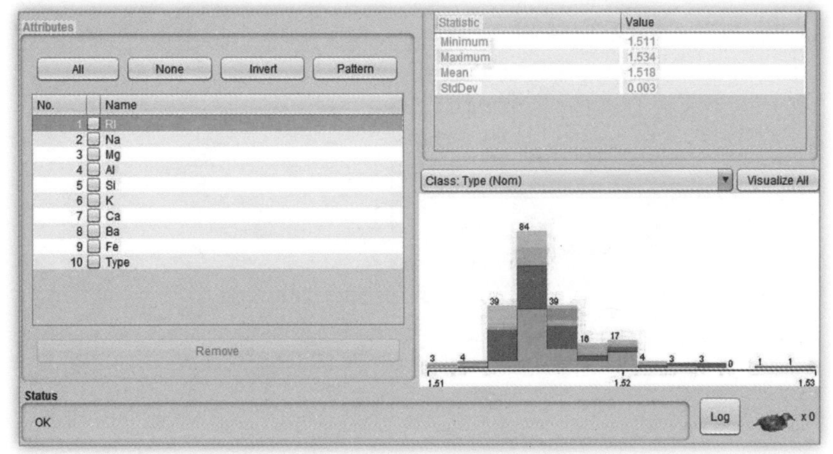

图5-23　玻璃数据集整体情况

二、使用分类算法

从预处理“Preprocess”选项卡切换到“Classify”分类选项卡，在该选项卡中单击“Choose”按钮，选择 Trees 下的分类树算法 J48-C0.25-M2，如图 5-24 所示。在弹出的对话框中配置参数，如图 5-25 所示。

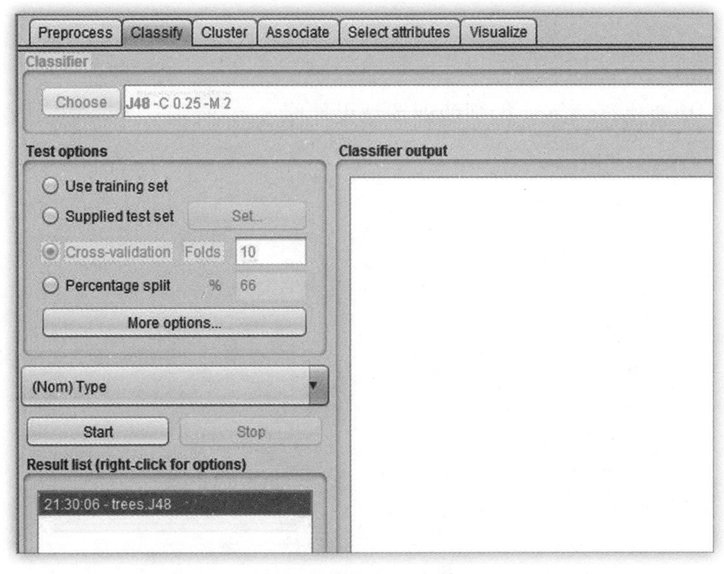

图5-24　选择分类算法

weka.gui.GenericObjectEditor
weka.classifiers.trees.J48
About
Class for generating a pruned or unpruned C4.
More
Capabilities
binarySplits False
confidenceFactor 0.25
debug False
minNumObj 2
numFolds 3
reducedErrorPruning False
saveInstanceData False
seed 1
subtreeRaising True
unpruned False
useLaplace False
Open... Save... OK Cancel

图5-25　参数配置

三、设置训练集和验证集

采用交叉验证法，勾选“Cross-validation Folds”，将数据集分成 10 份，其中 9 份为训练集，1 份为测试集。

四、执行训练

单击“Start”按钮执行训练，得到的训练结果如图 5-26 所示。

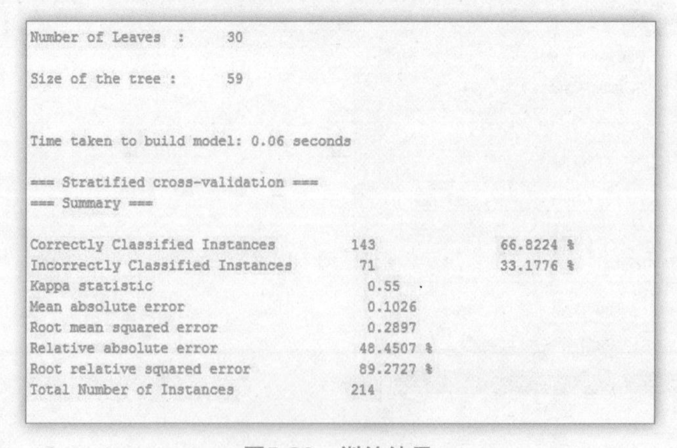

```
Number of Leaves  :     30

Size of the tree :      59


Time taken to build model: 0.06 seconds

=== Stratified cross-validation ===
=== Summary ===

Correctly Classified Instances         143               66.8224 %
Incorrectly Classified Instances        71               33.1776 %
Kappa statistic                          0.55
Mean absolute error                      0.1026
Root mean squared error                  0.2897
Relative absolute error                 48.4507 %
Root relative squared error             89.2727 %
Total Number of Instances              214
```

图5-26　训练结果

可以在算法上右击，在弹出的快捷菜单中选择“Visualize tree”，如图 5-27 所示，以可视化的图形方式显示。可以看到，得到的分类器是一棵树形的分类器，如图 5-28 所示。

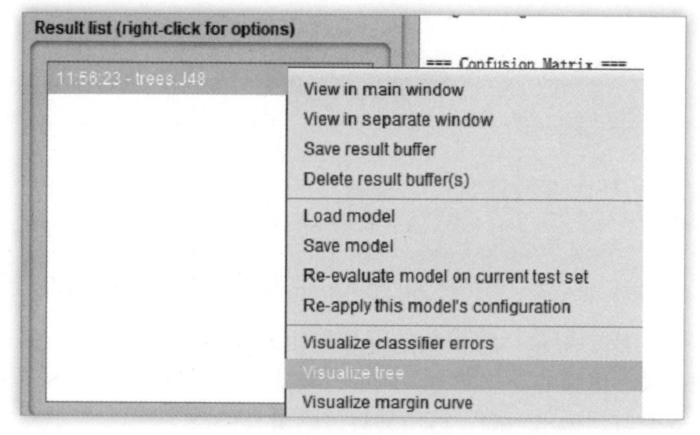

图5-27 选择可视化的图形显示

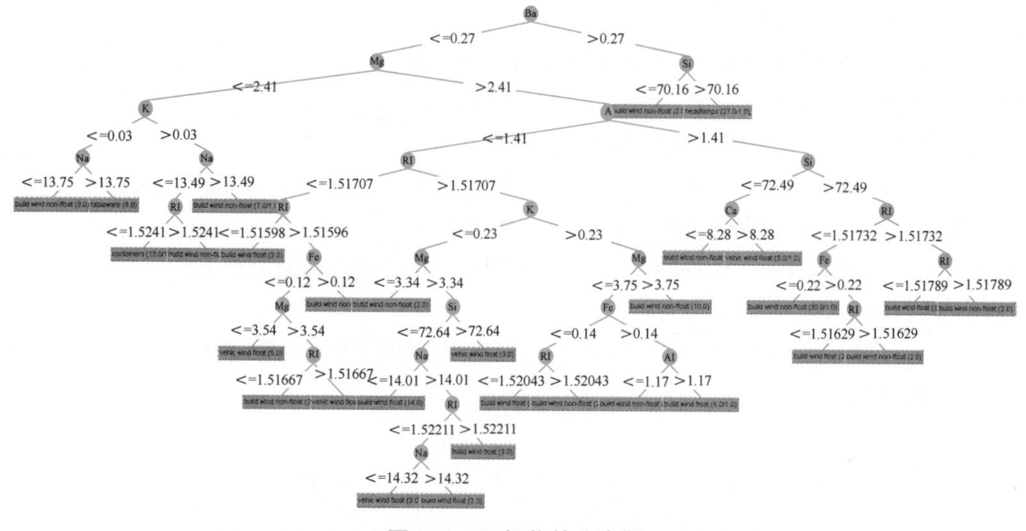

图5-28 可视化的分类器

五、误差分析

查看训练结果。主要考虑以下一些指标：

1）ROC Area：ROC 面积，即 AUC，它是［0,1］范围内的小数。ROC Area 一般大于 0.5，这个值越接近 1，说明模型的分类效果越好。这个值在 0.5~0.7 时有较低的准确度，在 0.7~0.9 时有一定准确度，在 0.9 以上时有较高的准确度；如果该值等于 0.5，说明分类方法完全不起作用，没有价值。

2）Kappa statistic：表示与随机分类的差异程度。0 表示与随机分类完全相同。1 表示与随机分类完全相异。这个值越接近 1，说明分类器越好。

3）Percision：查准率。

4）Recall：查全率。

拓展知识

一、集成学习

在机器学习中，集成学习是指将多个学习模型组合，以获得更好的预测效果、更强的泛化能力。例如，构建多个分类器，各自独立学习和做出预测，再用某种策略组合这些分类器来完成学习任务。

下面举例来简要说明集成学习的思想。

假如想预测一台设备的故障风险。如果采用单棵决策树预测，决策树如图 5-29 所示。当一台设备运行超过两年，且曾有过红灯报警，则该设备故障预测分值为 2。

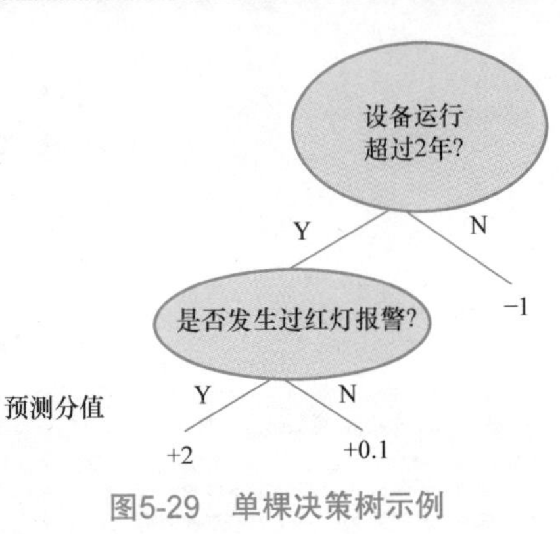

图5-29 单棵决策树示例

如果采用集成学习方法，该模型可由两棵树组合而成，如图 5-30 所示。该设备在第一棵树 Tree1 中预测的分值为 2，在第二棵树 Tree2 预测的分值为 0.9。则该设备的最终得分值如下：

设备状态预测值 = 2 + 0.9 = 2.9。

可见，采用集成学习方法，预测得分（2.9）比单颗决策树的预测得分（2）更高，可以获得更好的预测效果。

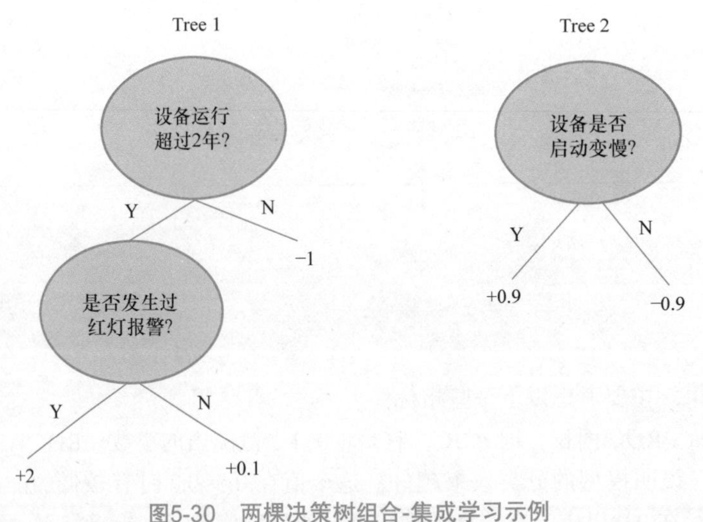

图5-30 两棵决策树组合-集成学习示例

当前，采用集成学习的算法有很多，如 RF（随机森林）、GBDT（梯度提升决策树）、XGBoost（极端梯度提升决策树）和 LightGBM（轻梯度提升决策树）等。

1. 随机森林

随机森林（Random Forest，RF）就是通过集成学习的思想集成多棵决策树的一种算法。它的基本单元是决策树，是一种包含多棵决策树的分类器，每棵决策树都是一个分类器。

随机森林的决策过程类似于投票。每一棵树都代表一位投票人进行投票表决。对于一个输入样本，N 位决策人（N 棵树）会有 N 个投票结果（分类），再综合这 N 位投票人（N 棵树）的结果得到最终结果，将得票数最多的指定为最终结果。

在随机森林算法中，各个决策树是完全独立的，每棵决策树都是在样本堆里随机选择一批样本进行独立的训练，各个决策树之间没有关系。

随机森林具有以下优点：

1）具有较好的准确率。

2）能够有效地运行在大数据集上。

3）能够处理具有高维特征的输入样本，数据不需要降维。

4）能够评估各个特征在分类问题上的重要性，可用于特征选择。

2. 梯度提升决策树

梯度提升决策树（Gradient Boosting Decision Tree，GBDT）属于迭代决策树。它是用梯度下降的策略训练出来的决策树模型，是一组回归分类树的组合。该算法的思想可以用考试前的复习来比喻：先做一遍习题册，然后把做错的题目挑选出来，再做一次，然后把做错的题目挑出来再做一次，经过反复多轮训练，取得最好的成绩。

GBDT 在传统机器学习算法中是对真实分布拟合最好的几种算法之一，既可以用于分类，也可以用于回归，还可以筛选特征，对异常点鲁棒，能自然处理缺失值。

GBDT 的缺点是不适合处理高维稀疏数据和海量数据。GBDT 在每一次迭代的时候都需要遍历整个训练数据多次。如果把整个训练数据装进内存，则会限制训练数据的大小；如果不装进内存，反复地读写训练数据又会消耗大量时间。尤其对工业级海量的数据，普通的 GBDT 算法是不能满足需求的。

3. 极端梯度提升决策树

极端梯度提升决策树（eXtreme Gradient Boosting，XGBoost）是对 GBDT 的改进算法。经常被用在一些比赛中，其效果显著，是目前最快、最好的开源 Boosted Tree 工具。它既可以用于分类，也可以用于回归问题。

XGBoost 与随机森林的不同在于，XGBoost 的集成学习不是简单地将几棵决策树进行组合，而是由多个相关联的决策树联合决策。它是一种加法模型，将模型上次预测（由 t−1 棵树组合而成的模型）产生的误差作为参考进行下一棵树（第 t 棵树）的建立。

例如，有一个样本［数据→标签］是［（2，4，5）→ 4］，第一棵决策树用这个样本训练的预测为 3.3，那么第二棵决策树训练时，把误差 0.7 作为输入，这个样本就变成了［（2，4，5）→ 0.7］。也就是说，下一棵决策树输入样本会与前面决策树的训练和预测相关。

4. 轻梯度提升决策树

轻梯度提升决策树（Light Gradient Boosting Machine，LightGBM）是微软公司 2017 年提出的机器学习算法。与传统算法相比，LightGBM 具有更快的训练效率、更高的准确率，占用内存更小，而且支持并行学习，可处理大规模数据，支持原生类别特征，不需要对类别特征再进行 0-1 编码。该算法比较好地解决了数据量大、特征多、数据稀疏的问题。

LightGBM 最大的特点是在传统的 GBDT 基础上引入了如下两个新技术和一个改进：

1）使用高斯技术，去掉大部分梯度很小的数据，只使用剩下的去估计信息增益，避免低梯度长尾部分的影响。

2）使用互斥特征捆绑算法，减少特征的数量。

3）使用直方图算法（Histogram），把连续的浮点特征值离散化成 k 个整数，构造出一个宽度为 k 的直方图。可以根据直方图上的离散值，更快地找到最优的分割点，减少了对内存的消耗。

二、聚类分析

聚类是将数据分类到不同的类或者簇的过程，使同一个簇中的对象有较大的相似性，而不同簇间的对象有较大的差异性。聚类与分类的不同在于，聚类要求划分的类是未知的，属于机器学习中的无监督学习方法。例如，通过全国各省、市、自治区的人口素质指数、生活质量指数、社会经济发展指数和治安指数对地区进行分类，这时就可以使用聚类分析方法。

聚类分析的原理是，组内的对象相互之间是相似的（相关的），而不同组的对象是不同的（不相关的）。组内的相似性（同质性）越大，组间差别越大，聚类就越好。如图 5-31 所示，经过聚类分析，形成了四个类。

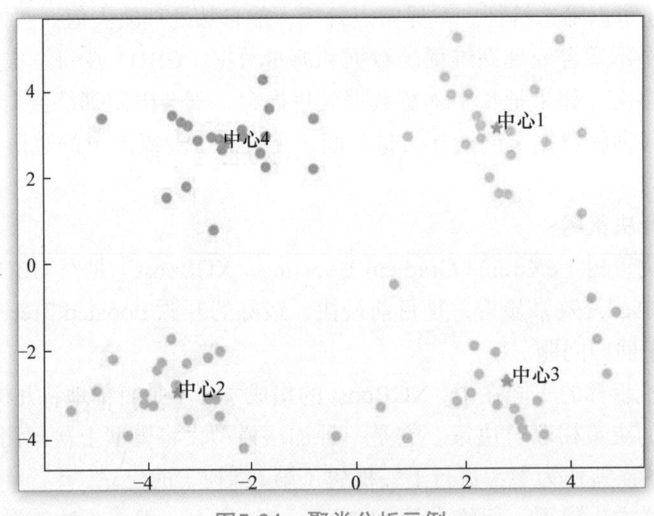

图5-31　聚类分析示例

聚类分析简单、直观，主要应用于探索性的研究。例如，可以帮助市场分析人员从客户数据库中发现不同的客户群，并且用购买模式来刻画不同的客户群特征、企业信用等级分类。

聚类分析算法常见的有 K-Means 算法。K-Means 算法是一种通过均值对数据点进行聚类的算法。K-Means 算法通过预先设定的 K 值及每个类别的初始质心对相似的数据进行划分，并通过划分后的均值迭代优化获得最优的聚类结果。该算法对空间需求及时间需求均是适度的，算法收敛速度很快。该算法适用于球形簇分布的数据聚类分析，可应用于客户细分、市场细分等分析场景。

三、关联规则

关联规则反映了一个事物与其他事物之间的相互依存性和关联性。如果两个事物或者多个事物之间存在一定的关联关系，那么其中一个事物就能够通过其他事物被预测到。

例如，假设超市想了解顾客的购物习惯，特别是想知道哪些商品顾客可能会在一次购物时同时购买。此时，可以对商店的顾客购物零售数量进行购物篮分析，通过发现顾客放入“购物篮”中的不同商品之间的关联，分析顾客的购物习惯。

典型的关联规则有 Apriori 算法。Apriori 算法是一种挖掘关联规则的频繁项集算法，其核心思想是不断寻找候选集，然后剪枝去掉包含非频繁子集的候选集。

四、时间序列

变量随时间发生变化，按等时间间隔所取得的观测值序列，称为时间序列。时间序列分析法主要通过与当前预测时间点相近的历史时刻的数据进行预测。

时间序列算法包括 ARIMA、稀疏时间序列、指数平滑、移动平均、向量自回归、X11、X12 和灰色预测等。

项目6 工业大数据可视化

【知识目标】

1. 了解数据可视化的概念、意义及应用场景。
2. 了解数据可视化的常见图表类型。
3. 了解数据可视化的常用工具及实现方案。

【技能目标】

1. 能够阐述数据可视化的主要应用场景。
2. 能够根据数据特点选择匹配的可视化方案。
3. 掌握常用的数据可视化工具的操作方法。
4. 能够独立完成数据可视化开发任务。

【项目背景】

数据可视化是关于数据视觉表现形式的科技研究。有效的可视化可以将抽象的数据转变成为图形、表单等，让普通人可以快速理解数据所代表的情况或趋势。本项目共安排四个任务，基于宜科公司平台级软件 IoTHub 与开源可视化工具 Grafana，通过图片、文字和实例，认识和掌握常用工业设备数据、生产中立体仓库里各类物料的数据、订单生产趋势数据和过程追踪数据的可视化方法。

任务 6-1 变频电动机转速数据可视化

【任务描述】

通过学习相关知识，学生可了解工业设备参数监视的概念，理解工业设备可视化的意义，进而掌握工业设备数据可视化方法。本任务结合一款常用的工业设备——变频器，通过相应采集手段，将实时采集的变频电动机转速数据展示出来，以供设备维护人员实时了解该设备的运行情况。

【相关知识】

一、交流电动机

交流电动机是一种将交流电的电能转变为机械能的装置，是一种常用的运动执行器，如图 6-1 所示。交流电动机的工作效率较高，又没有烟尘、气味，不污染环境，噪声也较小，因此，它在工农业生产、交通运输、国防、家用电器以及医疗电器设备等各领域获得了广泛应用。目前，在工业制造领域应用较广泛的是三相异步电动机。三相异步电动机属于感应电动机的一种，接入相差 120° 的三相 AC 380V 供电的一类电动机。

图6-1 交流电动机

二、变频器

变频器是应用变频技术与微电子技术，通过改变电动机工作电源频率的方式来控制交流电动机的电力控制设备。在工业制造领域，对三相异步电动机有调速需求的场合都需要用变频器驱动电动机启停和调速，最终实现如传输、搬运及吹风等各类工业场景中的运动功能。

图 6-2 所示为西门子 MM440 系列变频器。图 6-3 所示为变频器与电动机的接线示意图。

图6-2 西门子MM440系列变频器

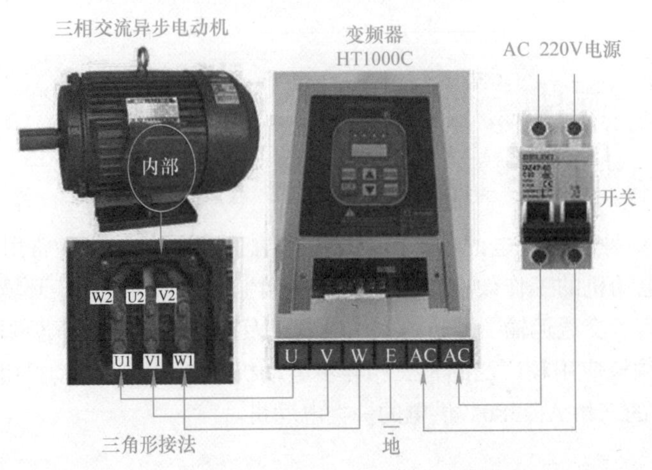

图6-3　AC 220V供电变频驱动三相异步电动机接线图

三、数据图表之仪表盘

仪表盘由指针角度 / 度量组成，指针角度只能选择一个度量，例如转速。仪表盘可以清晰地展示出某个指标值所在的范围，可以直观地查看当前任务的完成程度或某个数据是否超出预期。例如，通过仪表盘展示的某运动设备的转速可以看到是否有异常。

在日常生活中，常见的汽车仪表盘就是对汽车的时速、发动机的转速的实时显示，如图 6-4 所示。通过这种形式的仪表盘，人们可清晰、直观地了解汽车的行驶时速、发动机的转速、油量及水温等参数。

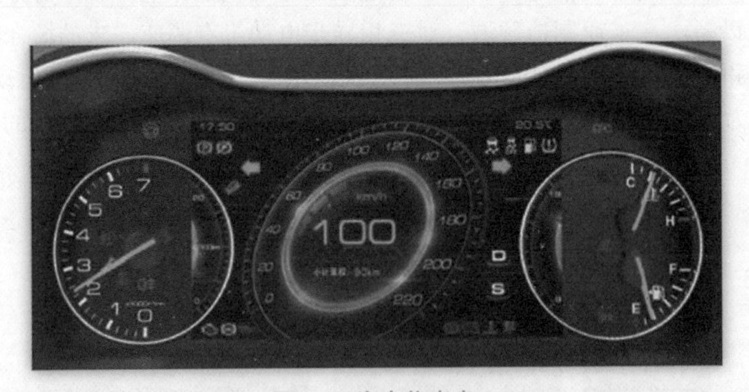

图6-4　汽车仪表盘

在工业制造领域，仪表盘也是应用极其广泛的一种数据图表形式。例如，加工制造中的机床动作参数显示如图 6-5 所示，将数控铣床三轴工作台的进给倍率、主轴倍率和主轴负荷通过仪表盘的形式展示出来，既直观又清晰。

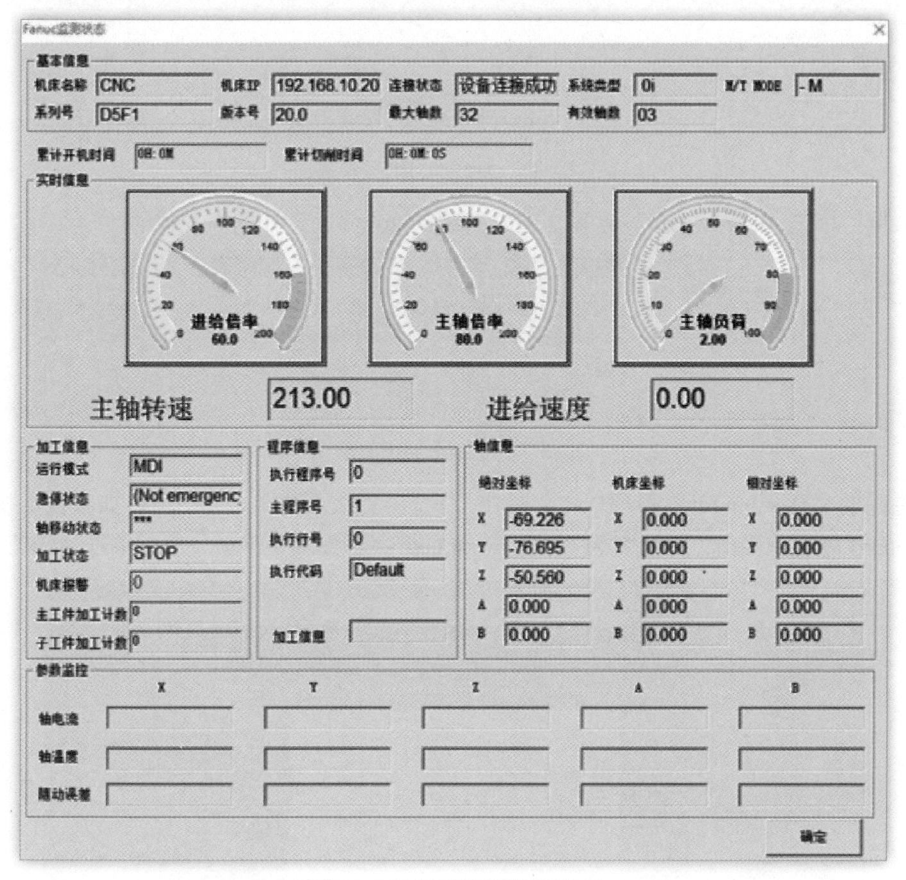

图6-5　机床动作参数仪表盘

【任务实施】

本任务的实施工具：IoTHub Server v2.0.1（服务端）、IoTHub Web UI v2.0.1（Web端推荐使用Chrome浏览器）。

本任务实施的数据源：IoTHub采集的变频电动机转速数据，已命名为data_speed-A。

变频电动机转速数据可视化分为如下两个步骤：

1）新建Dashboard（数据看板）可视化界面，并命名。

2）添加控件Gauge（轨距表），并配置相关属性，选择数据源。

下面对每个操作步骤进行详细介绍。

一、新建Dashboard（数据看板）可视化界面

在浏览器的地址栏中输入网址（部署IoTHub的IP地址），打开IoTHub的Web端。登录后，可在界面右上角通过单击界面语言选项选择语言（本任务默认为英文），如图6-6所示。

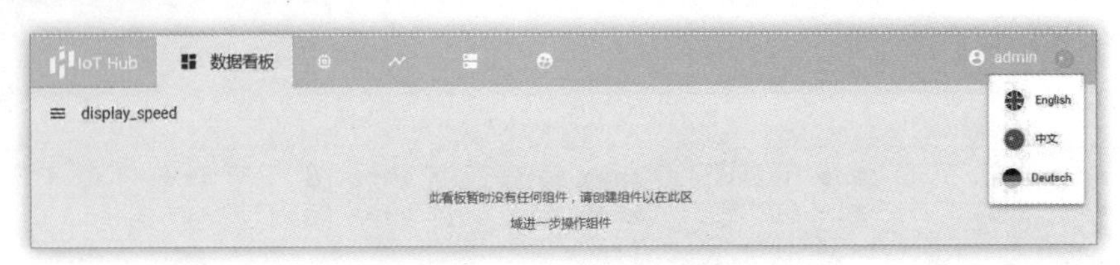

图6-6　IoTHub Web端登录界面

在菜单栏单击“Dashboard”标签，进入 Dashboard 界面，如图 6-7 所示。

图6-7　Dashboard界面

在左侧的“Dashboards”管理框中，单击“≡”（首次新建）与“+”（添加看板）按钮，新建 Dashboard 可视化界面，并命名为“display_speed”，如图 6-8 所示。然后单击“OK”按钮。

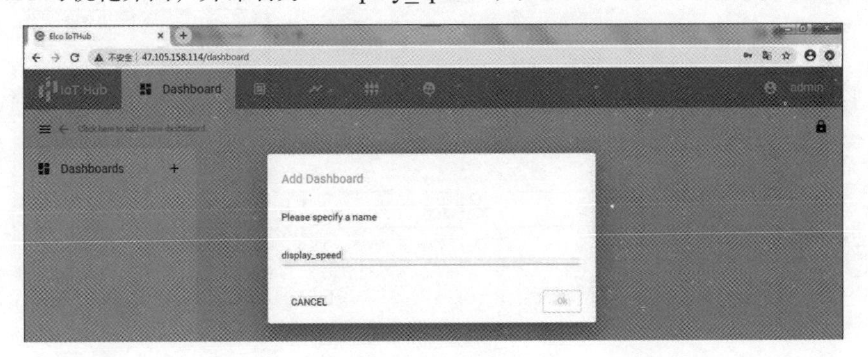

图6-8　新建可视化界面

新建 Dashboard 后，即可对本看板进行配置。在界面右上角单击锁形按钮，开启编辑模式；再单击齿轮形按钮，编辑看板，在界面右侧出现“Configuration”（配置）面板。通过单击配置面板中的笔形图标，即可对 Dashboard 的详细信息进行配置（本任务采用默认配置），如图 6-9 所示。

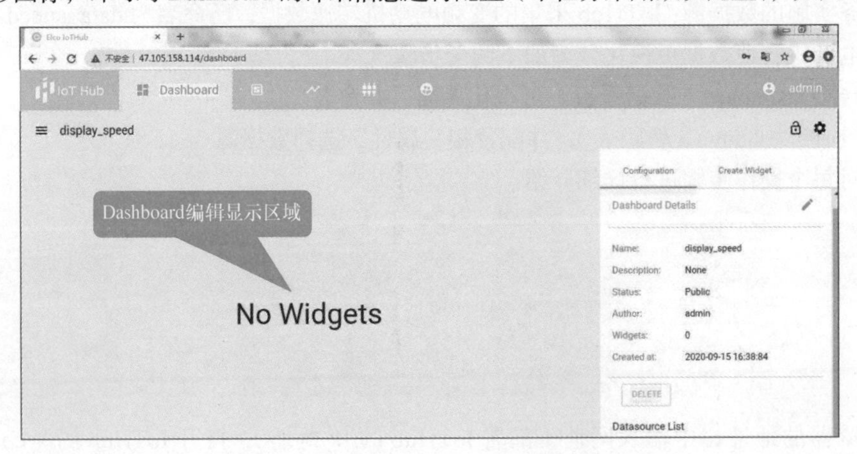

图6-9　配置Dashboard的详细信息

单击“Create Widget”选项卡，即可向Dashboard编辑显示区域拖拽添加所需的控件。各控件名称如图6-10所示。

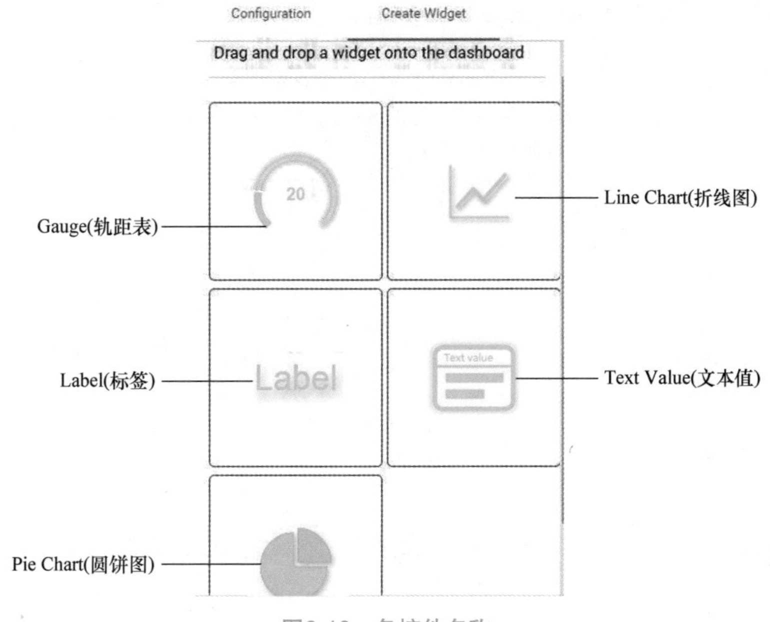

图6-10　各控件名称

二、添加控件Gauge（轨距表）并配置相关属性

在Dashboard属性配置面板中，单击“Create Widget”选项卡，然后找到并拖拽控件Gauge（轨距表）到Dashboard编辑显示区，如图6-11所示。

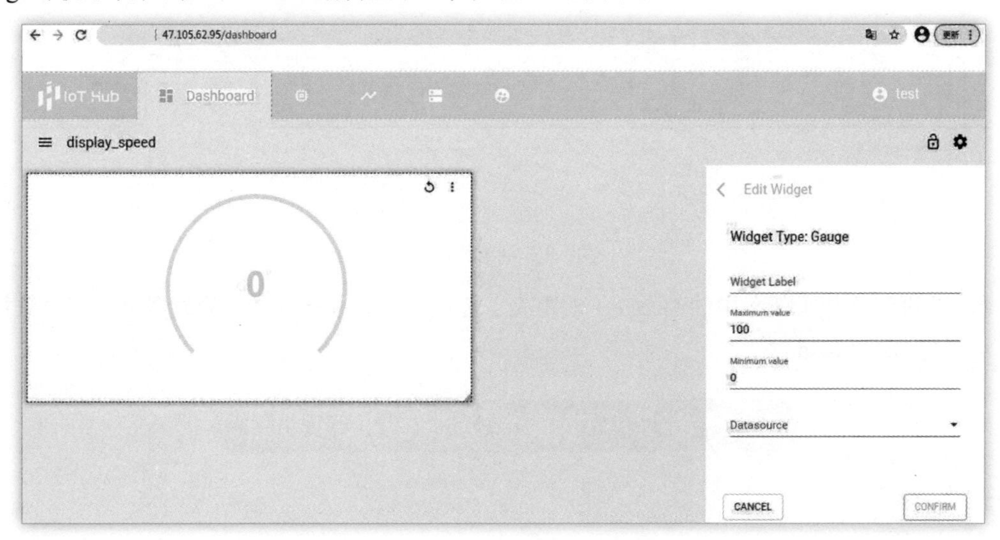

图6-11　添加Gauge控件

单击控件右上角的三点形图标⋮，打开控件属性编辑面板。在右侧“Edit Widget”控件属性编辑面板中，编辑控件名称为“motor_speed”；maxValue（最大值）为1000，minValue（最小值）为0；数据源信息选择data_speed-A。如图6-12所示。

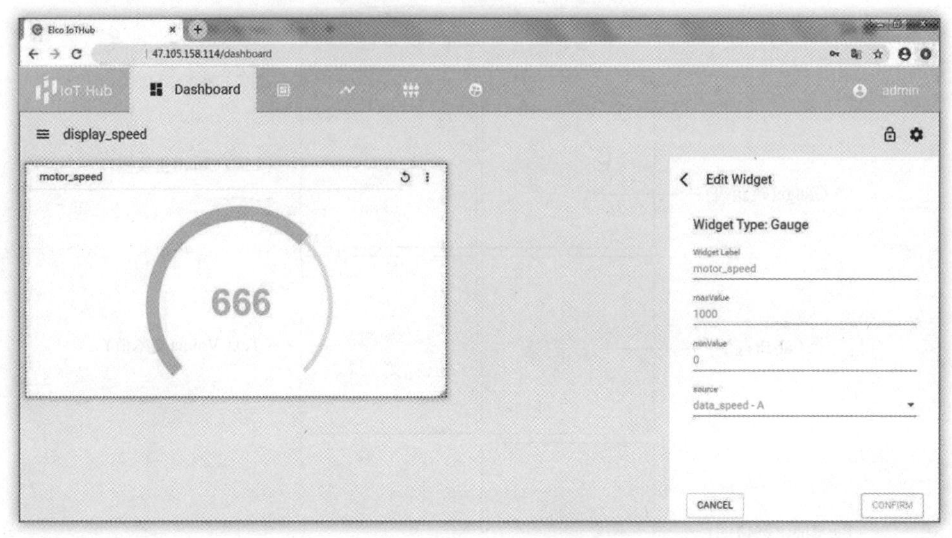

图6-12　编辑Gauge控件属性

上述配置完成后，单击“CONFIRM”按钮。再单击“Lock Dashboard”按钮锁定界面，如图6-13所示。

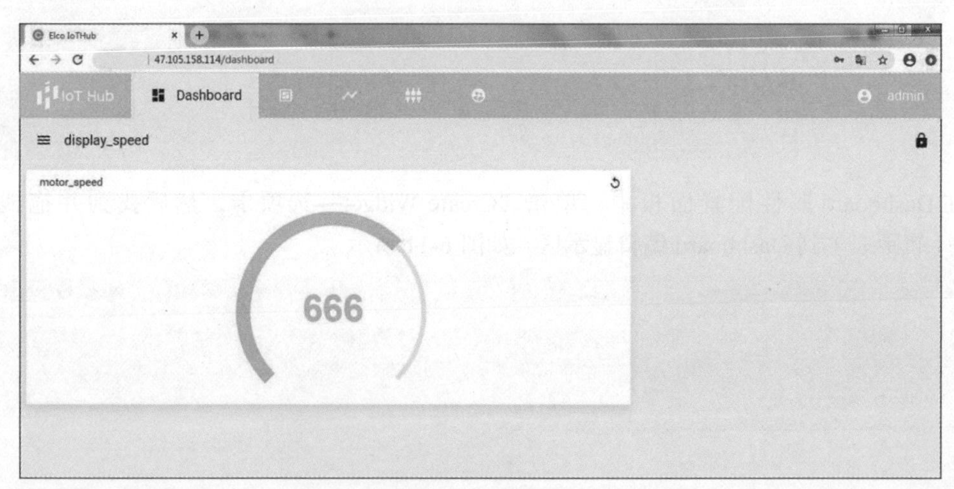

图6-13　锁定界面

技能拓展：使用本任务中的Gauge（轨距表）控件，结合任务6-3中的数据源（订单数量），制作可视化Dashboard。

任务 6-2　立体库物料数据可视化

【任务描述】

通过学习相关知识，学生可了解立体库管理的相关基本概念，理解立体库物料可视化在生产中的意义，进而掌握生产中立体库里各类物料的数据可视化方法。

【相关知识】

一、立体库

立体库也称为高架库或高架仓库，一般是指采用几层、十几层甚至几十层高的货架储存单元，用相应的物料搬运设备进行货物入库和出库作业的仓库。由于这类仓库能充分利用空间储存货物，故常被形象地称为“立体库”，如图 6-14 所示。

在生产车间中，配套的立体库一般包含原料、半成品料、成品料和不合格品料等多种类型的物料。图 6-15 所示为生产车间的立体库。

图6-14　仓储物流企业的大型立体库

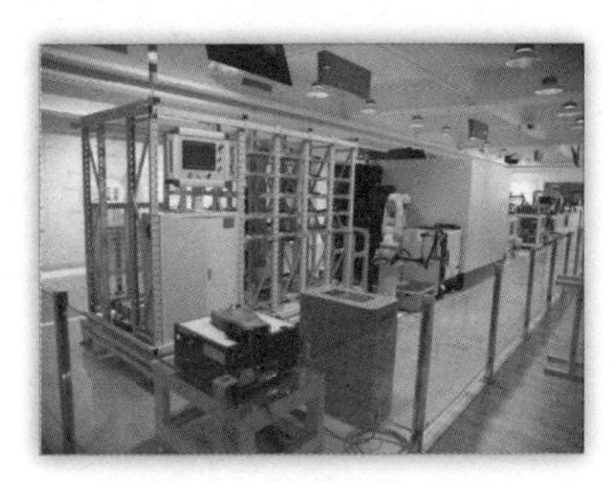

图6-15　生产车间的立体库

二、WMS

仓储在企业的整个供应链中起着至关重要的作用，如果不能保证正确的进货、库存控制及发货，将会导致管理费用增加，服务质量难以得到保证，从而影响企业的竞争力。如今的仓库作业和库存控制作业已十分复杂化、多样化，仅靠人工记忆和手工录入，不但费时费力，而且容易出错，给企业带来巨大损失。传统简单、静态的仓储管理已无法保证企业各种资源的高效利用。

因此，企业仓库管理系统（WMS）应运而生。WMS 是一款标准化、智能化、过程导向管理的仓库管理软件，能够准确、高效跟踪客户订单、采购订单，并进行仓库的综合管理。使用 WMS 后，仓库管理模式发生了彻底的转变：从“数据录入”转变成自动化“数据采集”，同时兼容原有的手工“数据录入”方式；从“人工找货”转变成了“导向定位取货”；同时，引入了“监管平台”，让管理更加高效、快捷。

总之，WMS 的巨大优势主要表现在如下几个方面：

1）数据采集及时、过程精准管理、全自动化智能导向，可提高工作效率。

2）库位精确定位管理、状态全面监控，充分利用有限的仓库空间。

3）对于货品上架和下架，全智能按先进先出原则自动分配上下架库位，避免人为错误。

4）实时掌控库存情况，合理保持和控制企业库存。

5）通过对批次信息的自动采集，实现对产品生产或销售过程的可追溯性。

图 6-16 和图 6-17 所示为某传感器制造企业车间中立体库出入库管理程序操作界面和库存情况可视化界面。

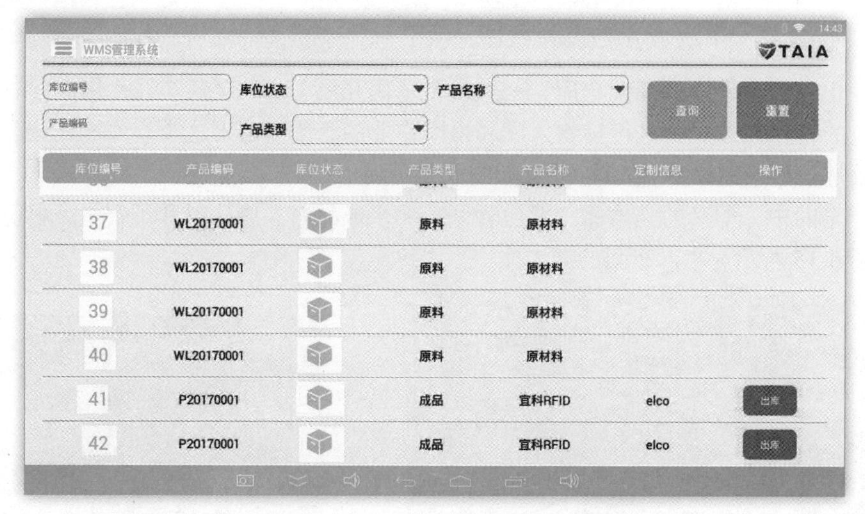

图6-16　出入库管理程序操作界面

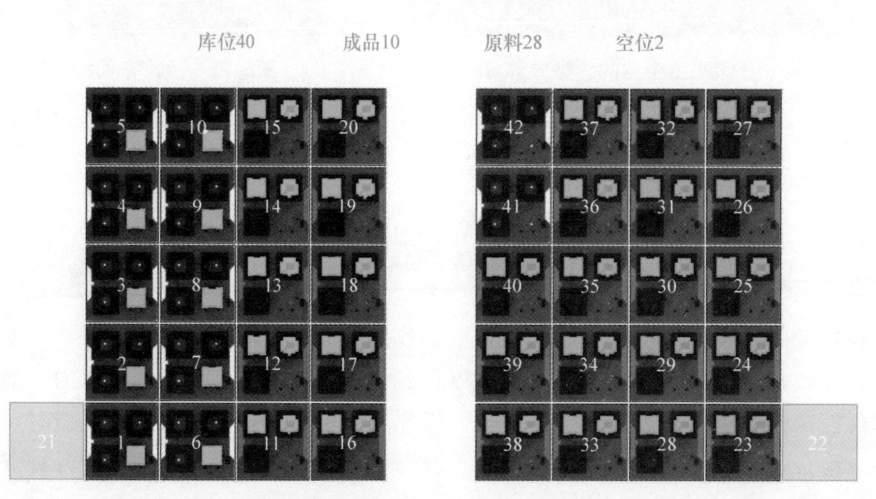

图6-17　库存情况可视化界面

【任务实施】

本任务的实施工具：IoTHub Server v2.0.1（服务端），IoTHub Web UI v2.0.1（Web 端推荐使用 Chrome 浏览器）。

本任务实施的数据源：IoTHub 采集的立体库三种物料数量数据，已命名为 data_materiel-物料 A、data_materiel- 物料 B 和 data_materiel- 物料 C。

立体库的物料数据可视化分为如下三个步骤：

1）新建 Dashboard（数据看板）可视化界面，并命名。

2）添加控件 Pie Chart（圆饼图），并配置相关属性，选择数据源。

3）添加控件 Text Value（文本值），并配置相关属性，选择数据源。

下面对每个操作步骤进行详细介绍。

一、新建 Dashboard（数据看板）可视化界面

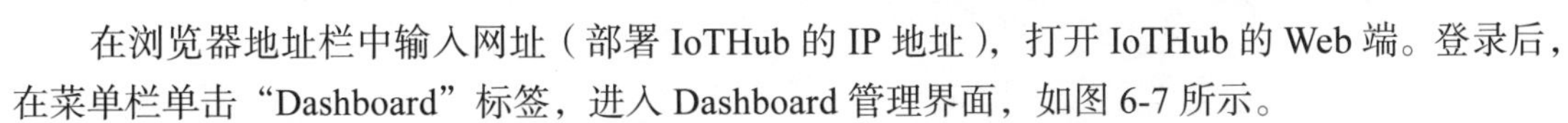

在浏览器地址栏中输入网址（部署 IoTHub 的 IP 地址），打开 IoTHub 的 Web 端。登录后，在菜单栏单击“Dashboard”标签，进入 Dashboard 管理界面，如图 6-7 所示。

新建 Dashboard 可视化界面，并命名为“display_library”。

新建 Dashboard 后，即可对本数据看板进行属性配置，如图 6-9 所示。本任务采用默认配置。

二、添加控件 Pie Chart（圆饼图）并配置相关属性

在数据看板属性配置面板中，单击“Create Widget”选项卡，然后找到并拖拽添加控件 Pie Chart（圆饼图）到 Dashboard 编辑显示区，如图 6-18 所示。

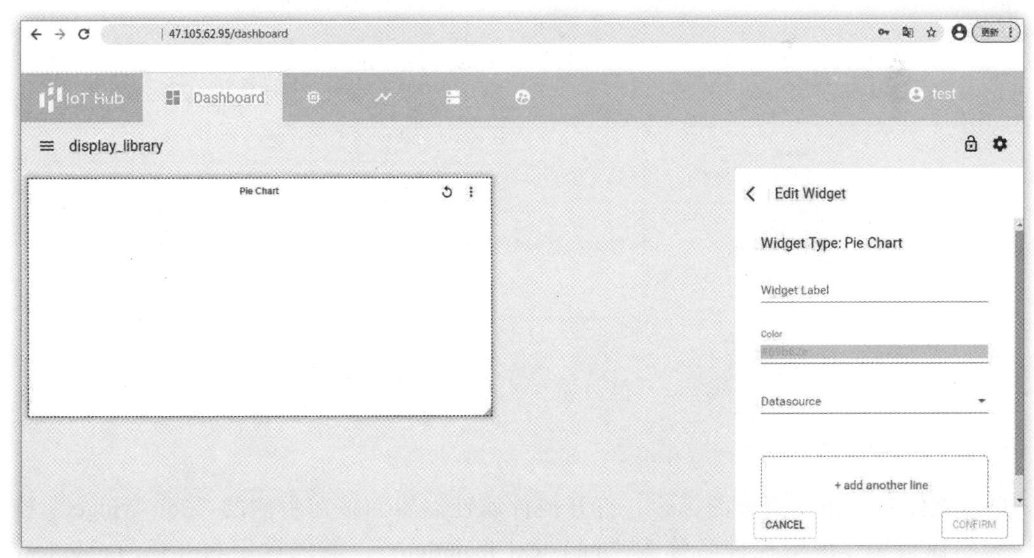

图6-18 添加Pie Chart控件

单击控件右上角的三点型按钮⋮，打开控件属性编辑面板。在右侧的“Edit Widget”控件属性编辑面板中，编辑控件名称为“num_materiel”；第一个数据源信息选择 data_materiel- 物料 A，颜色设定为红色；第二个数据源信息选择 data_materiel- 物料 B，颜色设定为绿色；第三个数

据源信息选择 data_materiel- 物料 C，颜色设定为蓝色。

上述配置完成后，单击“CONFIRM”按钮，如图 6-19 所示。

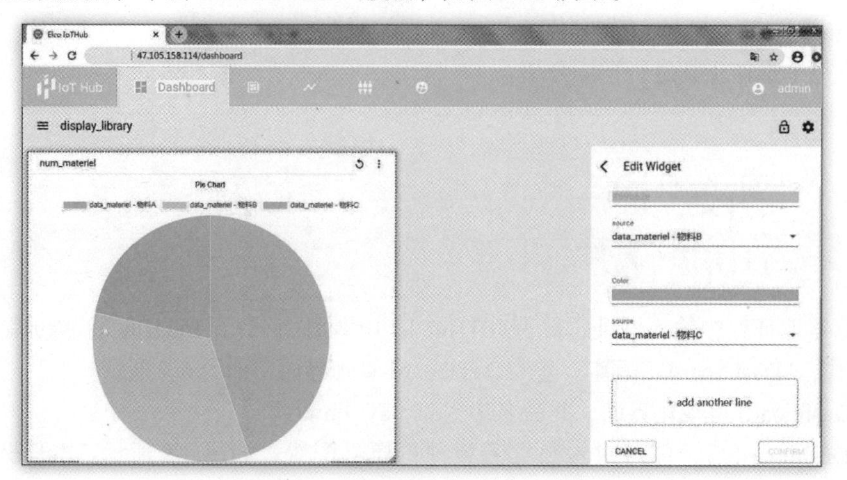

图6-19　编辑Pie Chart控制属性

三、添加控件 Text Value（文本值）并配置相关属性

单击返回按钮<返回到数据看板属性配置面板中，单击“Create Widget”选项卡，然后找到并拖拽添加控件 Text Value（文本值）到 Dashboard 编辑显示区，如图 6-20 所示。

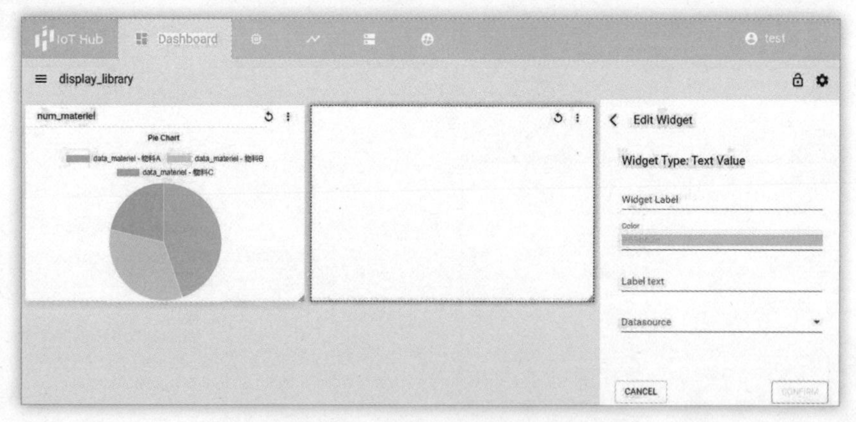

图6-20　添加Text Value控件

单击控件右上角三点形图标⋮，打开控件属性编辑面板在右侧的“Edit Widget”控件属性编辑面板中，编辑控件名称为“num_text_materielA”，颜色设定为红色；Lable text 文本标签命名为物料 A 数量，数据源信息选择 data_materiel- 物料 A。上述配置完成后，单击“CONFIRM”按钮确定。

重复以上操作，拖拽添加控件 Text Value（文本值）到 Dashboard 编辑显示区。在右侧“Edit Widget”控件属性编辑面板中，编辑控件名称为“num_text_materielB”，颜色设定为绿色，Lable text 文本标签命名为物料 B 数量，数据源信息选择 data_materiel- 物料 B。上述配置完成后，单击“CONFIRM”按钮确定。

重复以上操作，拖拽添加控件 Text Value（文本值）到 Dashboard 编辑显示区。在右侧“Edit Widget”控件属性编辑面板中，编辑控件名称为“num_text_materielC”，颜色设定为蓝色，Lable text 文本标签命名为物料 C 数量，数据源信息选择 data_materiel- 物料 C。上述配置完成后，单击“CONFIRM”按钮确定。

最后，在 Dashboard 编辑显示区，可通过拖拽，或控件右下方的灰色三角按钮，调整控件的位置或大小，实现可视化界面的合理布局。布局确定后，再单击 Lock Dashboard 按钮锁定界面，如图 6-21 所示。

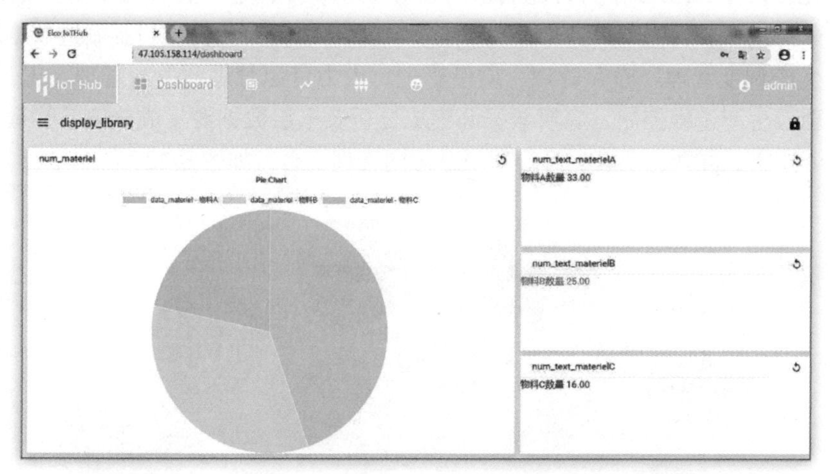

图6-21　完成Pie Chart界面编辑

技能拓展：通过 Pie Chart（圆饼图）控件，结合任务 6-3 的数据源（订单数量），制作可视化 Dashboard（数据看板）。

任务 6-3　订单生产趋势数据可视化

【任务描述】

通过学习相关知识，学生可了解生产订单管理的相关基本概念，理解生产订单管理流程及订单可视化在生产中的意义，进而掌握生产中订单生产趋势数据可视化的方法。本任务将生产过程中 1min 时间段内的计划订单数、已完成订单数、未完成订单数通过折线图来表示其趋势。

【相关知识】

一、生产计划或生产订单

“计划”一词在企业的信息系统中会多次出现，而且在不同的层次上代表不同的业务含义。在业务层，基于客户订单或销售预测会形成企业的“销售计划或销售订单”（简称“销售订单”)；到了生产执行层，“销售订单”会转化成“生产计划或生产订单”（简称“生产订单”），而“生产订单”与“销售订单”可能不再是一一对应的关系了，因为生产车间可能会根据生产调度与安排的需要把一个“销售订单”拆分成多个“生产订单”，这就是所谓的“拆单”。

二、制造执行系统（MES）

在数字化工厂中，MES 作为智能制造的核心工业软件，起着关键的作用。MES 是一套面向制造企业车间执行层的生产信息化管理系统。MES 可以为企业提供包括制造数据管理、计划排程管理、生产调度管理、库存管理、质量管理、人力资源管理、设备管理、工具工装管理、项目看板管理、生产过程控制、底层数据源集成分析及上层数据源集成分解等管理模块，可为企业打造一个扎实、可靠、全面、可行的制造协同管理平台，如图 6-22 所示。

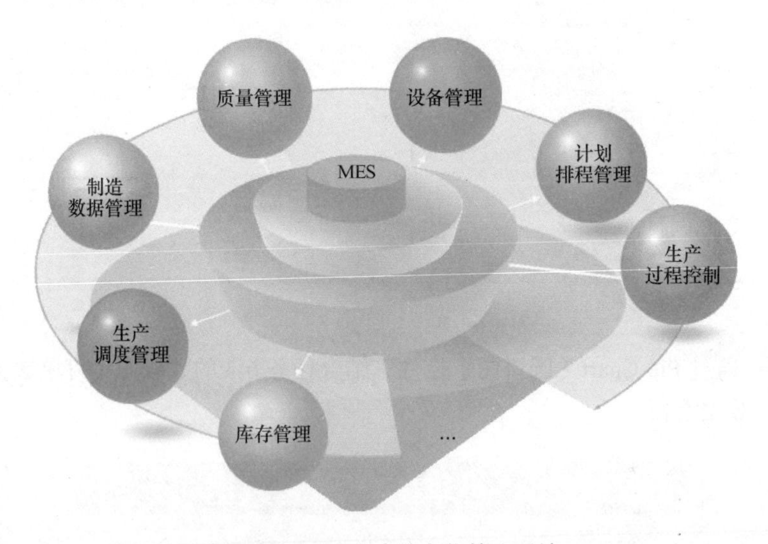

图6-22　MES生产信息化管理系统

三、MES 应用实例

图 6-23 所示为某编码器制造企业的 MES 生产可视化看板界面。MES 为生产管理者提供了车间生产情况的统计信息。图中左侧显示的是近一周的订单生产情况，其中每天的生产情况给出了三个数的对比，即计划的产品数量、排程的产品数量和完成的产品数量。基于此界面，管理人员可以直观地了解近一周内的生产任务执行情况。图中右侧上半部分显示的是每个工序当天的生产情况，包括待生产的数量和已生产的数量，管理人员可以直观地了解每个工序的生产任务量和完成量，及时了解各个工序的生产进度情况。图中右侧下半部分显示的是每个工序当

前的在线生产人员数量，管理人员可以直观地了解整个车间的工人在线情况。

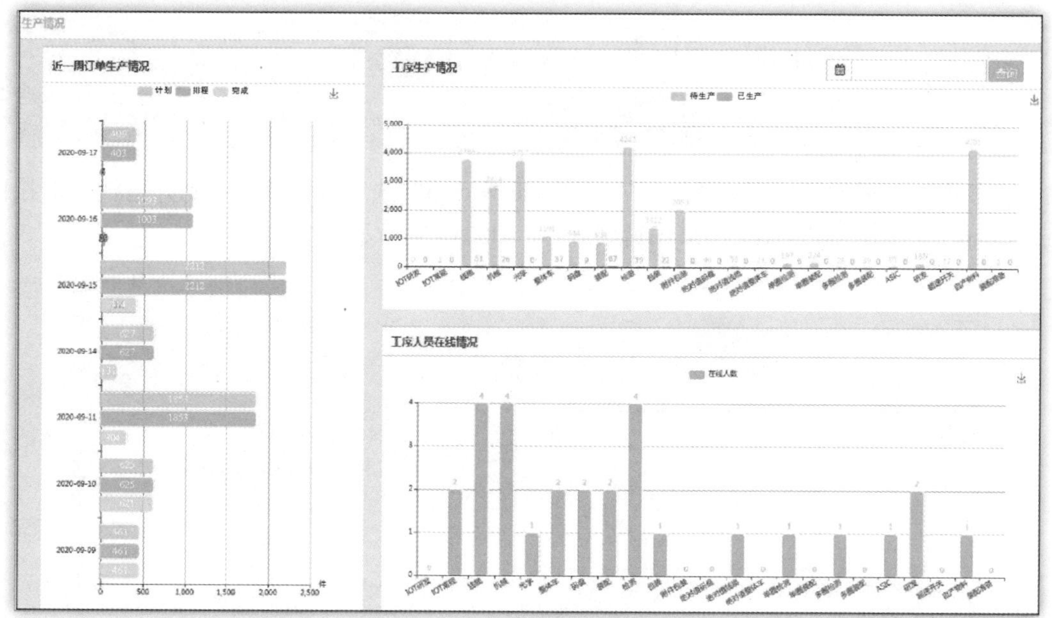

图6-23　MES生产可视化看板界面

【任务实施】

本任务的实施工具：IoTHub Server v2.0.1（服务端），IoTHub Web UI v2.0.1（Web 端推荐使用 Chrome 浏览器）。

本任务实施的数据源：IoTHub 实时采集的某种产品订单数量数据，已命名为：data_order-A（计划订单数量）、data_order-B（已完成订单数量）、data_order-C（未完成订单数量）。

生产订单数据可视化分为如下两个步骤：

1）新建 Dashboard（数据看板）可视化界面，并命名。

2）添加控件 Line Chart（折线图），并配置相关属性、选择数据源。

下面对每个操作步骤进行详细介绍。

一、新建 Dashboard（数据看板）可视化界面

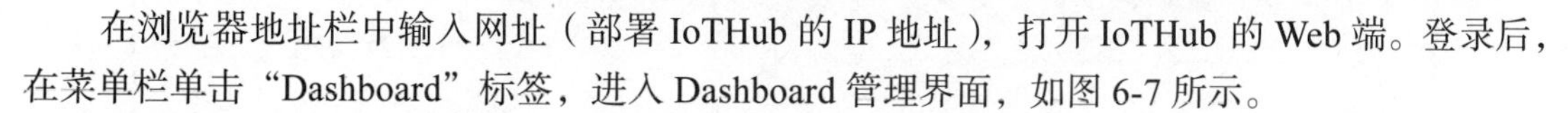

在浏览器地址栏中输入网址（部署 IoTHub 的 IP 地址），打开 IoTHub 的 Web 端。登录后，在菜单栏单击“Dashboard”标签，进入 Dashboard 管理界面，如图 6-7 所示。

新建 Dashboard 可视化界面，并命名为“display_order”。

新建 Dashboard 后，即可对本数据看板进行属性配置，如图 6-9 所示。本任务采用默认配置。

二、添加控件 Line Chart（折线图）并配置相关属性

在数据看板属性配置面板中，单击“Create Widget”选项卡，然后找到并拖拽添加控件 Line Chart（折线图）到 Dashboard 编辑显示区，如图 6-24 所示。

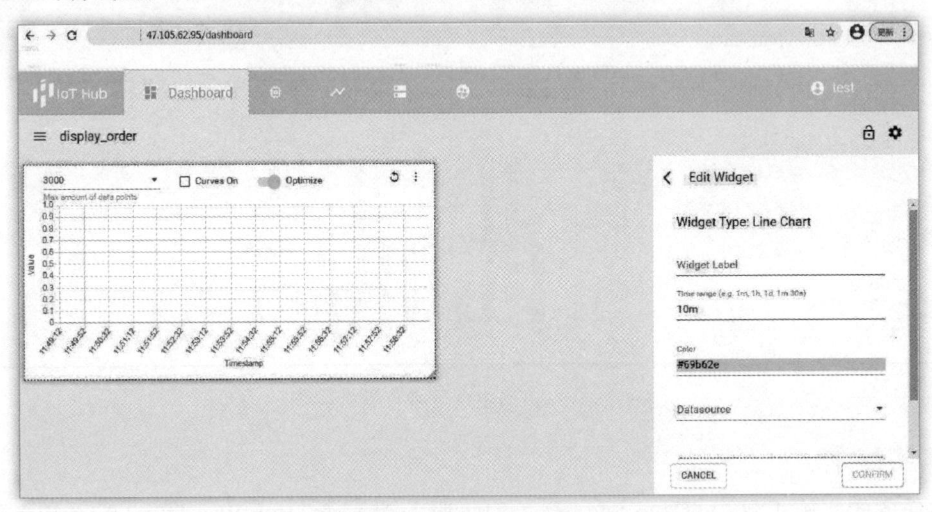

图6-24 添加Line Chart控件

单击控件右上角三点形按钮⋮，打开控件属性编辑面板。在右侧的“Edit Widget”控件属性编辑面板中，编辑控件名称为“trend_order”；Time range 选择 1m（1min）；第一个数据源信息选择 data_order-A，颜色设定为红色；第二个数据源信息选择 data_order-B，颜色设定为绿色；第三个数据源信息选择 data_order-C，颜色设定为蓝色。如图 6-25 所示。

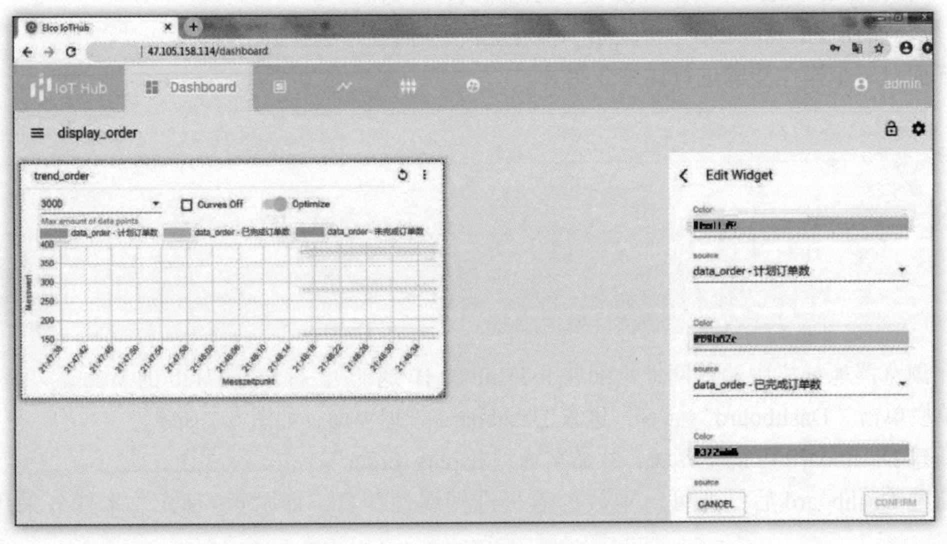

图6-25 编辑Line Chart控件属性

上述配置完成后，单击“CONFIRM”按钮确定，再单击“Lock Dashboard”按钮锁定界面，如图 6-26 所示。

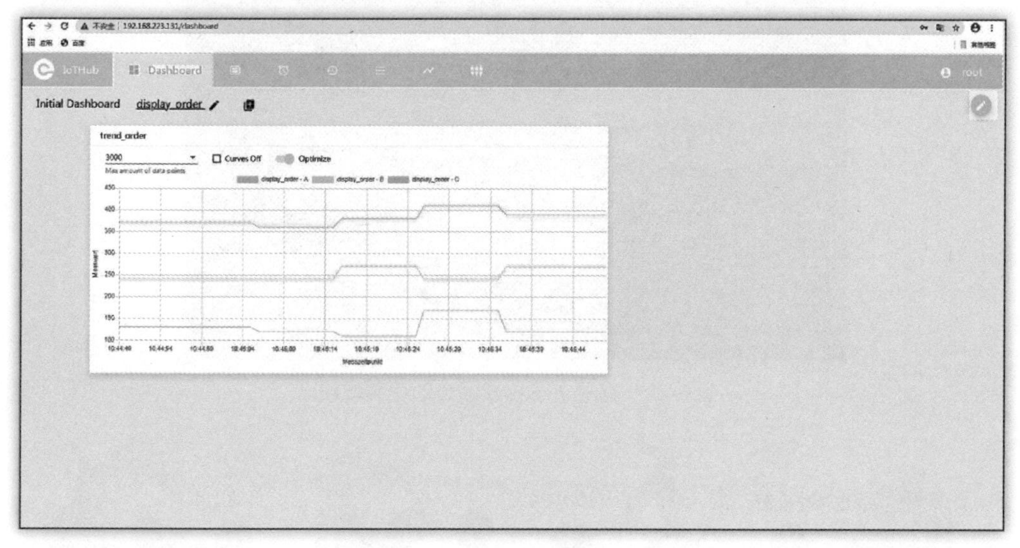

图6-26 Line Chart看板界面

在 Line Chart 控件上方，通过单击 Optimize 使能，可选择最大数据点数量（Max Amount of Data Points），通过单击 Curves Off 使能也可选择关闭 / 打开曲线。注意：选择以上选项后，需要单击右上角的刷新按钮才能生效。

技能拓展：通过 Line Chart（折线图）控件，查看 1h 内的产品订单数量变化趋势。

任务 6-4 数字化车间装配工位订单可视化

【任务描述】

通过 Grafana 数据可视化工具，将某数字化车间传感器装配线中的十个装配工位当前装配的订单号进行实时显示（从 MS SQL Server 数据库中提取订单号），以实现订单的过程追踪功能，便于生产人员实时了解当前作业订单，保证订单要求与工艺、工序的匹配。

【相关知识】

一、产品装配过程的订单显示

在离散制造业，产品的组装是一个非常重要的生产过程，所有原料加工完成后均汇集到装配线进行组装。为保证组装过程透明化，优化装配质量和节拍，提升组装效率，要在每个装配工位（即装配站）安装订单识别装置：一方面，通过实时显示本工位订单，查看当前订单的生产进度；另一方面，可实现订单的质量问题追溯。

图 6-27 所示为宜科电子传感器自动化装配线。传感器装配工艺流程如图 6-28 所示。

图6-27　宜科电子传感器自动化装配线

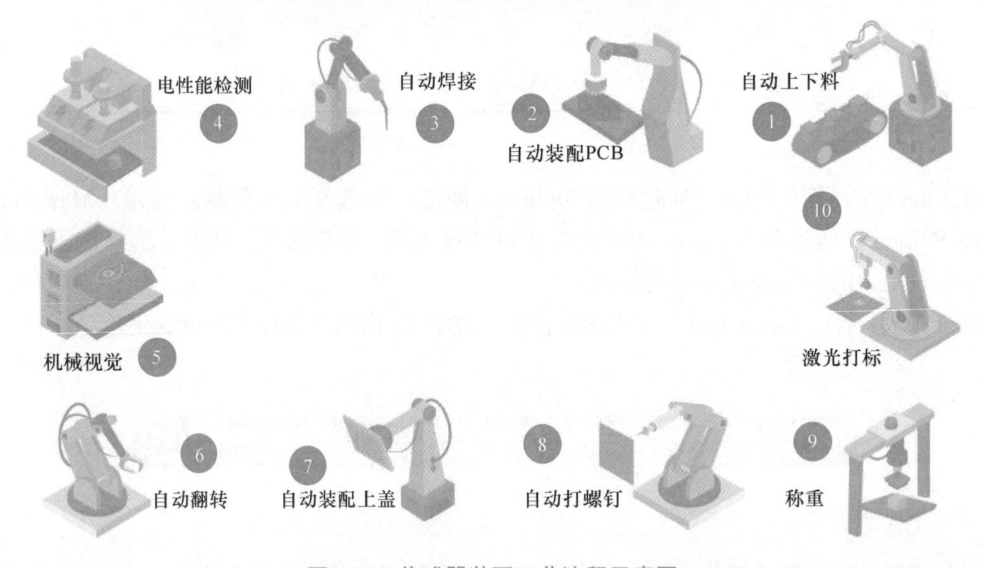

图6-28　传感器装配工艺流程示意图

二、工业大数据可视化工具

在智能制造领域，随着业务越发复杂，对工业软件系统的要求也越来越高，这意味着人们需要随时掌控系统的运行情况。因此，对系统的实时监控以及可视化展示就成了基础架构的必需功能。

Grafana 是一款用 Go 语言开发、跨平台的开源度量分析与数据可视化工具。它提供了强大的功能，可以创建、共享以及浏览数据，可以做数据监控和数据统计，带有报警功能。它主要有以下六大特点：

1）展示方式：快速、灵活的客户端图表，面板插件有许多不同方式的可视化指标和日志，官方库中提供了丰富的仪表盘插件，如热图、折线图和图表等多种展示方式。

2）数据源：支持 Graphite、InfluxDB、OpenTSDB、Prometheus、ElasticSearch、CloudWatch 和 KairosDB 等。

3）通知提醒：以可视方式定义最重要指标的警报规则。Grafana 将不断计算并发送通知，在数据达到阈值时，通过 Slack、PagerDuty 等通知。

4）混合展示：在同一图表中混合使用不同的数据源，可以基于每个查询指定数据源，甚至自定义数据源。

5）注释：使用来自不同数据源的丰富事件注释图表，将光标悬停在事件上会显示完整的事件元数据和标记。

6）过滤器：Ad-hoc 过滤器允许动态创建新的键 - 值过滤器，这些过滤器会自动应用于使用该数据源的所有查询。

Grafana 官方网址为 https://grafana.com/，其主页如图 6-29 所示。

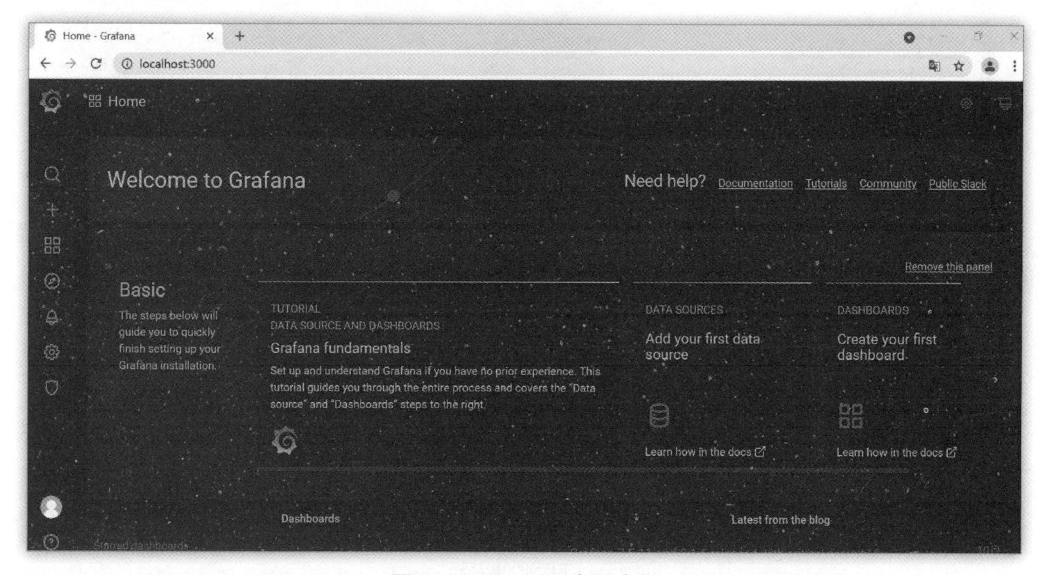

图6-29　Grafana官网主页

【任务实施】

本任务的实施工具如下：

1）Grafana 7.0.1 可视化工具软件（基于 Windows 64 位系统，Web 页面，推荐使用 Chrome 浏览器）；

2）Microsoft SQL Server 2014 数据库软件（由 Microsoft 公司推出的关系型数据库管理系统），与可视化工具软件 Grafana 7.0.1 部署在同一局域网内的服务器端。

本任务实施的数据源：通过数据采集手段，已将装配线各工位的订单数据存储于数据库中，并将本数据库命名为 FCDB，IP 地址、端口为 192.168.10.13:1433（部署数据库软件的 IP 地址、端口号）。数据库登录用户名设为 su，密码设为 elco999_（用户名与密码可自定义）。

图 6-30 所示为数据库操作界面。

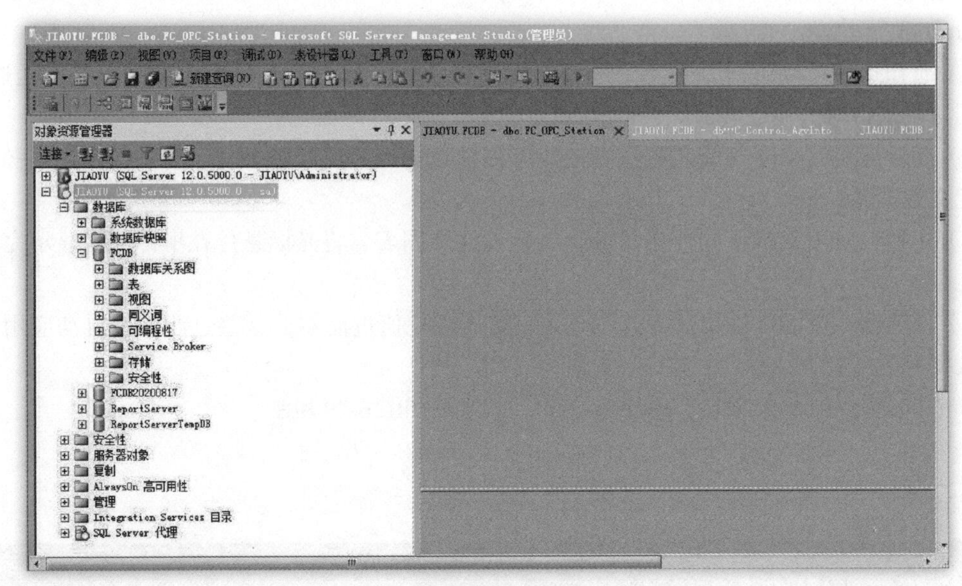

图6-30　数据库操作界面

本任务涉及数据库中的数据表有如下两个：

1）数据表 FC_Control_ProductPallet。字段 PalletID 所在列存储“产品托盘编号”，字段 OrderProductDetailID 所在列存储“订单编号”，如图 6-31 所示。

	PalletID	OrderProductDetailID
	1	RF00000103540
	2	RF00000103537
	3	RF00000103535
	4	RF00000103538
	5	RF00000103539
	6	RF00000103536
	7	RF00000103532
	8	RF00000103541
	9	RF00000103533
	10	RF00000103534
▶	11	

图6-31　数据表FC_Control_ProductPallet

2）数据表 FC_Control_StationLog。字段 PLCValue 所在列存储“产品托盘编号”，字段 StationID 所在列存储“装配工位号”、字段 TypeID 所在列存储类型数据，如图 6-32 所示。

装配工位生产订单数据可视化分为如下四个步骤：

1）选择导入数据源。

2）新建 Dashboard（数据看板）可视化界面，并配置相关属性。

3）添加 Panel（面板），选择导入数据值，并配置 Panel 的相关属性。

4）分享数据看板。

ID	PLCConfigID	PLCValue	OrderProdct...	TypeID	StationID	CreatTime
4	6226 ...	6	NULL	1	6 ...	2020-08-13 0...
23	6390 ...	7	NULL	1	10 ...	2020-08-13 0...
24	6021 ...	8	NULL	1	1 ...	2020-08-12 1...
25	6062 ...	1	NULL	1	2 ...	2020-08-13 0...
26	6103 ...	5	NULL	1	3 ...	2020-08-13 0...
27	6144 ...	4	NULL	1	4 ...	2020-08-13 0...
28	6185 ...	2	NULL	1	5 ...	2020-08-13 0...
29	6349 ...	9	NULL	1	9 ...	2020-08-13 0...
30	6267 ...	3	NULL	1	7 ...	2020-08-13 0...
32	6308 ...	10	NULL	1	8 ...	2020-08-13 0...
NULL	NULL	NULL	NULL	NULL	NULL	NULL

图6-32 数据表 FC_Control_StationLog

下面对每个操作步骤进行详细介绍。

一、选择导入数据源

打开 Chrome 浏览器，输入地址 localhost:3000，登录进入 Grafana 主页，如图 6-33 所示。

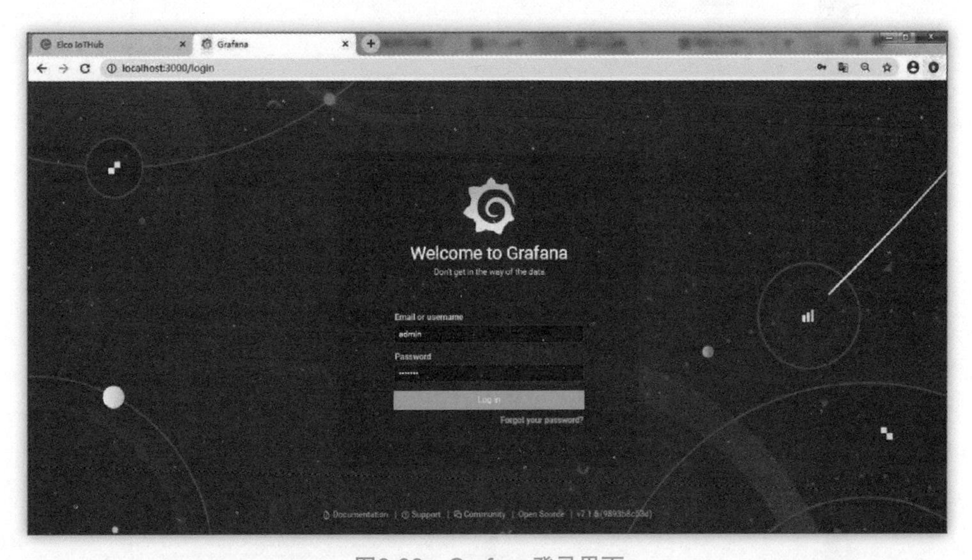

图6-33 Grafana登录界面

默认登录名和密码均为 admin（首次登录需修改默认密码）。如图 6-34 所示，显示“Welcome to Grafana”字样，说明登录成功了。

默认界面主题颜色为黑色，可通过单击界面左下方的头像，在 Preferences 配置中，将 UI Theme 改为 Light，如图 6-35 所示。

在主界面中，单击左侧菜单栏 Configuration 中的 Data Source 选项，进入数据源添加界面，如图 6-36 所示。

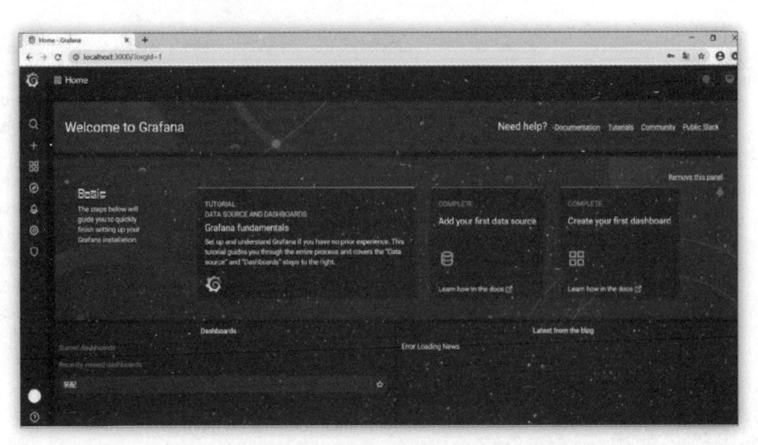

图6-34　登录成功界面

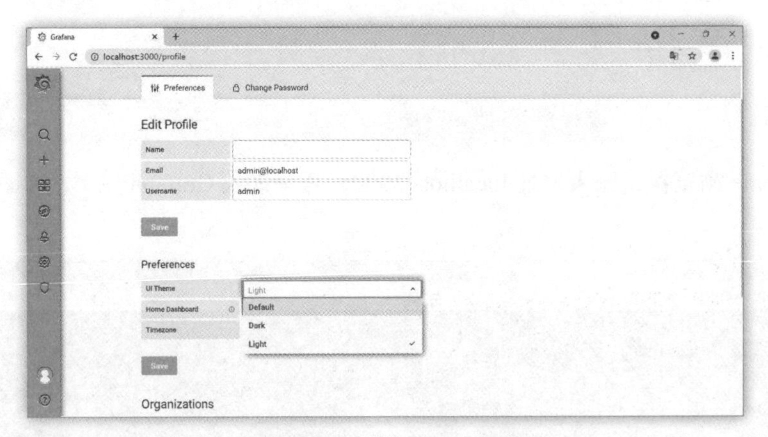

图6-35　修改界面主题

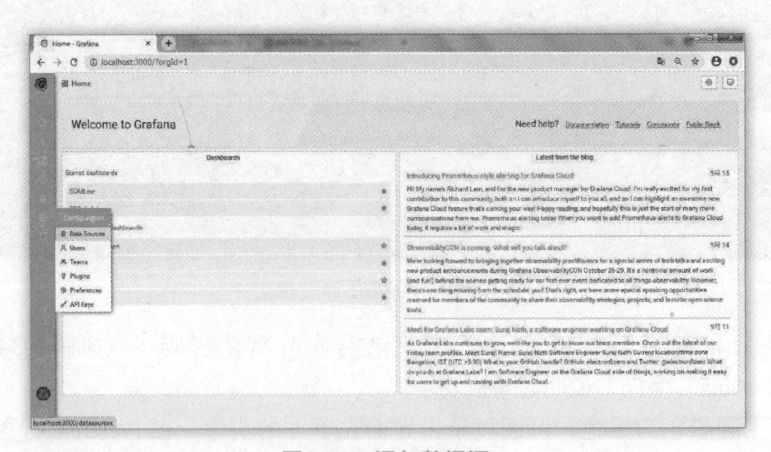

图6-36　添加数据源

单击“Add data source”按钮，选择要添加的数据库类型 Microsoft SQL Server，进入数据库设置界面，如图 6-37 所示。

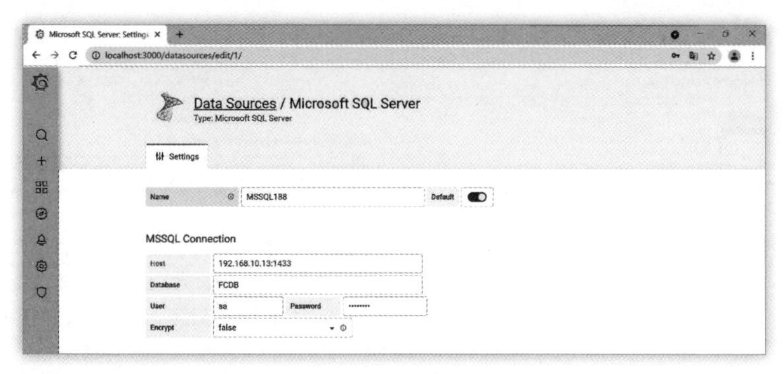

图6-37　数据库设置界面

具体参数设置如下：

1）Name:MSSQL188（数据源名称，可自定义）。

2）Host:192.168.10.13:1433（数据库 IP 地址与默认端口）。

3）Database：FCDB（数据库名称）。

4）User：sa（数据库登录账号）。

5）Password：elco999_（数据库登录密码）。

6）其他选项采用默认值。

设置完成后，单击页面下方的“Save & Test”按钮，操作正确会提示“Database Connection OK”字样，如图 6-38 所示。至此，数据源选择导入完毕。

图6-38　数据库导入完成

二、新建 Dashboard（数据看板）可视化界面，并配置相关属性

单击左侧菜单栏 Dashboards 中的 Manage 选项，可查看到已创建的所有 Dashboard，如图 6-39 所示。

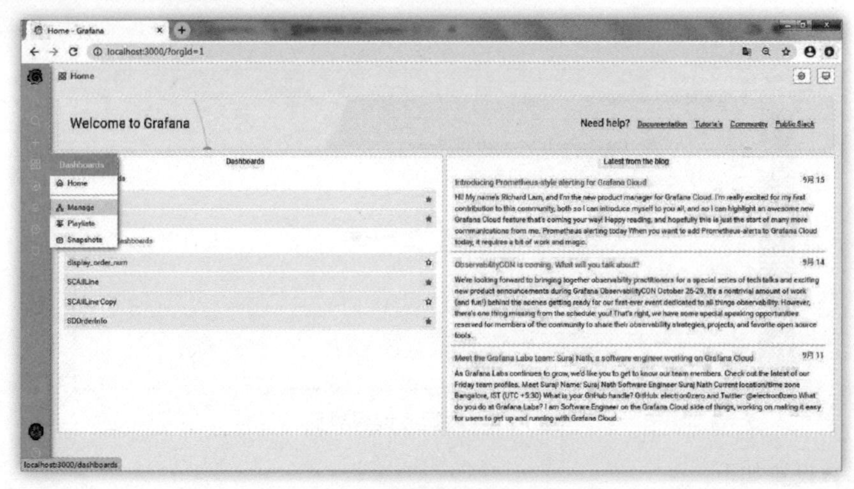

图6-39　查看已创建的Dashboard

新建 Dashboard 并单击“Save”按钮，将新建的 Dashboard 命名为“display_order_num”，如图 6-40 所示。

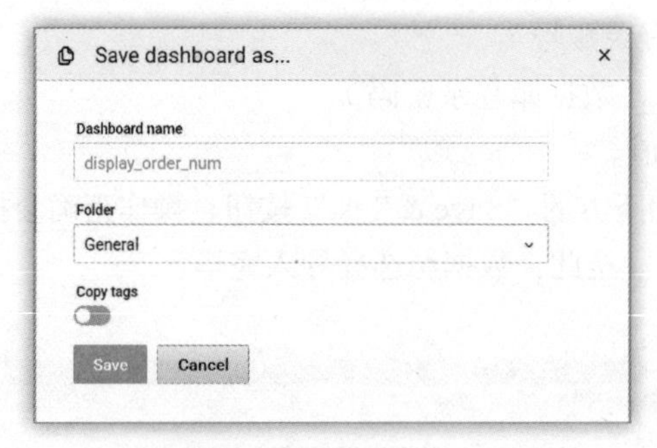

图6-40　新建Dashboard

单击新建的 display_order_num 数据看板，进入该数据看板的管理界面，如图 6-41 所示。

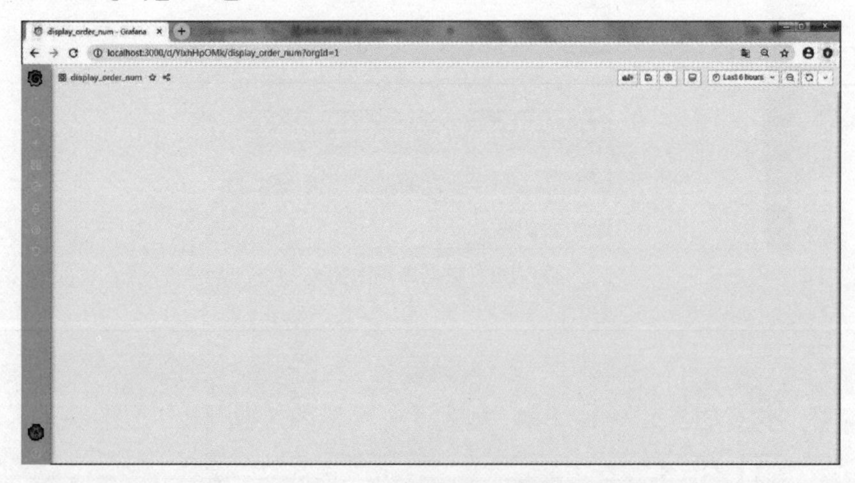

图6-41　进入数据看板管理界面

通过单击右上区的 Dashboard Setting 按钮 ，可对新建的 Dashboard 属性进行配置与保存（本任务采用默认配置），如图 6-42 所示，按 <Esc> 键可返回数据看板属性配置界面。

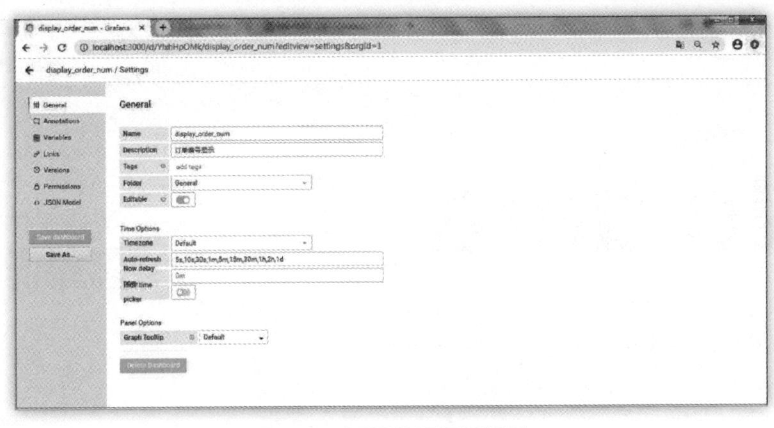

图6-42　配置数据看板属性

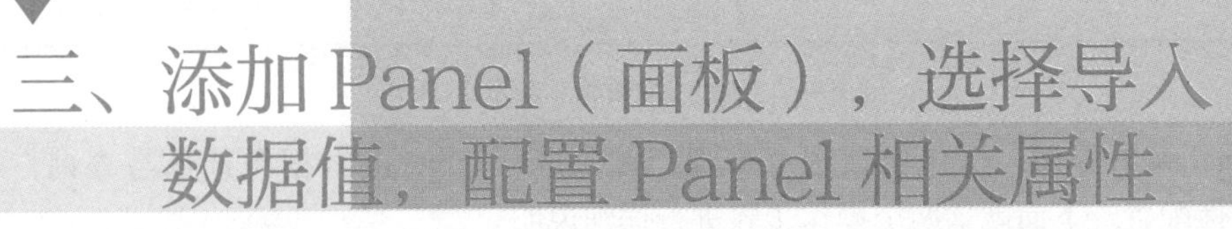

三、添加Panel（面板），选择导入数据值，配置Panel相关属性

在Dashboard（数据看板）编辑界面下，单击右上区的Add panel按钮，可在新建的Dashboard中进行添加新面板的操作，如图6-43所示。

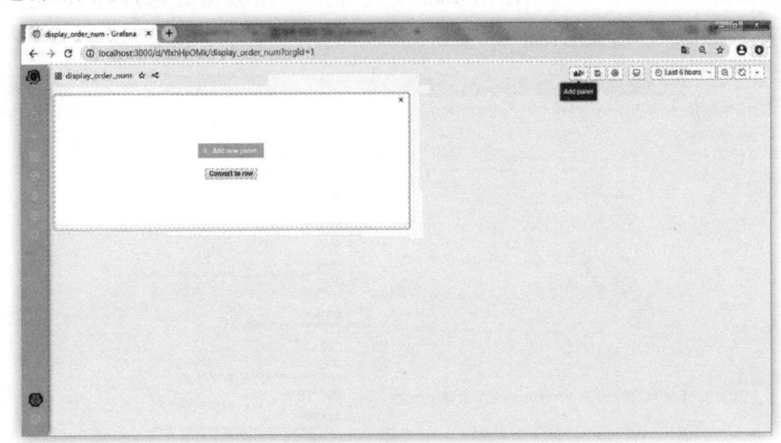

图6-43　添加新面板

在数据看板区单击“Add new panel”按钮进入面板编辑界面，如图6-44所示，主要分为如下三个区域：

1）数据源选择与查询区。可以在该区切换已有的数据源，并且每一个数据源的数据类型都会按照系统的预设，将字段分别列在维度和度量的列表中。可以根据数据图表所提供的数据要素，在列表中选择需要的维度和度量字段。

2）属性配置区。可以在属性配置区选择需要制作的数据图表，并且根据展示的需要，编辑图表的显示标题、选择数据值的显示模式、选择图表的展示模式等。

3）效果展示区。可以在效果展示区，通过切换图表的样式（例如将折线图切换成圆饼图）查看Panel的实时效果。

图6-44　Panel（面板）编辑界面

在Panel编辑界面，操作包括两个步骤，首先进行Panel的数据源选择与查询，再进行Panel的属性配置。下面就这两个操作步骤进行详细说明。

（一）Panel的数据源选择与查询

1）选择数据源。在图6-45所示的Panel配置界面，在数据源选择与查询区中的Query下拉列表框中选择数据源“MSSQL188”。

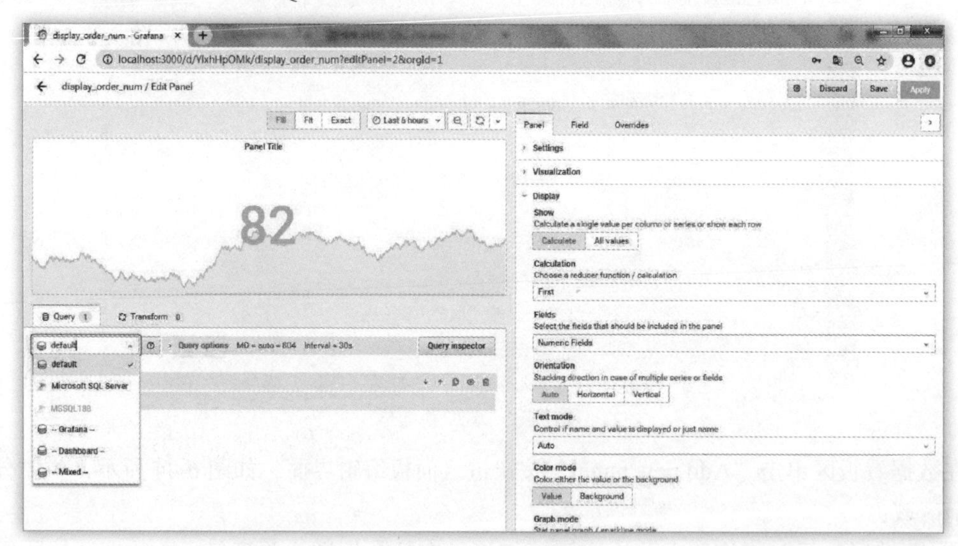

图6-45　选择数据源

2）写入SQL查询语句，提取数据库中的目标值。在数据源选择与查询区内可添加若干条查询语句，以A、B、C……作为条目号。本任务只添加一条查询语句。在A条目下，通过写入如下SQL查询语句进行目标值（即装配工位订单号）的提取。

```
select                              // 查找
getdate() as time                   // 获得当前时间，并自定义表格字段名为time
```

```
isnull(max(b.OrderProductDetailID),0)as valueaa
/* 获取表b中（即表FC_Control_ProductPallet）字段名为OrderProductDetailID的值（即工位上的订单号），并取最大值，且自定义名称为valueaa,isnull()用于判定值是否为空 */
from                                    //从哪里获取值
FC_Control_StationLog a inner join FC_Control_ProductPallet b on a.PLCValue=b.PalletID
/* 将表FC_Control_StationLog名称自定义为a，将表FC_Control_ProductPallet名称自定义为b，两个数据表通过字段PLCValue(a表）与字段PalletID(b表）进行内关联。*/
where                                   //查询条件
TypeID=1 and StationID=1                //类型数据为工位类型，工位号为1
```

3）设置数据显示形式。在“Format as”下拉列表框中选择“Table”选项，即以表格的形式展示数据。

上述数据源目标值选择完毕后，效果如图6-46所示。

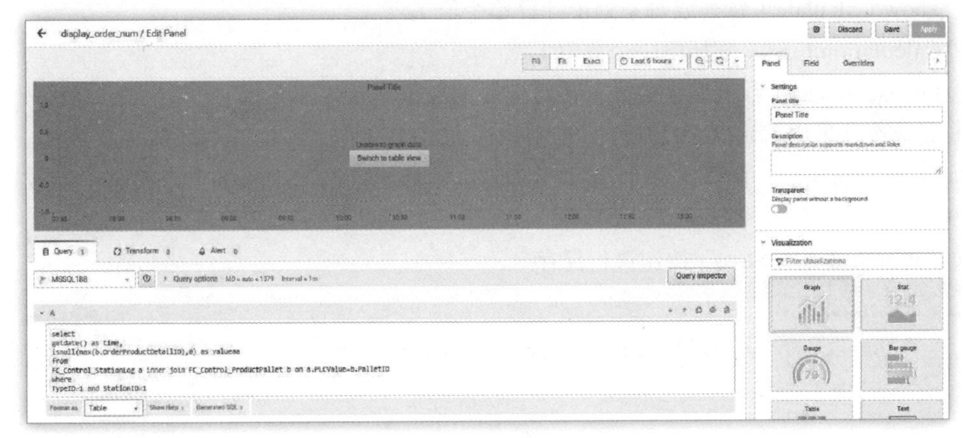

图6-46 选择数据源目标值

（二）Panel的属性配置

1）设置Panel的名称。在Panel属性配置面板中，将Settings选项区域中的Panel title设置为“工位1”，如图6-47所示。

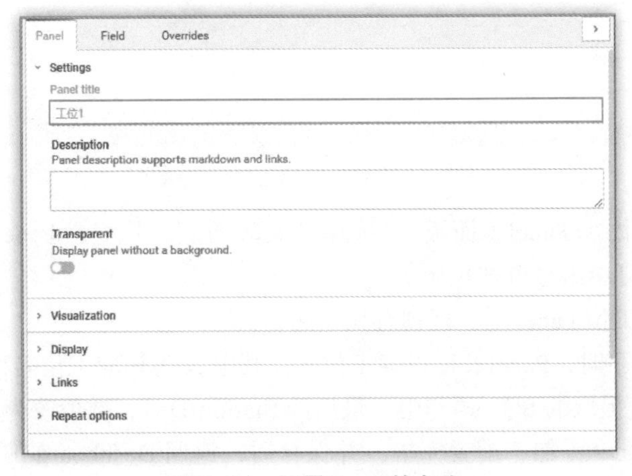

图6-47 设置Panel的名称

2）设置图表控件类型。在 Panel 属性配置面板的可视化组件 Visualization 选项区域中，单击选中“Stat”状态控件，即将 Stat 控件添加进左侧的效果展示区中，如图 6-48 所示。

图6-48　选择Stat状态控件

3）配置目标值显示属性。在 Panel 属性配置面板的 Display（显示样式）选项区域中进行如下配置：

① Show:Calculate（每列或每系列中计算单个值）。

② Calculation:First（选择第一个数值）。

③ Fields:valueaa（数据库中装配工位订单号的数值）。

④ 其他选项采用默认值。

Panel 配置完成后，面板的图形显示控件上会显示从数据库中采集上来的订单号数据，如图 6-49 所示。

单击界面右上的“Save”按钮进行保存。

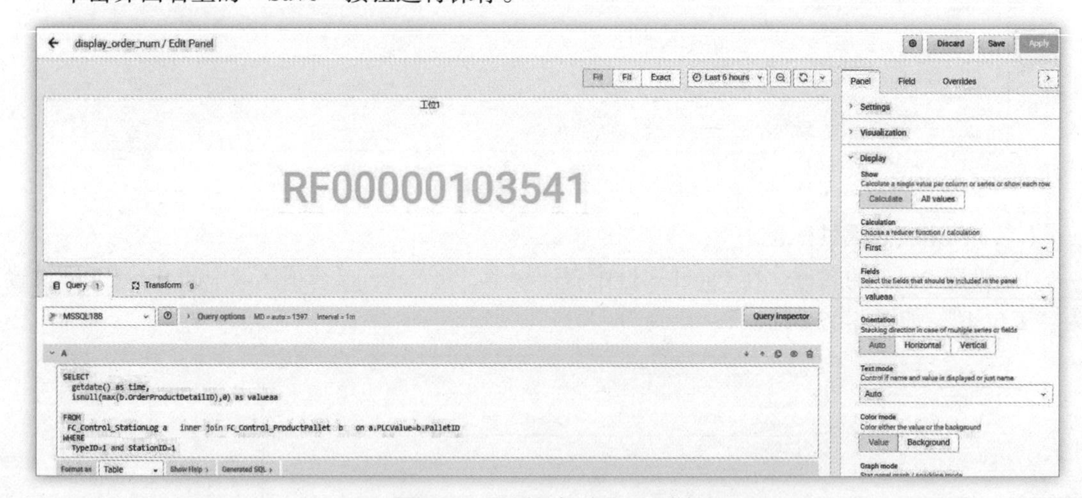

图6-49　配置目标值显示属性

重复前面“三、添加 Panel（面板），选择导入数据值，并配置 Panel 相关属性”的操作，进行其他九个工位的订单编号可视化显示。

在添加其他九个工位 Panel 时，区别有如下两处：

1）为 Panel 取名字时，Panel title 设为工位 X，其中 X 为相应工位名称。

2）数据库目标值提取的 SQL 语句中，最后的 StationID=1，数值改为相应的工位号。

待十个工位的 Panel 添加、配置完毕，并保存后，返回 Dashboard 编辑显示区，可看到所有添加的装配工位 Panel，通过拖动、调整每个面板，进行移动或缩放，调整整体布局，以方便查看。至此，Dashboard（数据看板）制作完成，本看板可动态显示各装配工位的订单号，如图 6-50 所示。

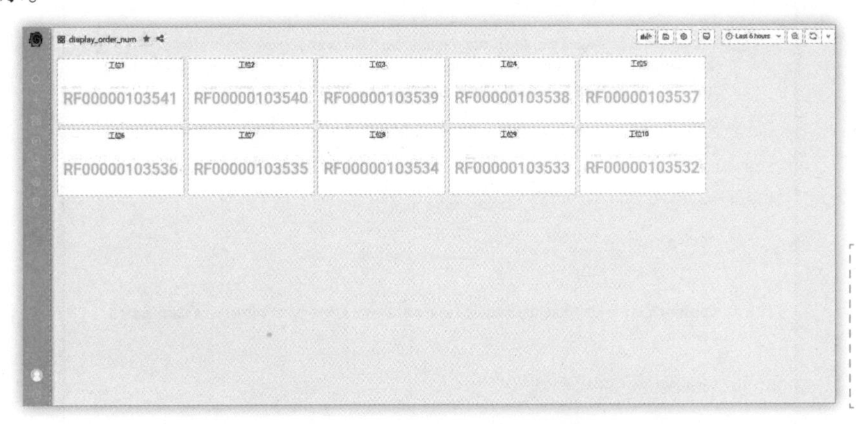

图6-50　各装配工位订单数据看板

四、分享数据看板

Dashboard 制作完成后，在 Dashboard 界面左上方单击 按钮，系统弹出分享对话框，可通过 Link（链接）、Snapshot（快照）、Export（导出）三种方式进行分享。这三种分享方式的特点如下：

1）Link。直接以链接的方式分享，将链接复制给用户，用户打开链接即可访问（需要输入用户名与密码，可通过账号管理实现权限控制）。

2）Snapshot。以快照的形式分享，可以设置有效时间（只可查看，不可编辑）。

3）Export：导出保存 JSON 文件，可直接导入到其他 Grafana 可视化项目中，可编辑。

图 6-51 所示为通过 Link 方式分享，图 6-52 所示为通过 Snapshot 方式分享，图 6-53 所示为通过 Export 方式分享。

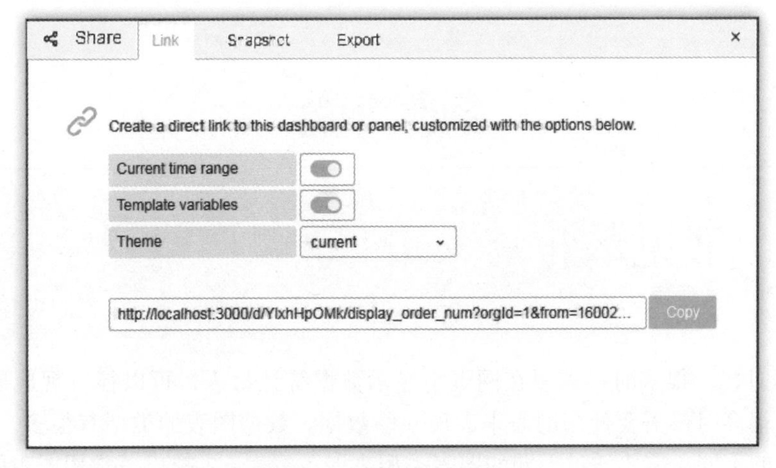

图6-51　通过Link方式分享

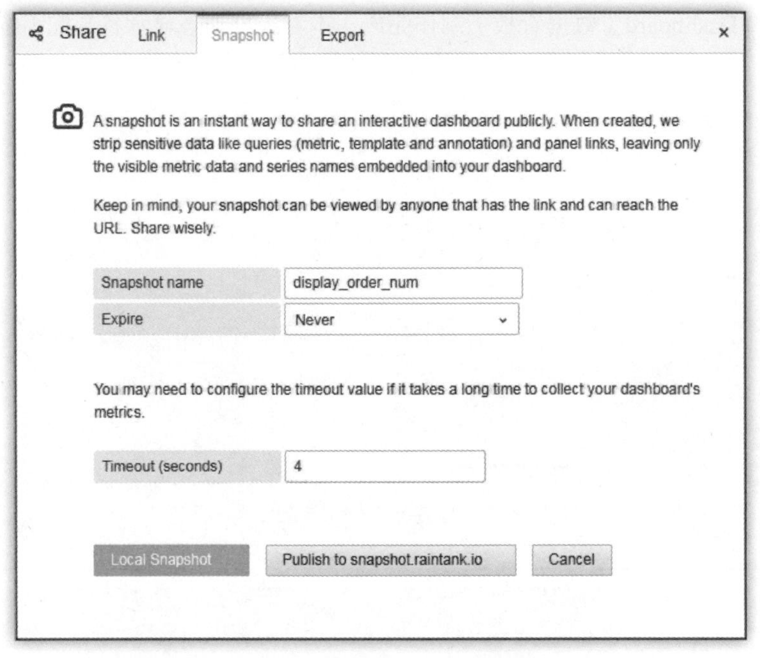

图6-52　通过Snapshot方式分享

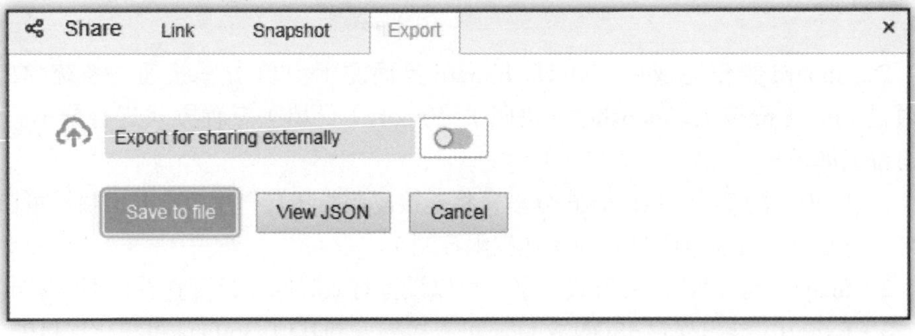

图6-53　通过Export方式分享

技能拓展：通过 Grafana 工具，使用图形显示插件——Bar gauge 制作本任务中的装配工位订单数据看板。

拓展知识

一、常见数据图表的分类

在大数据时代，很多时候需要在网页中显示数据统计报表，可以很直观地展示数据的走向。开发人员很多时候需要使用图表来表现一些数据。数据图表的类型有很多，不同的数据，根据使用场景的不同，需要通过不同的图表类型来展示。表 6-1 提供了常用图表的分析类型及其使用场景。

表 6-1 常用图表的分析类型及其使用场景

分析类型	说明	场景举例	适用图表
比较	对比各个值之间的差别，或需要显示对度量按类别区分的简单比较	比较不同国家或地区的销售和收入差别	柱图、组合图、条形图、雷达图、漏斗图、交叉表、透视表、玫瑰图、对比漏斗和词云图
百分比	显示某个部分占整体的百分比，或某个值相对于整体的比例	显示立体仓库中各类型物料在总库存物料中所占的比例	饼图、漏斗图、仪表盘和矩形树图
相关	显示各个值之间的关系，或比较多个度量值	可以查看两个度量之间的相关性，了解第一个度量对第二个度量的影响	散点图、矩形树图、指标看板、来源去向和进度条
趋势	显示数据值基于时间变化的趋势，或数据指标进展以及可能具有的模式	可以查看某一个产品在一定时间范围内的销售或收入趋势	线图和面积图
地理图	在地图上直观显示国家或地区的相关数据指标大小和分布范围。使用的数据源必须包含地理数据	可以查看某一个国家或地区各个地方的收入情况	气泡地图、色彩地图和 LBS 地图

工业领域常用的几种数据图表类型如图 6-54 所示。

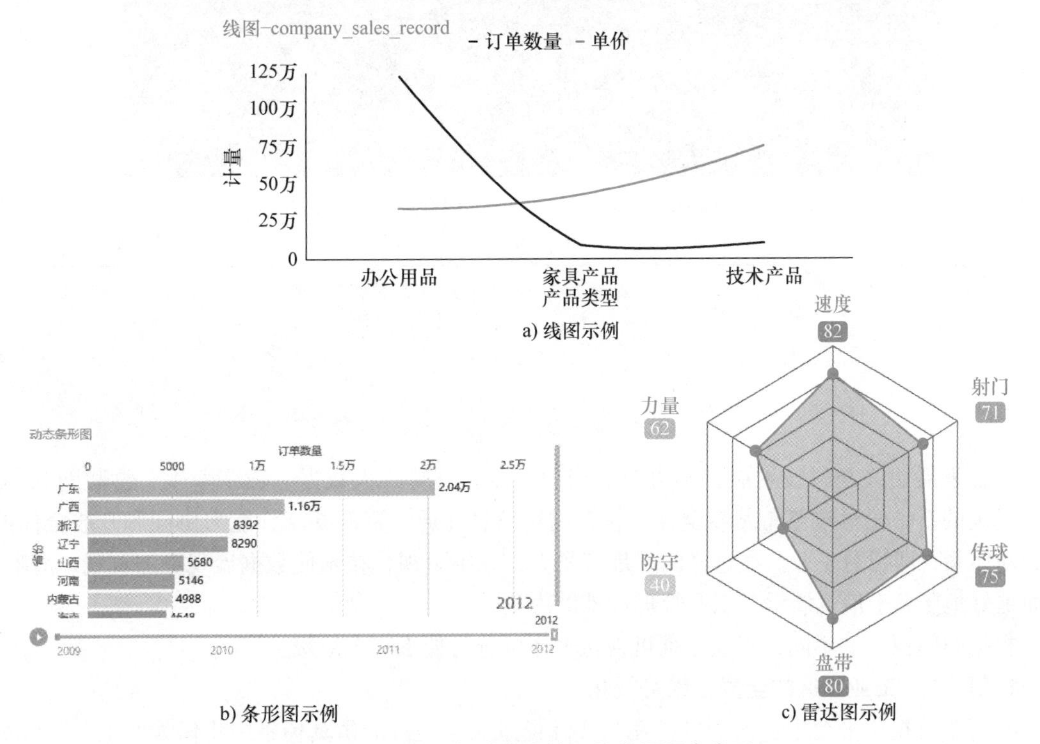

a) 线图示例

b) 条形图示例

c) 雷达图示例

图6-54 工业领域常用的几种数据图表类型

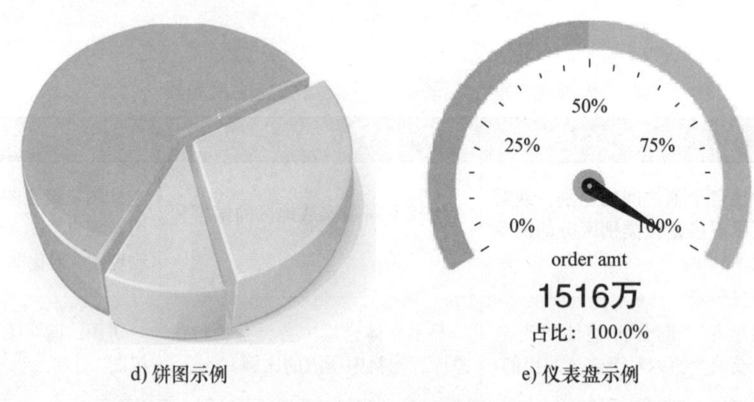

d) 饼图示例　　e) 仪表盘示例

图6-54　工业领域常用的几种数据图表类型（续）

在实际应用中，根据不同的工业场景，各种数据图表可综合运用。例如，图 6-55 所示为宜科工业互联网平台可视化界面（面向汽车整车制造业）。

图6-55　面向汽车整车制造业的工业互联网平台可视化界面

二、工业数据可视化中的三维可视化

工业发展始终与科技发展密不可分。当前，以云计算、大数据、数字孪生、物联网和 5G 等为代表的新一轮科技革命席卷全球，正在构筑信息互通、资源共享、能力协同和开放合作的工业新体系，即智慧工业。在这样的发展背景下，三维可视化技术使数据展现更加直观、清晰，从而更好地服务于信息展示、工业管理和辅助决策。

根据空间视角的不同，工业三维可视化大体可分为如下三个层级：

1. 第一层：工业园区的全局三维可视化

在三维可视化平台中，人们可以在与实际场景完全一致的仿真场景中将偌大的工业园区尽收眼底。在仿真场景的基础上，平台支持对园区进行旋转、缩放等交互操作，以查看园区各个角落的详细情况，可用于大型工业园区门户的对外宣传，区域、楼宇的标识以及园区内部导航等。另外，通过对接园区内基础设施的传感器，可在可视化平台中对园区的井盖、路灯、车位以及垃圾箱等基础设施进行监控管理，保障园区基础设施的正常运作。图 6-56 所示为上海长桥水厂园区的三维可视化界面。

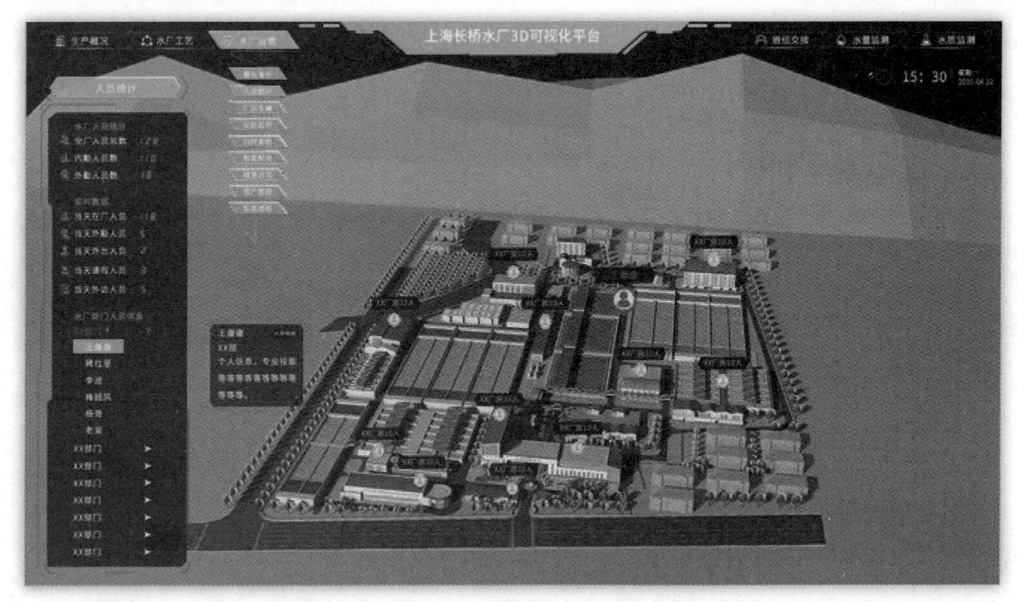

图6-56　上海长桥水厂园区三维可视化界面

2. 第二层：工厂的全局三维可视化

对厂房和车间进行三维可视化展示，标识内部工作区域，帮助工作和管理人员对生产环境有一个全面的了解。平台支持任意角度的调整与场景切换，提高交互性，便于厂房和车间的对外展示。图 6-57 所示为某化工厂的三维可视化界面。

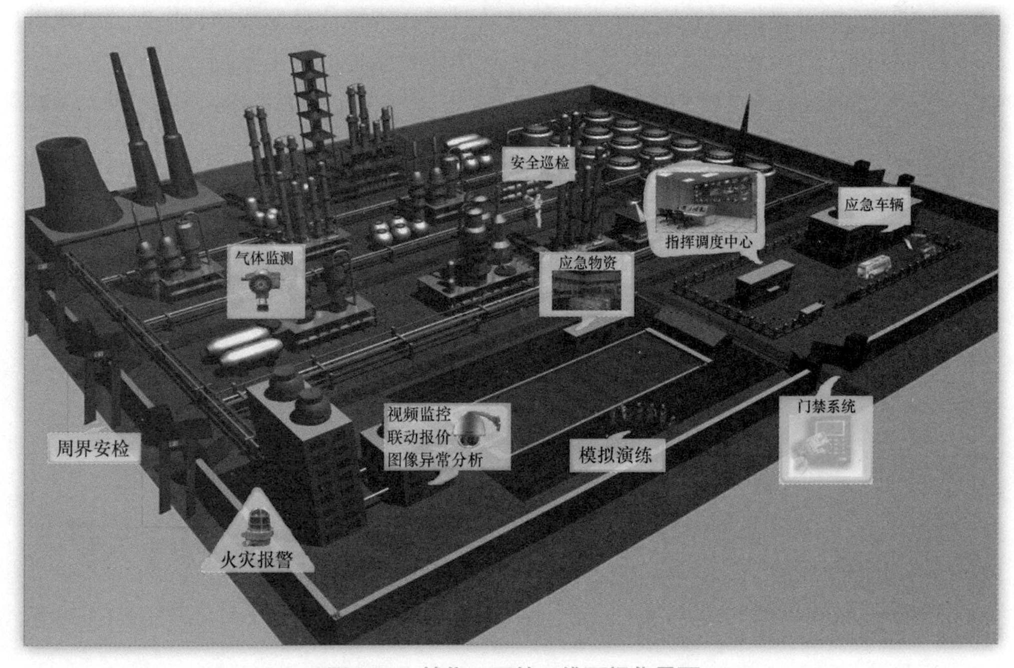

图6-57　某化工厂的三维可视化界面

3. 第三层：设备和生产过程的三维可视化

通过三维技术可实现对设备结构、运行参数的可视化。无须亲临厂房，即可获取机器运行状态、生产状态等详细信息。图 6-58 所示为某机械加工车间的设备参数监控画面。

图6-58　某机械加工车间的设备参数监控画面

通过三维技术可实现对生产流程的可视化。基于实时数据可对生产设备的结构、工作原理进行动态展现，实现对生产线运行状态实时监测。工人通过数据展示终端可以实时了解各生产线情况，同时，三维可视化系统支持异常告警并及时推送告警信息，帮助操作人员迅速做出应对，保障顺利生产。图 6-59 所示为西门子印章生产线生产流程可视化界面。

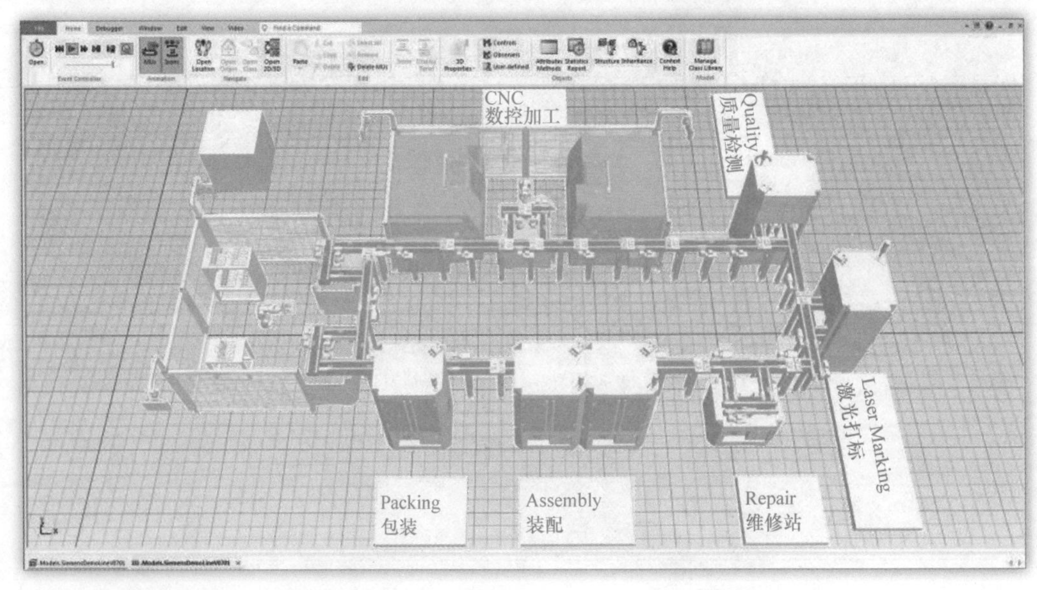

图6-59　西门子印章生产线生产流程可视化界面

总的来说，三维可视化技术能够实现工业园区、工厂车间和生产线等各项关键数据的综合管理与展现，支持从园区设施、厂房环境、生产管理分析以及员工工作状态等多个维度对工业实体的日常运行进行监测和管理，以及突发事件的应急措施管理，为用户提供一个集生产、运营和决策多维一体的智能运营管理平台，从而实现传统工业的数字化与智能化。

项目7

工业大数据应用

【知识目标】

1. 了解设备预测维护的作用。
2. 掌握设备健康状态的评估方法。
3. 了解工业大数据在设备健康状态评估中的应用。
4. 了解工业大数据在设备故障检测中的应用。
5. 了解工业大数据在质量检测和工艺优化中的应用。

【技能目标】

能够结合工业领域的不同行业，分析应用需求，了解大数据应用平台的用途。

【项目背景】

未来机器不仅能帮助人类摆脱繁重、单调的体力工作，它的“思考能力”还将替代人类完成大多数决策工作，减轻人类的脑力负担，人类可以有更多精力从事更有创意、更有创造力、更有趣味性的工作。这种由人类赋予机器智能，由机器随时、随地完成复杂决策与逻辑操纵任务的工厂，称为智能工厂。工业大数据的应用是建立智能工厂的重要组成部分。

不同行业的大数据应用千差万别，使用成熟的工业大数据应用平台是加速工业大数据应用开发的有效途径。自《工业互联网发展行动计划 2018—2020》提出以来，我国工业互联网平台发展迅猛，在关键核心技术领域取得了一系列突破，逐步建立起“综合型 + 特色型 + 专业型”平台体系，整体水平处于世界第一梯队。典型的工业大数据应用平台包括阿里云的工业大脑、华为云的工业智能体等。这些应用平台将行业知识、大数据能力、人工智能算法融合到一起，通过自动、持续的数据学习、模式发现，构建预测模型，实现基于大数据的分析和预测，有些还提供了云服务模式，从而大幅度降低了使用门槛，车间里的普通工程师即使不懂编写代码，也一样可以使用。

本项目以工业大数据在半导体芯片制造行业、风力发电行业、汽车整车行业的应用为例，介绍工业大数据应用平台上的几种典型应用，具体包括设备健康状态评估、设备故障诊断、质量检测和工艺优化三个任务：任务 7-1 介绍了数据驱动的设备状态评估应用，任务 7-2 介绍了数据驱动的设备故障诊断应用，任务 7-3 介绍了数据驱动的质量检测和工艺优化应用。

任务 7-1　认识数据驱动的设备状态评估应用

【任务描述】

随着工业系统规模的增大，集成的设备越来越多。由于系统内部通常存在复杂的耦合关系，其可靠性难以得到保障。一旦某个设备出现故障，如短时间内得不到修复，设备停机造成的损失会非常大，甚至影响整个生产线的工作效率，给企业造成难以估量的损失。因此，需要及时对设备的健康状态做出评估，预测设备的维修保养时间，合理安排生产，保证长期无故障生产，并及时纠正生产过程中的不利因素。

本任务以某半导体芯片制造企业的大数据应用为例，通过图片、文字介绍工业大数据应用平台在设备健康状态评估中的应用，以及大数据结合机器学习技术在设备预测性维护中起到的作用。

【相关知识】

一、数据驱动的制造

数据驱动的制造是指通过传感器、物联网等，对机器运行的海量数据以及终端用户的行为数据进行采集，并加以分析，从而对产品从设计到销售的全生命周期进行优化管理。

数据驱动将是未来制造业的主要特征。在产品生产阶段，通过传感器对机器运行数据进行采集并加以分析，从而实时地了解工厂的运作情况，通过执行器对机器运行进行控制。在产品服务阶段，采集机器使用数据，从而更好地了解机器被使用的情况，以便安排维护服务，改善机器的设计。此外，工业大数据的采集将催生出新的商业模式，逐渐打破工厂的边界，促进资产的流动，在全社会范围内优化资源配置。

Blizzard 是奥地利的一家滑雪板制造公司。与许多传统制造企业一样，它面临产品生产成本高、制造周期长、库存大的难题。而且，滑雪是一项季节性运动，受到天气因素的影响，不同季节、人工雪还是天然降雪，需要的滑雪板制造材料都不同。Blizzard 生产的滑雪板多达 900 种型号，生产部件 1000 多个。有些滑雪板需要采用多达 18 种不同的材料，耗费长达 16 周的工期。Blizzard 需要把生产阶段的效率进一步提高，生产过程中要保证设备零故障，并要用更短的生产周期去解决库存问题。同时，在管理上，需要参考市场的变化，如型号增多、用途改变等，以更好地安排生产。为此，IBM 给 Blizzard 设计了一套数据驱动的工厂管理系统。

在生产线安置传感器和执行器。每个物料托盘的底部也都装有一个“数据卡”。当物料被搬运和加工时，就会通过射频技术被系统识别，并进行记录、存储、分析以及分配，从而实时掌握每道工序上产品的来料追溯、加工状态、加工数目以及产品批次等信息。

在加工单元的监视器上，每隔一个小时会自动显示一次目标参数与实际情况。如果未达到目标，监视器会发出警报，系统也会对数据和错误进行分析，并实时上报。

该系统利用大数据分析技术，预测滑雪板的市场趋势、天气模式以及其他短期的市场变化等因素对公司业务的影响。此外，还通过收集和分析安装在滑雪板每个零部件生产线上的传感器数据，任何环节出现问题都会被及时反馈，把生产过程的质量控制细化到每一个工艺流程，而不至于做好成品后有问题再进行返工。

项目实施后，Blizzard 的生产周期缩短到 8 周，库存也减少了 80%。

二、设备的预测维护

基于时间的维护是指固定间隔一段时间做维护。例如，一辆汽车每 10000km 需要保养一次，这就是基于时间的维护。固定一个时间做维护可能会造成几个问题：第一是可能过度维护，在不需要保养的时候做了保养；第二是可能没有到要做保养的时候，问题已经发生了。

预测维护是指基于状态的维护。例如，把汽车发动机的转速或者温度数据等结合起来，预测该汽车下一次大概可能会出现什么问题。这种分析是实时的，可能会告诉用户现在汽车运转良好，一个月以后需要进行一次保养。

这种维护工作是基于设备和系统本身的运行状态来安排实施的，称为基于状态的维护（Condition Based Maintenance，CBM）。CBM 是提前采集到设备数据，预测可能发生的异常或故障而预先维护，不需要等到濒临故障或出现破坏性现象后才去处理。

预测维护的好处显而易见，在设备失效前检测和维修能为企业带来巨大的经济效益。国际工业巨头（如 GE、GP、PTC、Honeywell 等）已在其基于物理信息系统（CPS）的设备监测系统中应用了预警监测技术，采用数据驱动的预测分析，实时对关键参数进行监测和分析，做到更准确的维护。

利用物联网、大数据和机器学习技术进行数据驱动的设备故障诊断和预测维护，是当前工业大数据应用的重要方向之一。构建在大数据基础上的预测维护，利用传感器从设备端采集数据，再利用计算机对采集到的数据进行智能分析，判断设备当前健康状态，对设备健康状态进行预测后采取相应的维护措施，可实现设备的零故障运行。

实现数据驱动的预测维护的基本过程是：采集设备历史运行数据，建立数据模型，对当前实时采集到的运行信息进行自动判别，发现异常与否。假定把设备运行时分为正常、警告和紧急等多种状态，当状态为警告或紧急时，则判定为异常，这样便可以提前做好维护。

例如，某钢铁企业的液压系统设备监控设置如图 7-1 所示。为预防电动机轴承损伤、联轴器磨损、液压泵轴承损伤等，在四个关键部位接入传感器并采集信息，这四个关键点称为测点。同样，在开 / 收卷机的四个关键部位也接入传感器，监测电动机轴承损伤，监测联轴器磨损、不对中，监测齿轮箱齿轮故障、轴承损伤等。由这些传感器自动采集设备运行数据，再通过算法模型预测故障发生的可能性，提前实施维护。

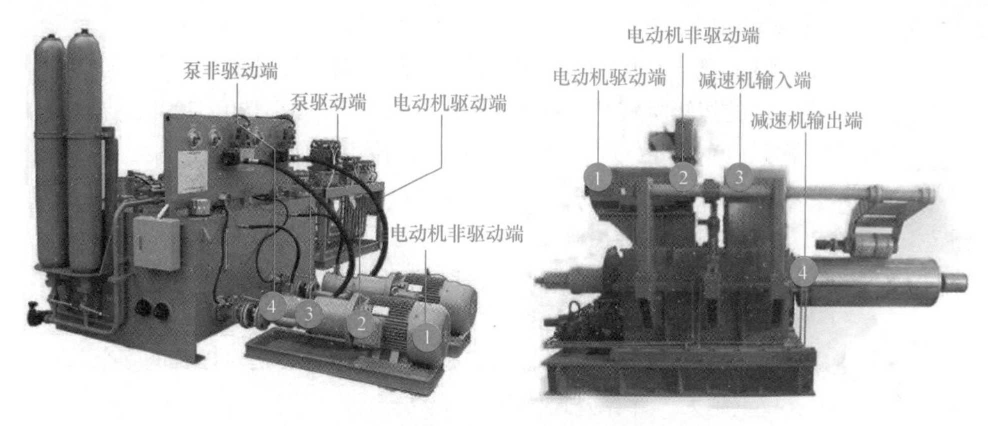

图7-1 设备在线监测的测点示例

三、设备健康状态评估

要做到设备预测维护，就要对设备健康状态进行科学评估。通过采集设备传感器的历史数据并进行分析，了解运行设备的健康状态及稳定性趋势，及时发现设备的异常状态或故障征兆。设备健康状态评估的主要作用如下：

1）对设备定时进行状态评估，保障设备的可用性，减少非计划性停机率，可以提高安全生产水平并降低停机损失。

2）间接判断设备老化程度以及维修的紧迫性，为设备预测维护提供重要依据。

3）对比设备操作历史，发现影响设备寿命的非合理性操作等因素。

4）发现设备生产过程与设备质量的关联因素，为优化生产过程控制提供重要依据。

例如，石油石化行业相关设备自动化程度相对较高，且具有高温、高压、易燃、易爆及易中毒等特点，设备一旦发生问题，会带来一系列严重的后果，往往会导致火灾爆炸、环境污染以及人身伤亡等事故的发生。企业通过设备健康状态评估系统，实时采集设备状态数据，结合经验与历史数据进行大数据分析，得出设备健康状态及故障预测等分析结果，以及故障维修建议等，加强设备的维护保养，可有效防止重大安全事故的发生。

1. 设备健康指数的定义

设备健康与否可以用设备健康指数来表示。设备健康指数定义为设备在生产运行中保持特定性能的满足程度。通常，设备健康指数用 0 ~ 1 的数值表示，1 代表最佳状态，0 代表完全失效状态。

设备在运行时各指标参数有一定范围，即阈值。当实际测量值超过阈值范围时，健康指数为 0，应立即停机检修；当实际测量值与标准值重合时，健康指数为 1，为设备最佳状态；当实际测量值在阈值范围之间（最小值 ~ 最大值）时，通过与标准值之间的距离相比较，可得出（0，1）之间的数值，用于量化设备状态。

1）当实测值小于标准值时：

$$健康指数 = (实测值 - 最小值) / (标准值 - 最小值)$$

2）当实测值大于标准值时：

健康指数 =（最大值 − 实测值）/（最大值 − 标准值）

【例 7-1】一台扭矩机的扭矩标准值是 180N·m，阈值范围是［120，220］。某时刻，实测得到该扭矩机的扭矩值是 140N·m，则该设备在该时刻的健康指数是多少？

扭矩机的健康指数 = (140 − 120) / (180 − 120) = 0.33

【例 7-2】一台扭矩机的扭矩标准值是 180N·m，阈值范围是［120，220］。某时刻，实测得到该扭矩机的扭矩值是 200N·m，则该设备在该时刻的健康指数是多少？

扭矩机的健康指数 = (220 − 200) / (220 − 180) = 0.5

一台设备的健康状态往往由多个指标来评价，那么，可用加权法对设备的多个特征来进行评价，影响因素越大，权重越大。计算公式如下：

$$H(t)=\sum_{j=1}^{m}a_j h_j(t)$$

$H(t)$ 为该设备的健康指数，m 为特征个数，$h_j(t)$ 为设备的第 j 个指标的健康指数，a_j 为该设备的第 j 个指标的权重。

表 7-1 所示为某拧紧机的健康指数计算结果。

表 7-1　某拧紧机的健康指数示例

特征	标准值	阈值范围	权重	实测值	健康指数
扭矩 /N·m	1.8	1~2.4	0.25	1.5	0.625
角度 /（°）	45	35~55	0.30	50	0.5
转速 /（r/min）	300	250~340	0.15	320	0.5
拧紧时间 /s	10	5~15	0.20	14	0.2
噪声 /dB	50	不大于 60	0.10	55	0.5
设备健康指数	0.47125				

2. 设备健康状态等级的划分

在大数据的基础上，设备健康状态评估可以采用数据驱动的评估方法，通过设备传感器参数值的历史数据，计算设备当前运行状态的稳定性，从而得出运行设备的健康状态等级。

设备健康状态可以划分为健康、比较健康、亚健康、不健康、病态和严重病态等多个等级。可以参照设备健康指数的大小将健康等级与指数对应。

以扭矩机的健康状态评估为例，将健康等级划分为六级，见表 7-2。

表 7-2　扭矩机的健康状态等级划分

健康等级划分	健康指数取值范围	健康状态描述
一级：健康	0.85 ~ 1.0	健康状态非常好
二级：比较健康	0.65 ~ 0.85	健康状态良好，适合长期运行
三级：亚健康	0.45 ~ 0.65	出现异常征兆，不适合长期运行
四级：不健康（轻微故障）	0.35 ~ 0.45	出现较为严重的异常征兆，应采取调整措施
五级：病态（故障）	0.25 ~ 0.35	出现严重的异常征兆，应在短时间内停机检修
六级：严重病态（严重故障）	0 ~ 0.25	不能运行，应立即停机检修

【任务实施】

一、了解半导体芯片制造行业对大数据应用的需求

晶圆是指硅半导体集成电路制作所用的硅晶片，由于其形状为圆形，故称为晶圆。半导体芯片制造过程是将几十个甚至上百个特定的集成电路芯片制作在晶圆片上的复杂过程，其工艺流程繁杂精密。一块芯片的诞生需要经过设计、制造（包括芯片制造和晶圆制造）和封装测试过程。制造过程要经过多道甚至上百道工序，中间经历多个机台设备，且通常会在同一机台进行前后多次工艺。

晶圆的制造过程中有几个重要的步骤，即氧化、沉积、光刻、刻蚀、离子注入和扩散。主要用到刻蚀、光刻和薄膜等设备。由于生产设备、物料以及操作等各方面因素的影响，制造过程存在很多不确定的因素，影响制造的效率和晶圆质量。

晶圆良率是评判晶圆制造过程质量的标准。晶圆制造过程容易产生不合格晶圆，是造成企业运营风险的主要因素之一。晶圆制造阶段周期较长，一旦出现质量问题，如果不及时发现，停止问题批次的生产，将导致质量问题发生在后续的多个晶圆批次上，严重降低晶圆良率。

目前，行业普遍采用传统的 FDC 系统进行设备故障检测，该系统对故障的检测分析的评判标准全权依托于传感器数据，但是，传感器在设备动作产生微小变化时难以发现问题，导致偏差，从而对晶圆质量产生影响。

晶圆制造过程需要大量设备。一般单个晶圆制造生产线的设备量达到 400~500 台，车间内多种类型的设备并存。由于设备数量庞大，传统的固定周期检修模式难以适应企业的发展。做好制造设备的预测维护检修，才能避免意外停机造成的损失，提高设备可用性和生产运行的经济性。

二、了解设备健康监测与预测维护平台

为了提高晶圆良率，减少停机损失，该半导体芯片制造企业引入 BISTel 公司与西门子联合推出的半导体和电子产品的实时设备健康监测和预测维护平台 HMP。

HMP 基于数据驱动的机器学习技术，采用动态故障检测技术，所应用的传感器跟踪数据掌握了大量信息，可帮助识别质量问题，包括斜率变化、尖峰、毛刺、偏移和漂移等。HMP 具有实时故障检测、分类和预测分析功能，可以让人们知道什么时候设备可能发生故障或何时需要维修，还能了解设备的剩余使用寿命，从而提高质量和产量，降低风险。

HMP 的主要特点如下：

1）对历史数据进行全面跟踪分析。

2）实时监控，故障检测，早期预警，防止发生故障。

3）预测维护，降低维护成本和停机时间。

4）预测关键部件的剩余使用寿命（RUL），延长机器的使用寿命。

三、平台应用示例

1. 监控设备健康状态

平台提供了直观的综合数据看板。通过综合数据看板，可以全面了解设备信息，管理一组设备从是否健康到剩余使用寿命的全部情况。图 7-2 所示是 HMP 的综合数据看板示例。

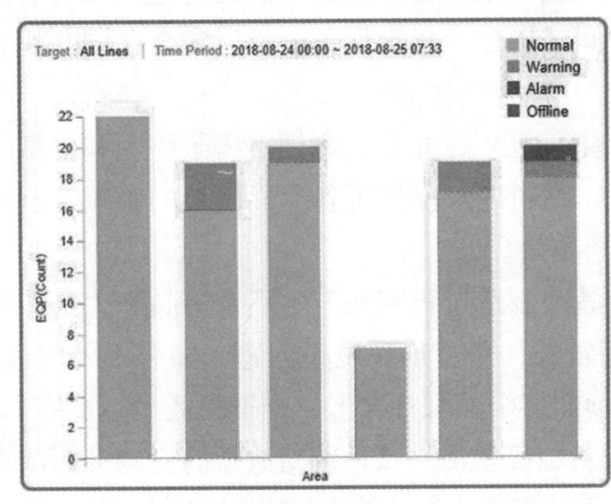

a) 设备健康摘要

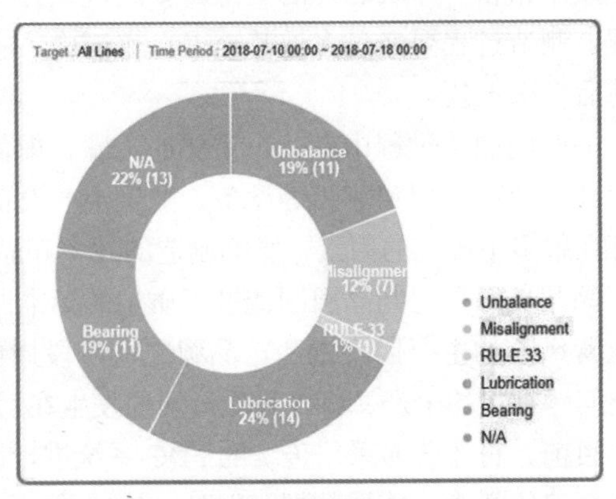

b) 报警分类摘要

图7-2　HMP综合数据看板示例1

由图 7-2 可以看到，在时间段 2018 年 8 月 24 日 00 : 00—07 : 33，一组设备的健康状态分别出现正常（Normal）、警告（Warning）和报警（Alarm）三种状态的次数。还可以看到，一个设备出现报警时，具体报警的事件的占比，如平衡问题（Unbalance）、对齐问题（Misalignment）、润滑问题（Lubrication）以及轴承问题（Bearing）等。

由图 7-3 可以看到，在时间段 2018 年 8 月 24 日 00 : 00—07 : 33，一组设备分别出现警告（Warning）和报警（Alarm）的次数。还可以直观地看到，这组设备中的每一个设备的健康指数。指针所指的位置就是该设备在该时间段内的健康状态评估结果。

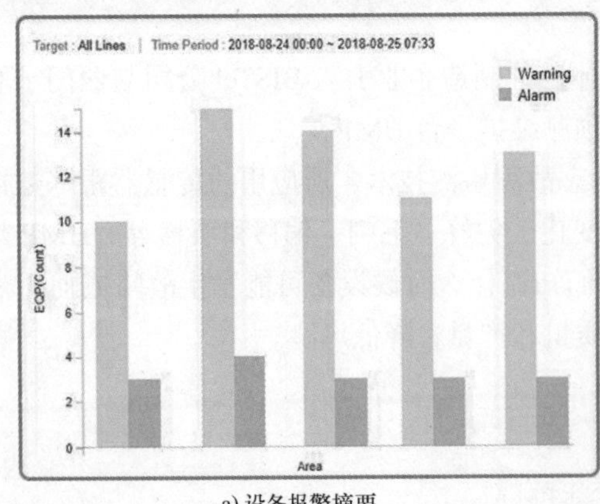

a) 设备报警摘要

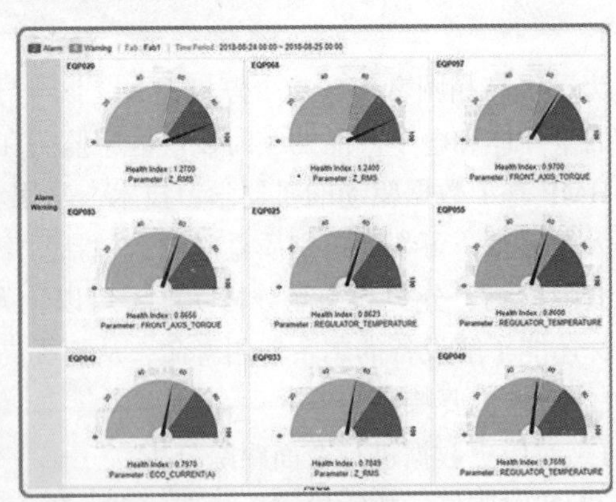

b) 设备健康指数

图7-3　HMP综合数据看板示例2

2. 预测设备剩余使用寿命

HMP 可监控关键设备的运行，提供剩余使用寿命信息的预测功能。预测设备剩余使用寿命后，可进行预防维护，使设备利用率最大化，而无须冒故障造成停机的风险。

预测剩余使用寿命的过程如图 7-4 所示。采集设备的传感器数据（如机台的振动数据），经过快速傅里叶变换等数据处理后，抽取出关键特征，识别即将发生的故障并报警，使用多变量模型构建设备健康指数，从而计算出设备的剩余使用寿命。

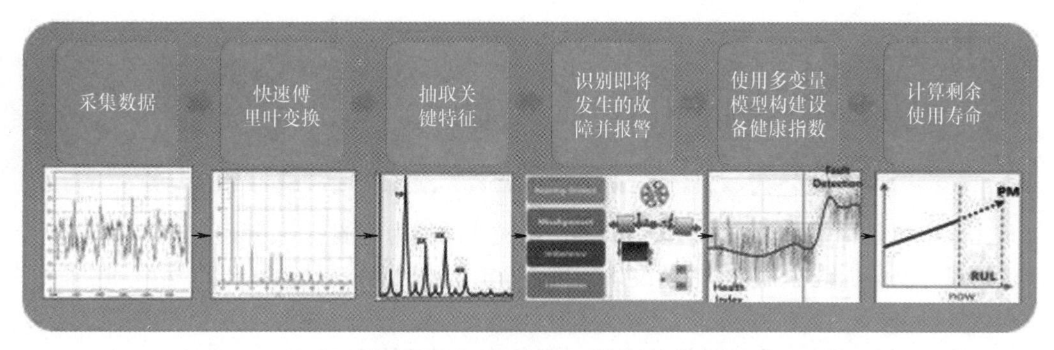

图7-4　数据驱动的设备剩余使用寿命预测分析

基于设备健康状况，HMP 可优化维护计划，进行预防性维护，大大减小了维护成本和停机损失。如图 7-5 所示，横轴是时间轴，纵轴是机器特征值，在某个时间点，机器特征值达到阈值，表示该设备进入使用倒计时，系统发出警报。

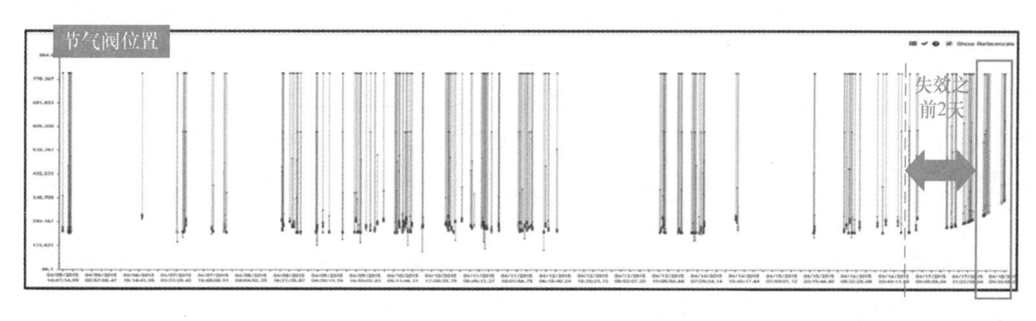

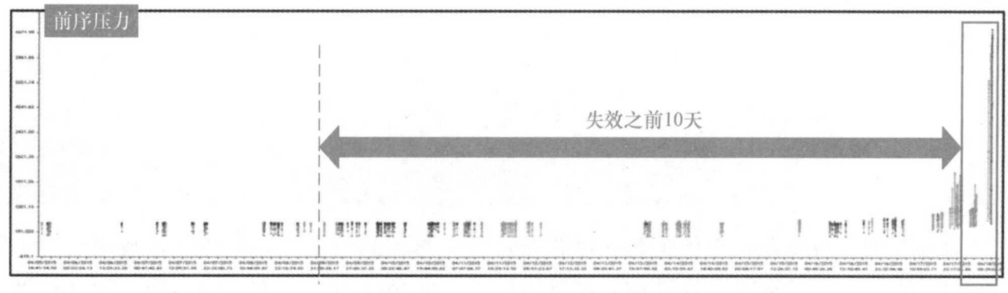

图7-5　预测设备剩余使用寿命

根据 CVD 化学气相沉积过程中发现的节气阀位置偏移，HMP 可提前两天侦测到阀位置发生偏移的趋势；压力问题则可提前 10 天获得预测。

任务 7-2 认识数据驱动的设备故障检测应用

【任务描述】

以某风力发电企业的大数据应用为例，通过图片、文字介绍了工业大数据平台在风力发电机故障检测中的应用，以及大数据结合机器学习技术在设备故障诊断方面的作用。

【任务实施】

一、了解风力发电行业对大数据应用的需求

风力发电机是将风能转换为机械能，再由机械能转换为电能的电力设备。某风电企业专业从事大型风力发电机组与关键部件的设计、制造、销售，以及风电场的建设、运营和咨询服务，在高海拔风机市场已有数百台设备在线运营。

风力发电机各部件主要通过螺栓连接，每个叶片根部均有 50 个固定螺栓，因为存在风机的变桨操作、螺栓零件的自然老化或叶片受到过大应力等因素，叶根螺栓会产生断裂甚至脱落的情形。叶根螺栓的断裂可能导致螺栓掉进风机机舱，造成风机机舱内部机组的损坏，且当一个螺栓出现问题，很容易造成其他螺栓接连断裂，最终造成叶片掉落，甚至风机倒塌的严重后果。

目前，风力发电机叶根螺栓的断裂与否完全依赖人工的排查，然而风场通常设置在山区、草原或者海边等偏远的地区，且一个风场通常由数十台风机组成，逐个对风机进行高频率的人工排查非常耗费人力及时间成本。如果采用增加传感器（如螺栓预紧力传感器、环形垫圈传感器等）的方法，实时监测每颗螺栓的预紧力，进而判断有没有螺栓断裂，造价昂贵。且对于单个叶片就有 50 个固定螺栓的风机来说，性价比太低，也会使系统更加复杂。不仅增加了额外的人力、物力，还没有带来更多的延伸效益。

特别是定期的巡检并不能及时发现问题，往往在出现严重故障后才会发现。如何能及时发现螺栓断裂，避免后续严重故障发生，是该风电企业急需解决的问题。

二、了解设备故障检测平台

风力发电机本身有数十个传感器，可获取数百个参数的数据，这些传感器数据反映了风机的各种不同状态。通过传感器测量和监控风机转速、倾角、风速和方向等参数，间接找到叶根螺栓断裂的时间点，及时通知运营人员对断裂螺栓进行更换或者采取其他的维护措施，不但能在第一时间发现断裂的螺栓，还能预测即将发生的螺栓断裂，便于运营人员在螺栓断裂之前采取措施，避免事故的发生。

该风电企业结合业务需要，建立了风力发电机大数据应用平台。平台的工作原理如图7-6所示。该平台基于大数据的机器学习技术，可从众多的风机周边传感器数据指标中筛选出相关变量，建立风机正常和异常运转模型，确定螺栓断裂发生的时间段，再通过对分类算法阈值的不断学习，逐步找到精准的断裂发生时间点，进而实现对螺栓断裂的精准检测。

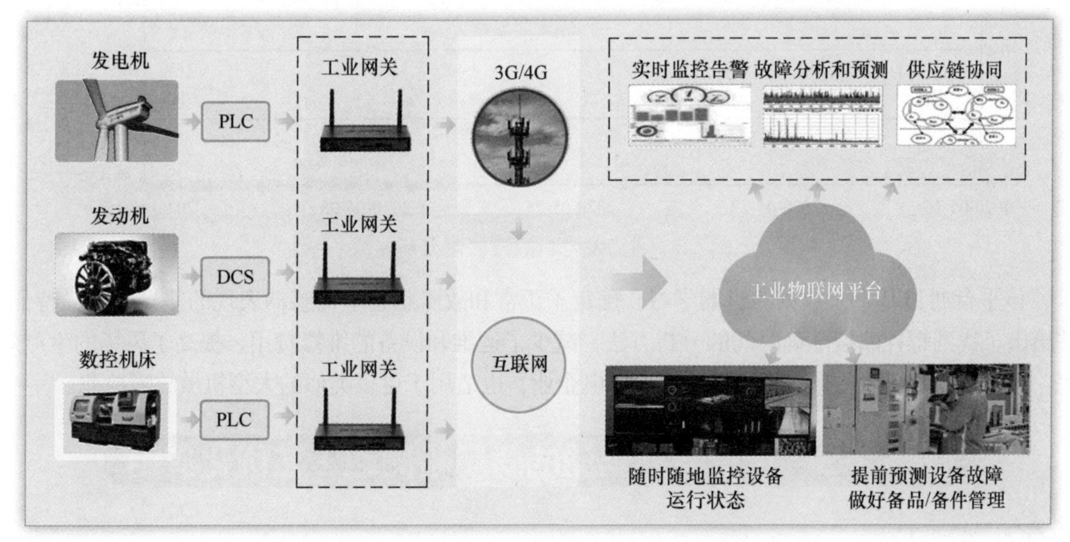

图7-6 数据驱动的故障检测平台工作原理

三、平台应用示例

图7-7所示是一台风力发电机在2020年5月15日—6月15日的各种传感器数据，如风机转速、倾角、风速和方向等参数。通过这些数据，无法直观地看出叶根螺栓是否存在断裂的问题。

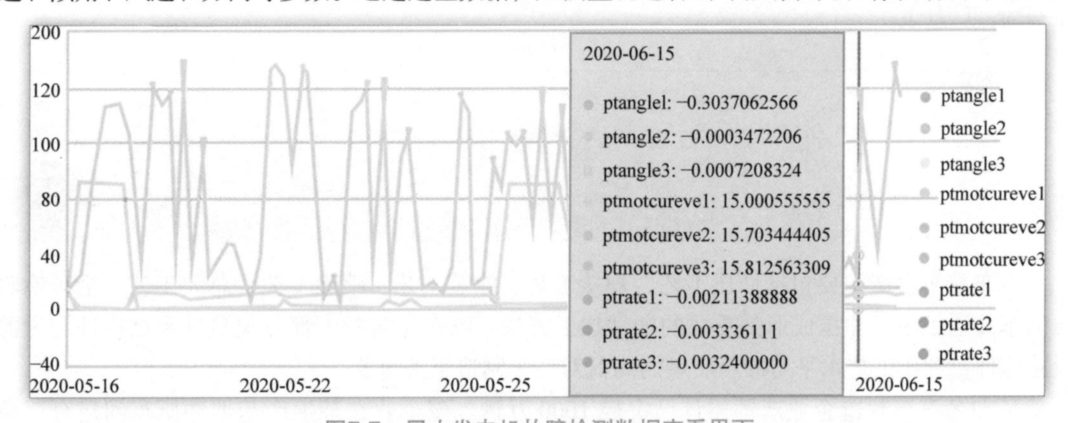

图7-7 风力发电机故障检测数据查看界面

将这些数据加载到风机故障检测模型后，得到如图7-8所示的分析结果。这时，可以直观地看到叶根螺栓断裂的情况。分析结果（y轴值）表示正常的概率，距离0越近表示越不正常。

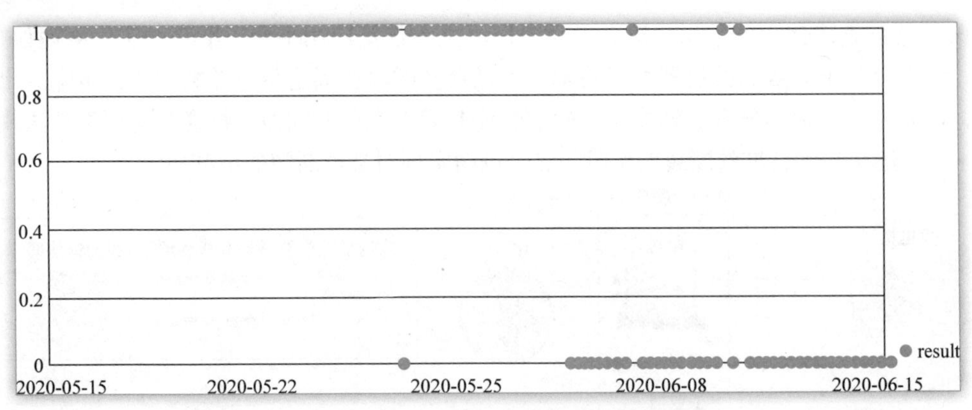

图7-8 风力发电机故障检测分析结果

该平台通过基于大数据的机器学习，确定了正常和故障状态下传感器表现的差异及故障特征，并给出了找到螺栓断裂准确时间的分析方法，减少了运维和设备的维修费用，提高了风场的生产效率。基于机器学习的数据分析不仅适用于风电企业，也适用于更多类似的大型机械故障检测。

任务 7-3 认识数据驱动的质量检测和工艺优化应用

【任务描述】

质量分析的主要目标是找出影响产品质量的因素，追溯发生质量问题的环节。汽车整装自动化流水线上下游之间相互影响、环环相扣，对质检数据的采集、分析要求很高。

数据驱动的质量检测和分析可以有效地提升制造效能和产品质量，同时快速定位整车车检时发现问题的关联因素，为之后尽早介入修正调整打下良好的基础，还可以优化生产工艺流程中的关键参数。

本任务以某汽车整车生产企业的大数据应用为例，通过图片、文字介绍了工业大数据平台在质量检测和工艺优化中的应用，以及大数据结合机器学习技术在质量控制和优化方面的作用。

【任务实施】

一、了解汽车整车生产对大数据应用的需求

汽车整车生产主要包括冲压工艺、焊接工艺、涂装工艺、喷涂工艺、总装工艺、全车检验与试车几道工序。冲压成形是重要的塑性加工方法。汽车车身的大部分覆盖件和结构件均为薄板冲压件，冲压工艺水平与冲压质量的高低对汽车制造至关重要。

某知名汽车制造企业产销累计已突破1000万辆。该企业在某生产基地冲压车间建有三条冲压生产线，主要生产侧围、翼子板、车门、发动机舱盖等轮廓尺寸较大且具有空间曲面形状的乘用车车身覆盖件。该企业在冲压阶段存在的问题如下：

1）在冲压生产试制过程中，影响侧围在拉伸工序中产生局部开裂的因素很多，如设备性能、模具状态和板材性能等，采用调整参数和反复试制的方法具有一定的盲目性，成本大、效率低。

2）在冲压生产过程中，部分侧围在拉伸工序中易产生局部开裂现象，需反复进行参数调整与试验；在生产线线尾需配备大量质检人员进行冲压件表面缺陷的人工检测。

3）冲压生产线线尾现有的检测方式为人工手动检测，需在有限生产节拍时间内快速分拣出带有开裂、刮伤、滑移线和凹凸包等表面缺陷的冲压件，检测标准不统一、稳定性不高、质检数据难以有效量化和存储，不利于企业数据资源收集、质量问题分析与追溯。

4）影响因素多、数据形式差异大，且分布在车间不同业务系统中，既有设备实时性数据，又有非结构化的图像数据，对数据采集、管理和存储的要求极高。

二、了解质量检测和工艺优化平台

为了解决以上问题，该企业引入了美林数据公司的TempoAI平台。TempoAI是一款集数据接入、数据处理、模型构建、模型评估、模型管理、场景设计、AI应用于一体的软件产品，面向企业级用户提供智能化建模，内置强大的算法引擎，支持近百种算法，包括回归、分类、聚类、关联、时间序列和深度学习等。

TempoAI具有以下特点：

1）零编码建模。图形化、拖拽式的建模体验，无须编码即可实现数据深度分析和模型构建。丰富的功能节点可满足用户建模全流程需求。

2）自动机器学习。全链条自动学习功能可帮助用户智能选择最优算法和参数，降低用户的使用技术门槛，节省用户建模的时间成本。

3）高性能大数据计算。基于大数据架构，支持分布式存储、分布式并行计算和内存计算，可实现海量数据的高效分析。

4）全面的场景建模能力。支持多种类型的分析算法，包含通用算法、行业板块算法和自定义算法，可以满足全面场景的应用，扩展企业解决问题的能力。

5）丰富的行业应用案例。内置多种分析挖掘模板，用户可以快速引用，一方面为用户学习提供指导，另一方面可以为用户提供直接或间接的行业分析解决方案。

6）灵活、可扩展。分析成果以标准接口输出，可与企业现有业务系统无缝整合。支持SQL、Java、Python、R、Scala、PySpark和Tensorflow多种扩展方式，提供产品各功能模块的二次开发接口，满足产品的二次开发需求。

TempoAI由数据管理、机器学习、成果管理和系统管理四个部分组成。

1）数据管理。用于管理分析用的数据，包括设置数据源、构建数据模型和视图以及数据权限分配与管理。数据源是数据分析的基础，添加的数据作为数据分析的输入。支持关系数据源添加、接口数据配置、数据模型和数据权限设置等功能，可实现企业分析数据的统一接入、按需分发以及数据权限控制。

2）机器学习。用于数据的分析。可以创建“工作空间”，在“工作空间”下构建挖掘分析流程，将应用发布形成服务。包括设计区、发布区两个模块。设计区提供挖掘流程构建、发布分析应用或对应用进行授权的功能。发布区提供已发布应用的展示以及对已发布的应用进行服务配置、服务监控、新建调度任务、任务配置、运行情况查看、分享成果到模型仓库等功能。

3）成果管理。对发布的各类型模型成果进行分类管理和运维，包括模型仓库和成果监测两个模块。可以在模型仓库模块查看并管理所有已发布的服务和运行情况。在成果监测模块可以对服务调用情况进行监控和统计。

4）系统管理。提供基于企业实际管理的组织架构、人员和角色等维护。TempoAI 内置系统管理员、数据管理员、成果管理员和设计用户四种角色，可以根据不同人员的岗位、角色进行系统权限分配。同时，可对全局参数、缓存等进行配置。

三、平台应用示例

企业使用 TempoAI 建立基于大数据的质量检测和工艺优化系统，实现对工厂冲压车间的所有设备、模具、材料、制造过程数据和质检数据的集成、存储与统一管控，并借助基于机器学习的数据挖掘和基于机器视觉的智能检测技术，实现对侧围冲压开裂的预测与产品表面缺陷的智能识别。

在基于机器视觉的冲压件缺陷智能识别检测方面，立足生产线现有的条件，设计图像采集系统，通过图像实时采集与智能分析，快速识别冲压件是否存在表面缺陷，并自动将所有检测图像及过程处理数据存储至大数据平台。通过质检数据、生产过程工艺参数、产品设计参数间的关联，借助大数据分析技术，形成冲压产品质量问题分析管理的闭环连接，实现冲压产品质量的精确控制和优化提升。其工作原理如图 7-9 右半部分所示。

通过快速智能检测冲压件表面缺陷，可提高生产线检测的稳定性、可靠性，降低质检工人的劳动强度，企业三条生产线每年节省人工成本 100 多万元。同时，产品质检数据被有效存储，为实现质量闭环分析与追溯提供了重要的数据支持。

在冲压工艺优化方面，依据冲压设备加工参数、板材参数、模具性能参数及维修记录等，通过数据挖掘与机器学习，建立冲压工艺智能预测模型。通过样本积累与模型训练调优，准确预测冲压件开裂风险。最后，确定制造过程影响因素间的相关性，制订生产过程参数组合控制策略，为冲压制造过程工艺优化和质量把控提供支持。其工作原理如图 7-9 左半部分所示。

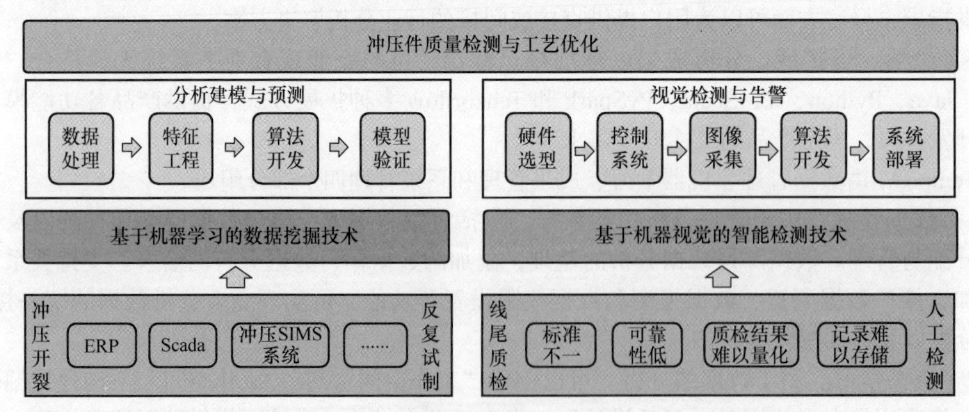

图7-9 冲压件质量检测和工艺优化系统

预测冲压件开裂风险，极大地提升了企业新车型冲压件加工参数设计效率，试制次数减少约 70%，年节省试制成本 200 多万元。

参 考 文 献

[1] 舍恩伯格，库克耶 . 大数据时代［M］. 盛杨燕，周涛，译 . 杭州：浙江人民出版社，2012.

[2] 张洁，秦威，鲍劲松，等 . 制造业大数据［M］. 上海：上海科学技术出版社，2016.

[3] 郑树泉，宗宇伟，董文生，等 . 工业大数据架构与应用［M］. 上海：上海科学技术出版社，2015.

[4] 袁梅宇 . 数据挖掘与机器学习 Weka 应用技术与实践［M］. 北京：清华大学出版社，2014.

[5] 周志华 . 机器学习［M］. 北京：清华大学出版社，2016.

[6] 张彦如，耿梦晓 . 基于健康指数的设备运行状态评价与预测［J］. 合肥工业大学学报（自然科学版），2015，38（10）：1318-1323.

[7] 闫晓莉 . ERP 与 MES 集成技术研究［J］. 现代工业经济和信息化，2017（11）:99-100.

[8] 朱崇飞，郭锐，马力 . 智能工厂信息系统架构与信息系统模型［J］. 人工智能与机器人研究，2019, 8（4）：231-238.